修學引導叢書10

認識與存在

《唯識三十論》解讀

濟群法師——著

目次

第三章　正論　47

自序

本書是我兩次講授《唯識三十論》的綜合整理，也是多年修學本論的一點心得。

《三十論》是唯識學的核心論著，亦為修學唯識的必讀典籍。多年前，我曾在福建佛學院、閩南佛學院開講本論。其後，分別於二〇〇二年和二〇〇三年為戒幢佛學研究所兩屆學員講授本論。雖間隔時間不長，講授方式卻有較大差異。前一次，是按傳統講述方式對本論逐一解說；後一次，則在講授過程中貫串了我近年來對佛法的諸多思考。

很多人將唯識視同哲學，也有很多人對唯識紛繁的名相、複雜的理論存在畏難情緒，那麼，唯識僅僅是哲學嗎？真的很難學嗎？各地佛學院都在開設唯識課程，但真正通達的學生並不多，而能將之運用於修學實踐、改善自身心靈者更是罕見，原因何在？

應該說，這些問題都和佛法教學中的引導有關。近現代以來，佛教界出現偏重理論的現象，談空說有以充口資者不在少數。這一現象，在唯識學習中體現得更為嚴重，使唯識幾乎抽象為純理論的架構。各地佛學院開設的唯識課程，多是《三十論》、《成唯識論》等成立「諸法唯識」的論典。若僅僅將此類論典當作理論學習，對於沒有相當思辨基礎的學人，確實不易學通。而缺乏相應的福慧資糧，則無法將教理落實於心行，進而修習止觀，引發空性正見。更有些人，不知佛法修學的重心和目標所在。學習教理，不過是想弄懂一些問題，甚至只是為了取得學術成果。如是，所學教理只能停留於思辨中，無法成為轉依的力量。

佛法的重心，是我們的心。修學佛法的目標，正是「捨凡夫心，成就佛陀品質」。為達成這一目標，需要聞思經教，如理作意，法隨法行。當年，為接引不同根機的眾生，佛陀應機設教，演說八萬四千法門。其後，歷代祖師大德依此建立各個宗派。唯識宗是依唯識見建立的修學體系，三論宗則是依中觀見形成的修學體系。由此可見，每個宗派都代表了一個修學體系。

在多年學修過程中，我發現，不論什麼修學體系，都應包含皈依、發心、戒律、正見、止觀五大要素。其中，皈依、發心、戒律又是所有修學繞不開的共同基礎。若缺失任何一項，便會出現不得要領或偏執一端的現象，這正是許多人修學難以成就的原因所在。具體內容，我曾在〈佛法修學次第的思考〉一文中有詳細論述。

對唯識的學習，同樣應以整個修學體系為根本。許多人修學唯識，僅僅著力於三性三無性、八識、唯識、種子等理論知識，在名相間繞來繞去，於枝節上糾纏不休。須知，理論固然重要，但離開佛法修學體系這一軌道，只是從書本到書本地研究理論，所學教理必將失去生命力，必將偏離學佛的根本目標。所以說，成佛的修行，既要手段正確，更應內容完整。

有鑑於此，我特別在總論部分提出「唯識學九大要義」，幫助大家在短時間內對修學唯識有概括認識。九大要義中，特別從「菩提心」談起，此是成佛不共之因，修學唯識者亦應將此作為首要。此外，對三性三無性、八識、唯識、種子、種性等唯識正見作了介紹，並著重提出菩薩行、止觀、轉依等修學實踐，這是以往被許多唯識學人忽略的重要內容。成佛，是成就佛陀的悲、智二德。從因上而言，須同時修習慈悲和智慧。「九大要義」正是緊緊圍繞慈悲和智慧的修行，從菩提心的發起，依正見契入空性，由利他成就慈悲，最終圓成無上菩提。

本書「修證位次」的部分，對唯識修行的各個階段作了探討。**資糧位**，說明成佛修行應積累哪些資糧，具足哪些條件。**加行位**，說明怎樣將聞思正見落實於止觀，成為引發空性正見的力量。**通達位**，說明依唯識正見通達空性的步驟，及通達空性的標準。**修道位**包括兩項內容，一是以空性禪觀化解二執二障，一是通過修習菩提心圓滿大悲。**究竟位**，則介紹了佛果成就的種種功德。整個修學過程，基本貫串著皈依、發心（菩提心）、戒律（菩薩戒）、正見、止觀的修學次第。

本書所以起名《認識與存在》，是因為《唯識三十論》正是解決認識與存在的關係。世界雖然複雜，但歸納起來，不外乎「認識」與「存在」兩個方面。那麼，認識是什麼？存在是什麼？認識與存在的關係為何？是各自獨立，還是相互隸屬？本論「三能變」部分，用大量篇幅，重點探討了人類認識的奧祕——八識五十一心所。三性三無性，揭示存在的各種形態及實質。而諸法唯識理論的成立，則論證了認識與存在相互依託的關係。唯識學考察認識與存在的目的，是為了幫助我們獲得唯識的中道正見，然後落實於空性禪修，完成生命品質的轉化。

本書由宗慧、演如記錄，安隱整理成文。另附八篇論文，是我在上世紀九十年代初教學唯識期間寫就的，都是關於唯識典籍的研究，附錄在此，便於有志進一步學習唯識者按圖索驥，深入修學。在此，特別感謝已故的方興老師，這些論文的撰寫，離不開他的鞭策和鼓勵。

是為序。

濟群

二〇〇六年七月七日於西園

第一章　唯識總論

唯識學理論精深，體系嚴密，以致許多人對之望而生畏。學習《唯識三十論》的主要目的，是為了幫助大家在短時間內對唯識宗有概括性的認識。以往，我們對唯識的學習多側重於「唯識見」，即唯識理論的成立。這就容易使唯識學習導入哲學式的思辨，與修行嚴重脫離。我認為，對於一個宗派的學習，不僅要重視它的「見」，更應結合「行」。以下所談的九個問題，不少是以往在弘揚唯識中忽略的，如菩提心、菩薩戒、瑜伽止觀等。對於這些問題，將結合我近幾年對佛法的思考向大家進行介紹。

一、菩提心

任何一位菩薩行者的修行，須以菩提心為起點；任何一個大乘法門的修學，亦須以菩提心為基礎。何謂菩提心？《瑜伽師地論．發心品》云：「又諸菩薩起正願心求菩提時，發如是心說如是言：願我決定當證無上正等菩提，能作有情一切義利，畢竟安處究竟涅槃，及以如來廣大智中。」可見，發心是一種意願，一種希望自己「決定當證無上正等菩提」，並「能作有情一切義利」的強大意願。這種意願和常人意願的最大不同，在於所緣境的差別，即以無上菩提及有情義利為所緣。當心中生起這種偉大希求時，便是菩提心的表現。

菩提心主要分為願菩提心與行菩提心兩類：願菩提心是利益一切眾生的強大意願，行菩提心則是將意願落實於自利利他的行為中，如六度、四攝等。在凡夫境界上，所行的願菩提心和行菩提心都屬於世俗菩提心，難免有我或執相。唯有以空性正見為指導，世俗菩提心才能昇華為勝義菩提心。

對於大乘學人來說，菩提心的有無，是菩薩道修行的關鍵，原因有三：

首先，**發起菩提心才是大乘佛子**。過去，我們往往以為學習大乘經教即屬大乘行者，學習小乘經教便是小乘行者。其實，菩提心的有無才是判斷是否大乘佛子的標準。《菩提道次第略論》云：「如是若念須入大乘，何為入大乘之門耶？此中佛說有波羅蜜多乘及密乘二種，除彼更無餘大乘矣。然此二由何門而入耶？唯菩提心是。此於身心何時生起，雖其他之任何功德未生，是亦住入大乘。若何時與菩提心捨離，則縱有能達空性等功德，亦是墮入聲聞等地，退失大乘。此眾多大乘教之所說，理亦成也。是故大乘者，以菩提心之有無而作進退。」明確告訴我們：菩提心乃判斷是否大乘佛子的唯一標準，此心生起，即使其他功德尚未具足，也是大乘行者。反之，雖具足通達空性等功德，也不能稱為大乘學人。

其次，**菩提心是成佛不共因，空性見則是共因**。從漢傳佛教的傳統來看，似乎更重視空性見。各大宗派皆有非常豐富的空性理論，而對菩提心、菩薩行的提倡相對薄弱，使積極利他的大乘佛教多少帶有自利、自了的色彩。大乘佛法有三大要領，即菩提心、菩薩行、空性慧。因此，任何大乘經典都強調發菩提心，任何大乘法門也都是以發菩提心為開端。如果只修習空性見，卻忽略菩提心、菩薩行，即使有所成就，也只能是二乘聖者，而非無上佛果。所以說，離開菩提心就不能稱為大乘行門。

第三，**依菩提心才能成就佛陀品質**。成佛並非成就外在的什麼，而是成就佛菩薩所具有的品質，即是大慈悲和大智慧。這必須從發菩提心開始，以利他行成就大慈悲，以空性見成就大智慧。《說無垢稱經》云：「何等名為菩薩繫縛？何等名為菩薩解脫？若諸菩薩味著所修靜慮解脫等持等至，是則名為菩薩繫縛。若諸菩薩以巧方便攝諸有生無所貪著，是則名為菩薩解脫。若無方便善攝妙慧，是名繫縛。若有方便善攝妙慧，是名解脫。」《象頭山經》（《菩提道次第略論》轉引）亦云：「諸菩薩之道者，總略為二，云何為二？所謂方便及慧也。」這就說明，成佛要從方便與慧兩方面入手，方能圓成佛果功德，成就無上菩提。

唯識典籍中，關於菩提心的教法非常豐富。如《瑜伽師地論．菩薩地》、《大乘莊嚴經論》都有專品論述發菩提心，《解深密經》、《辯中邊論》、《攝大乘論》、《成唯識論》在論述菩薩道修行內容時，也是以菩提心、菩薩行作為重要內容。唯識宗祖師慧沼曾專門撰寫《勸發菩提心集》，系統闡述了菩提心的相關內容。智周在《大乘入道次第》中，也對菩提心的修學有詳細說明。

在漢傳佛教的八大宗派中，唯識宗對菩提心、菩薩行的論述可謂最詳盡的。在藏傳格魯派的修證體系中，關於廣行的內容，便直接繼承彌勒、無著這一體系的菩薩道思想。我們今天弘揚大乘佛法，更應重視對這一思想體系的繼承，以此改變漢傳佛教徒具大乘形式的現狀。

二、三性三無性

佛法雖以有情為中心，同時也關注有情生存的世界。佛法認為，有情與世界之間是正報與依報的關係，二者息息相關。有情因不能正確認識世界而產生諸多痛苦，乃至流轉生死。所以，在佛陀的教法中，時常教導我們應如何正確觀察、認識世界。

佛教的各個宗派，對世界有不同的認識方法。聲聞教法從五蘊、十二處、十八界觀察世界，中觀從二諦認識世界，唯識則從三性透視世界。佛法對世界的認識，包含對世界的分類和歸納。五蘊，是將世界歸納為色、受、想、行、識五種元素；十二處，是將世界歸納為眼、耳、鼻、舌、身、意（六根）和色、聲、香、味、觸、法（六塵）十二種元素；十八界，是將世界歸納為十八種元素，在十二處之外增加眼識、耳識、鼻識、舌識、身識、意識。

唯識以三性認識世界，不僅是對現象世界的歸納和分類，更帶有智慧的審視。世界雖然複雜，但若通過三性觀察，一切將變得簡單明瞭。所謂三性，即遍計所執性、依他起性、圓成實性。三性的理論基本統攝了整個唯識學的理論體系，甚至可以說，統攝著整個大乘佛法。太虛大師曾撰寫《佛法總抉擇談》，以三性統攝大乘三大體系教法。《太虛大師年譜》云：「三宗各統攝一切法無遺，然在方便施設言教方面，對於三性各有擴大縮小。般若中最擴大遍計執性而縮小餘二性，凡名想所及都攝入遍計執，唯以絕言無得為依他起、圓成實性。故此宗說三性，遍計固遍計，依他、圓成也是遍計。唯識宗最擴大依他起而縮小餘二性，以佛果有為無漏及遍計執之所遍計都攝入依他起，唯以能遍計而起的能所執為遍計執，無為體為真如。故此宗說三性，依他固依他，遍計、圓成也是依他。真如宗最擴大圓成實性而縮小餘二性，以有為無漏及離執遍計攝入圓成實，歸真如無為之主，唯以無明雜染為依他、遍計執相。故此宗說三性，圓成固圓成，遍計、依他也是圓成。」說明了三性與整個大乘佛法的關係。

遍計所執性，代表著凡夫認識的世界。「遍」即普遍，「計」即分別，但這種分別是虛妄顛倒的分別。產生分別之後，心行隨之陷於執著中。因為分別是錯誤的，故由此產生的執著也是荒謬的。這種遍計所執，使凡夫生活在錯覺的影象中。

遍計所執性非憑空而有，其建立基礎為依他起性，這正是唯識學所說的「假必依實」。也就是說，有情的妄執是以因緣假相為依託。其中，包含能緣之心（見分）和所緣境界（相分）兩方面，這是形成遍計所執性不可或缺的條件。能緣的心，特指無明、顛倒的心。因為智慧的心能照見諸法實相，不被境界所轉。而妄心才能顯現妄境，產生妄執，形成凡夫心的妄流相續。

我們這個世界，是遍計所執性和依他起性的世界。但對一般人來說，根本無法將遍計所執性和依他起性分辨清楚。凡夫的認識都停留於遍計所執性，無法觸及依他起性的層面。比如我們將認識投射於一張紙上，所認識的這張紙（遍計所執性）和實際上的紙（依他起性）並非一回事。但一般人總是將之混淆起來，以為自己見到的就是事物真相。

圓成實性是法的實質，法的共相。但圓成實性並未離開依他起性，必須透過依他起性，才能認識圓成實性。圓成實性與依他起性是不一不異的關係。所謂不一，乃因圓成實性是無差別的，而依他起性是有差別的。所謂不異，則因圓成實性乃依他起性的本質，是共相，並未離開依他起性，故不可在依他起性之外另覓圓成實性。圓成實性是真如、空性，要通過無分別智方可現量證得，非凡夫的語言、思惟所能及。

三性代表著人類認識世界的三個層面：遍計所執性代表有情的妄覺世界，依他起性代表緣起的現象世界，圓成實性代表著世界的本質、真相。三性的思想告訴我們，什麼是假有，什麼是真實有。其中，遍計所執性是根本不存在的，只是意識的妄覺顯現；依他起性是依緣而生的現象世界，這種現象雖然是有，但只是假有；唯圓成實性，才是真實的有。

因為遍計所執性的關係，所以我們現在看不到依他起性的真相。唯有證得空性之後，再反觀依他起的現象，才能真正認識它的如幻如化。《厚嚴經》有個著名的偈頌：「非不見真如，而能了諸行，皆如幻事等，雖有而非真。」（引自《成唯識論》卷八）大意為：若非通達真如，是不可能了知緣起的如幻。相反，唯有通達空性，才能了知緣起的虛幻本質。許多停留於聞思正見的學人，雖已在認識上了知依他起相的虛幻，但面對事相時，卻往往在不知不覺中將其視為恆常的存在。必須有了空性體悟，並安住於空性中，才能透視緣起的真相。

三無性之說是建立在三性基礎上。之所以提出三無性，是有針對性的，主要為了解釋《般若經》中「一切法無性」的道理。在唯識體系的經論看來，《般若經》所講的「一切法無性」及「空無自性」是有密意的，絕不能僅從字面去理解。對於「一切法無性」的思想，唯識經論通過「三無性」來理解：即相無性、生無性、勝義無性，這三無性正是建立在三性的基礎上。

第一、相無性。根據遍計所執性建立，即遍計所執性的體相是沒有的。第二、生無性。根據依他起性建立，因一切皆是緣起，所以無生。所「無」的是自然性，相當於中觀否定的自性。所謂自然性，即不依賴因緣產生的自性，從依他起性的角度審視，是不存在的。第三、勝義無性，所「無」的仍是遍計所執性。依他起性否定的「自性」是遍計所執性，而圓成實否定的「自性」，仍是遍計所執性。這就是《般若經》所講的無自性不否定依他起性。依他起的假相是有，而圓成實的勝義也是有。但要認識依他起性的假有和圓成實性的真實相，必須徹底否定遍計所執性，清除我們認識世界時介入的錯誤認識和執著，方能通達諸法實相。

如實了解三性、三無性的思想，能幫助我們通達中道實相，進而認識到，哪些需要了知，哪些需要斷除，哪些需要證得。這正是《解深密經》說的所應知、所應斷、所應證：遍計所執性是應該了解的，因為它是虛妄的；依他起性是應該斷除的，因為它是雜染緣起；圓成實是應該證得的，因為它是諸法實相。

三、八識

八識是唯識學的基本理論，也是修學佛法的重點。在修學過程中，我們往往將重點放在經教上，事實上，經教只是方法、手段。正如禪宗所說的標月指，經教是手指而非月亮。又如過河舟，經教是渡船而非彼岸。那麼，學法重點何在？正在於我們的心。

佛法中，關於心的教法極多，既有真心說，也有妄心說。早期的《阿含》聖典及部派佛教的《阿毗達磨》，如《俱舍論》、《大毗婆沙論》等，對心的分析已非常詳盡。但在聲聞教法中，關於心識的分析一般只討論到六識為止。至於心所的區分，《俱舍論》講到四十六種，不論數量還是名稱、分類，都與本論有所不同。

唯識學屬於妄心說，著重對於妄識的分析，尤其是關於八識、五十一心所的闡述。玄奘三藏曾撰寫《八識規矩頌》，全論由十二頌組成，每三頌為一組，分別對前五識、第六意識、第七末那識、第八阿賴耶識進行闡述。前二頌說明識的雜染狀態，後一頌說明轉識成智後的情況。此外，《百法明門論》、《成唯識論》對五十一心所都有詳細論述，這些都是我們了解八識、五十一心所的重要資料。

八識的前五識為眼識、耳識、鼻識、舌識、身識，對於有情認識世界有共同作用，故玄奘三藏在《八識規矩頌》中將前五識合為一組進行說明。我們的眼睛觀察世界，耳朵聆聽聲音，鼻子嗅吸氣味，舌頭品嘗食物，身體感受外境，正來自前五識的作用。但前五識的作用非常短暫，僅限於現量，所謂現量緣境。現量，是我們對外境還未產生判斷、未賦予名言時看到、聽到的，其特點為現在、現前。

前五識所緣，既非過去境界，亦非未來境界，而是當下境界。同時，所緣必是現前而非他方境界，且在緣境時不具判斷作用，不帶任何名言。比如我們看到一張紙，但還不知這是什麼，尚未賦予任何概念時，是前五識在作用。若看到一張紙並知道這是紙的時候，便已進入第六意識的作用。

意識非常活躍，前五識的作用，都會介入第六意識。造業，是意識的作用；修行，同樣離不開意識的作用。學習經教須如理思惟，這就有賴於意識的參與。不少人一說修行，便大談無分別。此說固然不錯，但對未生起聞思正見者卻非常危險。凡夫皆處於遍計所執中，唯有依正思惟樹立正見，才能改變生命的這種錯覺狀態。否則，便不能從無始無明中走出來。唯識宗修行所談到的四尋思、四如實智，正是以佛法智慧重新審視世界、認識人生。這一階段在唯識宗屬於加行位，於修行尤為重要。

前六識不僅是大小乘共通的，且世間的哲學、心理學也多有涉及。唯識學所特有的，是對第七末那識和第八阿賴耶識的分析，其活動屬於心靈潛在作用，是我們意識不到的。而前六識則是意識範疇，凡我們所能感知的，皆屬前六識及與之相應的心所。西方心理學家佛洛伊德曾提出潛意識的學說，事實上，佛法早有關於潛意識的闡述。此外，榮格和弗洛姆除繼承佛洛伊德的思想外，多少也受到佛教的影響。

第七末那識，和第六意識之名有相似之處。「末那」漢譯為意，亦名意根，其特點是執第八識為我。我們經常處於妄想的造作中，擺脫不了凡夫身分，原因就在於第七末那識。其特點為「恆審思量我相隨」，即時刻追隨並執著阿賴耶識。它對阿賴耶識的愛和執著，一直要持續到八地菩薩才徹底放棄。事實上，阿賴耶識並不是「我」，但末那識卻以「它」為「我」，導致無盡的生死流轉。末那識執阿賴耶識為我，並非執著外在色身。我們能感覺到的執著，無論是執色身、地位為我，還是執職業、身分為我，都是意識的作用。末那識執阿賴耶識為我，非意識所能感覺。末那識所以會產生這種錯覺，是因不共無明和俱生我執與之相應。它們時刻潛伏於生命中，即使在熟睡、暈倒、無想定等前六識不產生活動的特殊時刻，仍使我們羈留於凡夫狀態無法超越。所以，末那識對於凡夫身分的形成起著關鍵作用。不僅如此，它還會影響到前六識，使其以自我為中心。末那識具有兩重身分，作為意根，它是意識生起的俱有依；作為染汙意，它是前六識生起的雜染依。

阿賴耶識為第八識，也是根本識，即一切心理活動的基礎，一切法生起的根本。阿賴耶識漢譯為藏識，以其無法不含、無事不攝故也，含能藏、所藏、我愛執藏三義。

所謂能藏，是因阿賴耶識具有存儲作用。就像超容量的倉庫，收藏著我們無始以來的生命經驗，包括現在所說的每句話、所做的每件事。在客觀上，我們的所作所為很快會成為過眼雲煙，但在心靈投射的影象卻將薰習成種子，持續不斷地產生影響。我能在此講唯識，是因為學過唯識，對這些問題有過思考。若不曾學過，倉庫裡沒有相關儲存，就無法調用出講課所需的資訊積累。在座的同學們也是同樣，若能聽懂，是因為具有相關知識，若半懂不懂，則是因為阿賴耶識儲存的資訊量還不夠。可見，阿賴耶識作用有兩方面：一方面，收藏著無盡的生命經驗；一方面，為現前的心理活動和行為提供資訊。

此外，阿賴耶識還擔任著生命延續的載體。在生命流轉過程中，需要一個承前啟後的過渡，阿賴耶識正是扮演這一角色。按照唯物論之說，人死如燈滅。按照一般宗教理論，則須安立靈魂或神我，由此造業、受報。但佛教強調的是無我，這在認識上就會有一定難度。故有外道發難曰：既是無我，誰去造業？誰去輪迴？誰去受報？造業、受報之間有何關係？在今生和來生之間，生命又是如何維繫其一貫性？因為無我的道理非常深奧，所以一般人會覺得無我和輪迴是矛盾的，理解起來相當困難。

阿賴耶識思想的提出，化解了這一理解上的困難：在無盡生命洪流中，阿賴耶識儲藏著曾經發生的一切。臨終時，雖然前六識瓦解了，但阿賴耶識仍在繼續，並帶著所有人生經驗（種子）進入未來的生命。有了阿賴耶識，對於輪迴的理解就容易多了。

八識以外，唯識學還將人類心理歸納為五十一心所。一是普通心理，即五遍行心所，分別是觸、作意、受、想、思。所謂遍行，即遍一切時、遍一切處、遍一切識，存在於任何時間、地點。從現代心理學考察，也有與之相當的概念，如注意、感覺、情感、表象、意志等。二是有關善惡的心理基礎，即道德或犯罪的心理因素。如慚愧和無慚無愧，貪、嗔、痴和無貪、無嗔、無痴等。三是關於止觀修習過程中的心理，如昏沉、掉舉、念、定、慧等。一部分是障礙止觀修習的心理因素，一部分是止觀修行過程中產生的心理因素。

佛法的心理學，是立足於修行及生命的自我完善，而不是為了增加相關知識，更不是為了豐富談話素材。修行要領有二，一是捨凡夫心，一是成就佛菩薩的品質。認識八識的意義，正是在於了解凡夫心的差別。

捨凡夫心，是一項極為艱巨的任務。因為它源於無始以來的串習，必須在事相上痛下功夫，逐漸磨練。有時，精進一段時間之後，心行似乎得到很大調整，甚至不易察覺凡夫心的作用。但在心行徹底穩定之前，只要稍一疏忽，凡夫心馬上會捲土重來。在這場漫長的對抗中，若想百戰百勝，便應了解凡夫心的特徵和活動規律。唯識學對八識的深入剖析，恰是引領我們克服凡夫心的指南，於修行具有重要意義。

四、唯識

唯識宗，顧名思義，是依諸法唯識的思想建立。從其主要論典《成唯識論》的名稱也可看出，核心思想為成立「唯識」。我們知道，世界由精神與物質兩大元素構成；從哲學角度來說，即認識與存在。而唯識宗探討並解決的，正是認識與存在的關係。

認識和存在（或曰精神和物質）究竟是什麼關係？關於這個問題，唯物論和唯心論的觀點截然不同。唯心論認為：物質現象皆為心的產物。唯物論則認為：意識是物質的產物。對此，唯識宗提出了「諸法唯識」的不同觀點，即我們所認識的對象沒有離開我們的認識。換言之，我們所認識的一切，皆是自己內心顯現的影象。

唯識思想的產生，首先來源於大小乘經典。如六經十一論，闡述了一切所緣境界皆由自心顯現的原理。其次，來源於祖師們的修行體驗。無論在小乘或大乘禪觀中，隨著觀想深入，便會出現相應境界，如修火觀、水觀、日輪觀，或觀佛像、觀西方極樂世界等等。一旦觀想成熟，所觀境界即能顯現，如對目前。八地菩薩更可隨著意念轉變境界，將海水變為酥油。這一切，說明任何境界沒有固定不變的特質。在凡夫眼中，世間是千差萬別的。而契入空性後，以無分別智觀察，一切現象了不可得，便不存在差異了。

理論和實踐都證明：一切境界皆唯心所造。這一思想為大小乘共有。那麼，如何成立唯心？我們的心又是如何顯現外境，如何展開宇宙人生的呢？關於這些疑問，唯識宗有極為詳盡的說明，那就是「一能變」和「三能變」的思想。

所謂「一能變」，指八個識中唯有阿賴耶識是能變。所謂「三能變」，指八個識皆為能變。《唯識三十論》代表著「三能變」的思想，以第八識為初能變，第七識為二能變，前六識為三能變。關於如何「變」的問題，又分「因能變」和「果能變」兩種。因能變，指一切法的生起皆有其因，無論八識還是一切境界的生起，都離不開作為種子的因。種子成為現行後，才能顯現心法和色法。前五識的種子現行後，有前五識的作用；第六識的種子現行後，有第六識的作用。

每種識在作用時，又有能和所兩方面。能，為能認識的作用；所，為所認識的境界。眼識作用時，我們看到了色。其中，能夠見色的是見分，即「能」；所看到的色是相分，即「所」。你們聽到我的聲音，能夠聽的耳識是見分，所聽到的聲音是相分。除識之外，每種心所也包括見分和相分兩方面。比如貪，能貪是見分的作用，所貪對象則是相分。貪的見分和相分，皆需種子才能產生活動。見分和相分同時產生並相互關聯，有見分時一定有相分，有相分時也一定存在見分，說明能認識的心和所緣境密不可分。由阿賴耶識的種子生起諸心、心所的活動，為因能變；而心、心所生起時，各自於自證分上呈現見分和相分，為果能變。

通常，我們覺得外在境界是客觀實有的。但唯識學告訴我們：我們所緣的一切境界皆是自心顯現，不曾離開我們的認識，從而否定人們以外境為實有的錯覺。

五、種子，種性

種子說是探討萬法生起之因。各種宗教、哲學在解釋世界現象時，必然關注世界形成的原始因素，即第一因。所謂第一因，須具備兩大特點，一是不變的實體，二是能派生他物而不為他所生。關於這個問題，一神教是以神或上帝作為創造世界的第一推動力。而哲學觀點有二：唯心論以心為第一因，唯物論以物質為第一因。

唯識學則認為，萬法生起之因，正是種子。在自然界，萬物生長皆以種子為因，如稻種、麥種、樹種等。人亦不例外，父母種子的結合，才孕育了我們的生命。唯識學所說的種子，卻另有所指。所以借用「種子」之名，因為從出生萬法的角度來說，它和普通種子確有類似之處。唯識學立足於妄識剖析世界。那麼，妄識又是怎樣產生並顯現這豐富多彩的世界？根源就是妄識中儲藏的各類種子。由不同種子的顯現，在我們眼前呈現出世間萬象。現在的世界，遠比過去的時代複雜，原因就在於人心散亂，妄想紛飛。

一切現象的產生，包括我們每個起心動念，皆以種子為因，並由意識虛妄分別。反省我們自身的心行，所以產生種種惡念，皆因阿賴耶識中具備相應的種子。若阿賴耶識中沒有嫉妒、貪婪、嗔恨的種子，那麼，無論遭遇什麼境界，都不會生起嫉妒等不良情緒。每天，我們會說許多話，做許多事，同樣根源於內在種子的現行。由「種子生現行」，而展現不同的生活方式，並在重複過程中使原有心理因素進一步強化。所以，一切心念、情緒和性格，都是通過重複積累而成。有怎樣的心念，就會呈現怎樣的世界。雖然我們生活在同一空間，但各人眼中的世界又是不同的。當然，人不是機器，每次心理活動的重複都離不開意識參與，並在不知不覺中進行調整，並非一成不變的簡單拷貝。

種子說和哲學所說的第一因有何不同？種子有六義，首要特徵便是「剎那滅」，即剎那之間就會生滅。比如稻種，若恆常不變的話，就無法開花、結果。生命中的種子也同樣如此。正因為具有生滅的特徵，才會在生命延續中不斷變化。與此相反，第一因是恆常不變的。此外，佛教認為生命是無始的，種子和現象之間互為因果。「種子生現行」，是以種子為因，現行為果；而「現行薰習種子」，則以現行為因，種子為果。當然，「種子生現行」和「現行薰種子」是同步進行的，當種子生現行時，種子又因現行的薰習得到一次強化。

唯識學中，與種子說相關的還有種性學說，這一思想最早出現於《解深密經》和《瑜伽師地論》。《瑜伽師地論》中，將種性歸納為聲聞種性、緣覺種性、菩薩種性、不定種性和無種性五類。也就是說，成就佛道，須有成佛的種子；成為阿羅漢，須有成為阿羅漢的種子。至於無種性，則類似佛經所說的一闡提，善根已斷，修行無望。這一說法和早期傳入的《涅槃經》思想多少有些衝突。因為《涅槃經》講一切眾生皆有佛性，皆能成佛。我對於這個問題的理解是，從有情現狀來看，確有不同種性之分，也可理解為不同根機。有些慈悲心強盛，是菩薩根機；有些出離心迫切，是聲聞根機；也有些惡業極深，善根幾乎湮沒不見。雖然人的根機千差萬別，但從緣起法的角度來看，亦非固定不變。如聲聞種性者，若不斷給予菩薩道的教化和薰習，久而久之，也可能回小向大，轉為菩薩種性。而無種性者，若有因緣聽聞佛法，不斷薰習，未必沒有轉變的可能。所以，種性雖然存在，但也不可理解得太機械。

六、菩薩行

通常，對唯識的學習多偏重於「見」的方面。尤其是民國以來，唯識學基本流於哲學式的研究，與修行嚴重脫節。須知，大乘佛法的核心為菩提心、菩薩行、空性見，缺一不可。

漢傳佛教中，關於「見」的內容非常豐富。唯識學人多以《成唯識論》為核心，探討三性、八識諸法，闡述唯識無境理論；中觀學人則以《中論》、《十二門論》為核心，宣揚二諦、八不，顯示緣起性空的中道實相；禪宗學人重視明心見性，「只論見性，不論禪定解脫」，認為見性後一切迎刃而解。翻看禪宗語錄，很少涉及菩提心和菩薩行的內容，認為見性便自然具足佛果的一切功德。那麼，拋開菩提心、菩薩行，見性能否成佛？一定是不行的。沒有菩提心和菩薩行，就沒有大慈大悲的成就，終不能成無上菩提。

菩薩行包括布施、持戒、忍辱、精進、禪定、般若六度，此外還有十度，於六度後增加方便、願、力、智。從六度而言，「慧」只是其中之一，雖是最重要的一度，所謂「五度如盲，般若如導」，但不可替代前五度的方便行，這正是宗大師在《廣論》所說的「如是於餘亦當了知，方便、智慧不離之理」。對於成佛來說，方便與慧，缺一不可。

翻開唯識經論，都有相當篇幅談到菩薩行的內容。《解深密經．地波羅蜜多品》論及六度、十度的修行，《瑜伽師地論．菩薩地》對菩薩行有詳細介紹，《攝大乘論．彼入因果分》談到六度修行，《成唯識論》也講到菩薩行。此外，《顯揚聖教論》、《大乘莊嚴經論》、《辯中邊論》等經論中，也包含著菩薩行的內容。可見，菩薩道的修習絕非只重視般若而已。十地菩薩的修行，就是圓滿十度的過程。而菩提資糧的積累到佛陀功德的成就，也是以修習十度（尤其是前六度）為核心。

七、瑜伽止觀

唯識學的建立，和瑜伽師的止觀經驗有關。他們通過修習止觀，體悟到萬法唯心之理，提出「諸識所緣，唯識所現」。作為唯識學的修行，瑜伽止觀是其重要組成部分。《解深密經．分別瑜伽品》中，專門介紹了大乘瑜伽止觀的修習。瑜伽唯識學的根本論典《瑜伽師地論》，則是以瑜伽師的修行次第為線索，建立三乘的修證體系。

「瑜伽」並非佛教特有的概念，在印度早期的六師外道中就有瑜伽派。唯識宗和「瑜伽」一詞有特殊關係，有時甚至以「瑜伽」作為唯識宗的代名詞，這主要和《瑜伽師地論》有關。瑜伽，意為相應，即自心與三乘境行果相應。瑜伽師，則是追求解脫、其心能與三乘境行果相應者。地，為修行過程，即三乘修學的次第及位次。

「止觀」是幫助我們與三乘境行果相應的手段。通過聞思經教、如理思惟，我們能獲得理論上的正見。但以聞思培養起來的見，只是一種認識，難以抵擋生命固有的習氣。唯有通過止觀修習，將聞思正見落實於心行，才能轉化為摧毀煩惱的心理力量。所以，教下修行多以止觀為契入空性的途徑。

止，是將心止於某一境界。凡夫心的最大特點是不穩定，或掉舉，或昏沉，或散亂，整日搖擺於各種情緒間。就心行而言，止，能使心念專注於一處。比如光，通常情況下只能用來照明，但以凸透鏡聚成一點後，卻能引燃火苗。止的力量，生活中隨處可見。有些人在工作時極其投入，全神貫注，心無旁騖，這也是一種止。問題是，這種專注雖能使工作效率極大提高，卻不會引發智慧。同樣的道理，止於煩惱之因，必定招感苦果。若我們專注於嫉妒，或專注於嗔恨，則將引發力量強大的嫉妒和嗔恨。所以說，止本身是中性的，關鍵在於止的內容。

佛法宣導的止觀，目的在於開發內心的覺性，這就必須以正知正念為前提，並非止於任何一處皆可。若止於煩惱，就在不斷培養不良習氣，這是需要特別注意的。觀，更應以佛法正見為指導，唯有如此，才能以此照見五蘊皆空，照見諸法實相。

我法二執，令我們始終處於不覺的狀態，於依他起的相見二分中生起能所執，因而被限制在自己構建的二元世界中。由於執著二元對立的境界，於是引生種種煩惱，並在這些心理推動下不斷攀緣所執的境界，使生命在妄流中越陷越深，不能自拔。

修行的關鍵，在於打破能、所執。唯有如此，才能恢復覺性作用。凡夫往往執著「我」是實實在在的，從而以自我為中心，對自己的一切備加珍惜，刻意呵護。那麼，如何突破能所執？無論是中觀正見還是唯識正見，目的都是摧毀這種遍計所執。佛法告訴我們：一切事物都沒有恆常的自性，我們所有的妄執，都是人為賦予的虛妄分別，並非客觀存在的事實。一旦洞察其虛幻本質，執著自然減少，就如成年人不再執著兒時遊戲一樣，因為我們已了知遊戲實質。

現實中，我們最牽掛的，往往是最在意的。所以，唯識修行有兩個層次：一是認識境空，了知境界乃內心迷惑的顯現，並非獨立於心外。二是認識心空，不但境界是空，心亦了不可得。正如《辯中邊論》頌曰：「依識有所得，境無所得生。依境無所得，識無所得生。」我們的心，被限制於根、塵之中，前者為能執，後者為所執。修觀，就是以所學正見去觀察境界，照見能緣之心和所緣之境的本質。

心有兩個層面，一是能所的層面，一是超越能所的層面。禪宗和大圓滿的修法，是讓我們直接契入並超越能所的層面。說空，並不是去找空，而是要照破自性見；說無常，也不是去找無常，而是要照破常見。若不能擺脫常見和自性見的誤區，心便無法超越能所。過去，我們一直身在牢籠而不自知，反而感覺很踏實。又或者，以為這牢籠堅不可摧，只得老老實實地按其規則生活。事實上，只要找到開啟牢籠的機關，束縛我們的一切就會散去。若有一天，能以佛法智慧將妄執照破，心就從中解放出來了。這正是禪宗所說的「靈光獨耀，迥脫根塵」。

一旦迥脫根塵，心便不再黏於五欲塵勞之上。修習止觀，是幫助我們培養並保持警覺的心，對心念起落不迎不拒。能做到這一點，儘管情緒來來去去，卻無法染汙我們的心，就像雲彩無法染汙虛空一樣。此處所說的瑜伽止觀，並不純粹是唯識宗的用心方法。說這些，只是為了讓同學們對止觀的用心和要領有大概認識。至於具體用心方法，以後可次第修習。

八、轉依

依唯識教理修行，最終是為了實現生命的轉依。所以要轉依，是因為我們不滿於現有的人生狀態，看到了生命的種種缺陷。學佛，根本意義是幫助我們改變生命現狀，唯識的術語為「轉依」。

轉，即轉變；依，即生命的依處。生命依託有二，一是阿賴耶識，一是真如。阿賴耶識是染淨依，即染、淨一切法生起的依止。同時，阿賴耶識還是妄識，以虛妄雜染的力量為生命主流。所以，人生充滿著惑業苦。我們不希望繼續輪迴，繼續重複這樣的生命，就要轉變生命依託，轉染成淨，轉識成智。真如，即空性，是清淨無染的。但在凡夫狀態中，空性卻因無明和妄執呈現出雜染狀態。真如是迷悟所依，凡夫為無明所惑，故流轉生死。一旦覺悟，方見生命本來面目。大家可能不理解：空性怎會有染、淨的層面？其實，空性本無雜染成分，因無明而顯現雜染，而雜染的作用和顯現也未離開空性。所以，雜染和空性是不一不異的。

轉依，是通過對空性正見的禪修，去除阿賴耶識中的雜染成分，以如實智通達空性。在凡夫位上，生命是以識為主，而在聖者位上，則是以智為主。這就需要通過修行轉變有漏識，成就無漏智，所謂轉八識成四智。分別是：轉第八識成就**大圓鏡智**，轉第七識成就**平等性智**，轉第六識成就**妙觀察智**，轉前五識成就**成所作智**。轉識成智，須經止觀方能完成，這正是佛法與哲學的不共之處。唯識講到的種子、八識、三性等思想，哲學也多少有所涉及。不過哲學是玄想的產物，無法透過止觀落實於心行。因此，也就不能從根本上解決人生問題。止觀和轉依，都是學習唯識的重點所在。

九、因明

因明是唯識學的方法論。唯識學的理論建構，尤其是《成唯識論》，基本是按嚴謹的因明公式建立起來。若對因明一竅不通，學習相關論典定會存在困難。

因明為邏輯論理學科。形式邏輯有三大流派，分別是印度的因明、古希臘的形式邏輯和中國的墨辯。西方的形式邏輯，是作為認識論出現的，以此幫助我們認識世界。故一切科學研究多以邏輯為基礎，由大前提、小前提而得出結論，即通常所說的三段式。如：人都是要死的（大前提），魯迅是人（小前提），魯迅是要死的（結論）。問題在於，雖然大前提是建立在大眾共同經驗的基礎上，但人類認識的本身就存在局限，故大前提無法論證，形式邏輯的嚴謹性也就值得商榷了。墨辯，即墨子的辯論方式。春秋戰國時期，出現了很多縱橫家，他們遊說諸國時，總結了很多思辨方法，墨子就是其中的典型。

因明淵源於印度早期六派哲學中的尼夜耶學派，雖非佛教獨有，但真正使因明發揚廣大的卻是佛教。其後，又隨佛教傳入中國，乃至世界。早期，因明以五支論理，而陳那論師使用的是宗、因、喻三支，傳至法稱論師，只剩下宗和因二支。宗，首先提出命題；因，是對命題進行論證；喻，則是用已知證明未知。和三段式相比，順序正好相反。因明公式是結論在前，宗就相當於三段式的結論。若將前例以因明進行闡述，那就是：宗，魯迅是要死的；因，他是人，人都是要死的；喻，杜甫是人，杜甫是要死的；李白是人，李白是要死的。宗、因、喻分別有嚴格限定，如宗有九過，因有十四過，喻有十過。也就是說，成立宗必須遠離九種過失，成立因必須遠離十四種過失，成立喻必須遠離十種過失。

因明和形式邏輯雖有相通之處，但因明在論證時會首先拋出命題，命題能否成立，除了因的說明，還有喻作為補充。如前例，喻中會舉出很多人，除非舉出一個不死的人，對方才能駁倒這一命題。從這個角度說，喻也是一種因，是加強論證的力度。所以，我認為因明比形式邏輯更嚴謹，因為它不曾預設一個無法論證的大前提。

除論證方式的不同，因明和邏輯的區別還體現於各自的作用。形式邏輯是幫助我們認識世界的方式，是以人類的共同經驗為前提，以現有認知去了解未知世界。而因明完全是為辯論服務的，因為辯論需要相應的遊戲規則，否則就會落入詭辯。

掌握因明，不僅需要學習理論，更要實際運用。藏傳佛教的僧教育，涵蓋內明、聲明、工巧明、醫方明、因明五科。僧人們接受了嚴格的因明教育，並通過每天的辯經不斷訓練，為學修、弘法奠定了扎實基礎，值得我們借鑑。

因明和唯識相關的典型公式，為「真唯識量」。當年，玄奘三藏即將離開印度時，戒日王召開無遮大會，玄奘三藏根據唯識原理提出這一公式：「宗：真故極成色，不離於眼識；因：自許初三攝，眼所不攝故；喻：猶如眼識。」以此說明，色法不離眼識等。玄奘三藏拋出命題後聲稱，若有人能在十八天內改動一字，便砍頭相謝。結果無人能夠應戰，從而名聞印度。由此可見，唯識理論系統而又嚴謹，學通後將受益無窮。

以上是唯識學的相關介紹。唯識雖然理論繁瑣，名相龐雜，但重點內容不外乎前面介紹的九點。六經十一論所關注的，也始終是這些基本問題。當然，每部經論的側重點有所不同，同樣介紹八識，《成唯識論》、《辯中邊論》、《攝大乘論》、《唯識三十論》在解說時會有所區別。三性思想也同樣，從《瑜伽師地論》、《辯中邊論》到《攝大乘論》，都從不同重點對三性進行了闡述。正因為各有側重，我們才需要學習不同論典，否則一部足矣。總之，學習唯識不要有畏懼心理。複雜與否是相對的，抓住這些要領，也就抓住了唯識學的核心，一旦學通，便能舉重若輕。

第二章　關於本論

一、作者

《唯識三十論》的作者為世親菩薩，又譯天親，音譯伐蘇畔度，在佛教史上地位極高。世親菩薩早年於有部出家。在當時的印度，大乘佛教並沒有獨立的僧團。所以，龍樹、提婆等大德雖弘揚大乘佛法，卻都在部派佛教的僧團出家。有部是部派佛教的重要宗派，在著述方面尤有建樹。佛教史上的第四次結集，即由迦濕彌羅的論師們完成，《大毗婆沙論》正是此次結集的重要成果。《大毗婆沙論》共兩百卷，以正統的有部思想對阿含經典的義理作了詳盡闡述。

世親菩薩於有部出家，後兼學經部理論。因《大毗婆沙論》不外傳，世親菩薩便匿名來到迦濕彌羅學習此論，並以經部思想批判有部論點。世親菩薩在弘揚小乘的階段，著述頗豐，有「千部論主」之譽。其中，以《俱舍論》影響最為廣泛，時稱「聰明論」。此論在中國也影響甚巨，早在南北朝時期，便出現了專事研究並弘揚《俱舍論》的俱舍師。

當時的印度，小乘僧團中往往沒有大乘經典，在教理學習上非常封閉，難免產生局限，世親菩薩也因此輕視大乘。無著菩薩便設法度化他，託病令世親前來探望，並命人在其鄰室誦念大乘經典。世親菩薩聽聞大乘思想後，頓覺極為殊勝，於是回小向大，廣造論釋弘揚大乘。他不僅對彌勒菩薩的《辯中邊論》、無著菩薩的《攝大乘論》、《十地經》等許多唯識論典作了注解，還造論闡發自己的唯識思想。其中，思想最為成熟的是其晚年所著的《唯識二十論》和《唯識三十論》，尤其是後者，代表了世親菩薩對唯識學的發展和建樹。

二、本論的撰作目的

如果說無著菩薩是唯識宗的創立者，那麼，世親菩薩便可謂集大成者。因為唯識宗的理論體系正是在其手中不斷完善並趨於成熟的。

世親菩薩撰寫本論的目的，主要是為了破我法二執，顯唯識中道之理，這在《成唯識論》中也有說明。其實，整個佛法的建立是為了破除我法二執。二執如蔽目之葉，使眾生看不到宇宙人生的真理，因我執產生煩惱障，又因法執產生所知障。這無始以來的二執、二障，正是有情流轉生死的根源。佛法雖有宗派之分，但皆以破除二執為目的。中觀講一切法空，一切法無自性，空的就是我法二執。禪宗祖師的機鋒棒喝，奪能奪所，掃蕩的也是我法二執。

唯識學建構的理論體系，能幫助我們樹立正確的唯識見，認識世間萬有只是心識的顯現。除此而外，並無我們所認為的實我實法。在《成唯識論》的開頭幾卷，廣破小乘和外道的種種我法之見。《唯識三十論》更是開宗明義：「由假說我法，有種種相轉」，以此破我法執，顯唯識理。只有破除我法二執後，才能證得我空、法空的真理，成就菩提涅槃的果位。

三、本論的組織結構

《唯識三十論》由唯識相、唯識性、唯識位三部分組成。

首先是明唯識相，共二十四個偈頌。相就是現象，唯識相主要屬於依他起相的範疇，從正面成立唯識。通過對八識的分析，闡述三能變的思想，即八識如何展開宇宙人生的一切現象。其中又包括三方面的內容：首先是破我法二執，其次是成立諸法唯識，第三是解答外人疑難。

通過這部分的學習，可以使我們認識到緣起的世界是怎樣建立的，從而樹立唯識正見，轉迷成悟，轉識成智。凡夫的思惟處於錯誤慣性中，而這種慣性又來自無始無明。所以，必須依佛法正見分別、思惟、抉擇，依佛法正見重新審視世界。正見為八正道之首，是契入佛法的唯一門徑，能以佛法正見觀察世界、人生，取代原有的錯誤認識，這是學佛必須具備的基礎。

學習唯識，須在唯識見的指導下修學。當然，唯識見並非趣向真理的唯一途徑。有些人文化基礎差一點，邏輯思惟弱一點，學習唯識理論會有困難。但也不必因此擔憂，佛法中任何一宗的正見都可以幫助我們見道。各人根機不同，適合法門也不同，應該尋找適合自己修學的佛法正見，作為破迷開悟的武器。

學習唯識相的目的，是為了幫助我們樹立唯識正見。民國以來，唯識宗幾乎演變為純哲學的理論。法相唯識有眾多名相，但建立名相是為了排遣名相，故唯識是以建立名相始，排遣名相終。《解深密經》對此有個生動的比喻，即「以楔出楔」：有物堵塞於竹筒內，打入楔子是為了將其打出來，因此打入楔子只是手段而非目的。眾生無始以來為妄執所轉，學習唯識，是為了以佛法正見取代原有的錯誤知見。若進入唯識殿堂之後，沉溺在名相中轉來轉去，樂此不疲，忘卻本來目的，豈非本末倒置？

其次是關於「唯識性」。建立唯識是為了掃除遍計所執性，通達圓成實性，這是學習唯識的根本。但很多人往往停留於理論，不知對唯識理論的執著亦成了遍計所執。認識唯識相，既不是為了滿足內心好奇，更不是為了獲得玄談素材，而是為了契入唯識性。而唯識性就是真如實性，是三性中的圓成實性。正如《唯識三十論》所言：「此諸法勝義，亦即是真如。」

第三是關於「唯識位」。位，是修行的過程和位次。在唯識位的內容中，包含行和果兩部分。行，是修行過程；果，是通過修行證得的二轉依果。這部分內容，是從唯識相證得唯識性的修行過程。

《唯識三十論》主要由這三部分組成。雖然只有短短三十個偈頌，但文約義豐，正所謂「含萬象於一字，約千訓於一言」。既是一部唯識學概論，也是唯識學集大成之力作。

四、本論的注釋及流傳

《唯識三十論》中，世親菩薩以極其簡練的語言將唯識宗的繁複理論作了概括。按通常情況，應當再造釋論對偈頌進行注釋，但尚未進行這一工作便圓寂了。在世親入滅後的兩百年間，佛教界將《唯識三十論》的研究作為重點課題。據記載，當時研究本論的共有二十八家，其中最著名的為護法、難陀、安慧、親勝、火辯、德慧、淨月、勝友、最勝子、智月十大論師，他們相繼為本論造了釋論。另外，陳那、德光、戒賢等論師，也對本論頗有研究。

玄奘三藏到印度學習唯識時，主要師從戒賢論師。戒賢是護法論師的弟子，自然繼承了護法的思想。玄奘留學歸來，開始著手翻譯帶回的大量經典。譯到唯識經論時，本擬將十大論師的不同觀點分別翻譯。門下弟子窺基論師則認為，中國人向來好簡，如此複雜的理論只恐後人在學習時莫衷一是，不如將各家之見糅譯在一起。所以我們現在看到的《成唯識論》，糅十家之見而以護法觀點為主。如種子的問題，十大論師中有「新薰說」、「本有說」、「本有新薰說」之分；心分的問題，則有一分、兩分、三分、四分的不同觀點。玄奘三藏在翻譯中，雖列舉各家之見，又站在護法的角度對其他諸家進行批判，使我們學習時能有清晰的思想脈絡，不致於目迷五色。

玄奘三藏翻譯唯識論典時，同時為弟子們講解，不僅對各家之說有介紹說明，還穿插遊歷印度的見聞，精采紛呈。遙想當年譯場情景，實在令人嚮往。這些解說多由窺基論師記錄成文。我們可以發現，玄奘三藏在翻譯之外並未留下多少著述，倒是弟子窺基論師有不少著作傳世。其中多為述記，如《成唯識論述記》、《辯中邊論述記》，這些《述記》是我們了解唯識思想的重要依據。若是研究《成唯識論》，《成唯識論述記》即為必讀之書。除《成唯識論述記》外，窺基大師還撰有《成唯識論掌中樞要》，其後又有慧沼撰寫的《成唯識論了義燈》，智周撰寫的《成唯識論演祕》，此三家被視為唯識宗的正統傳承。

除此而外，玄奘門下還有一位影響較大的弟子，那就是被後人視為異端的暹羅人圓測。雖然他也曾追隨玄奘三藏學習，但因早年學習真諦思想，故兼收並蓄，既有玄奘之見，亦兼真諦之說。正是因為這一點，玄奘門下弟子多將其視作異端。圓測留下的論著中，最著名的是《解深密經疏》，我在閩南佛學院講解《解深密經》時，非常認真地研究過這部注疏，確為學習唯識的重要資料。

唯識宗在中國三四傳之後，基本湮沒無聞。後於明朝有過短暫復興，沙門雪浪從大藏中錄出八種唯識典籍，選編為《相宗八要》，以此作為修習相宗之階梯。隨後有明昱著《相宗八要解》、智旭著《相宗八要直解》傳世，代表著他們對唯識學的研究成果。《相宗八要》分別是：《百法明門論》（世親造，唐玄奘譯）、《唯識三十論》（世親造，玄奘譯）、《觀所緣緣論》（陳那造，玄奘譯）、《六離合釋》（失造論及譯者名）、《觀所緣緣論釋》（護法釋，唐義淨譯）、《因明入正理論》（商羯羅主造，玄奘譯）、《三支比量》（玄奘立）、《八識規矩頌》（玄奘造）。但在當時，《成唯識論述記》等唯識典籍未在教界流通，故唯識宗的弘揚並未形成氣候。其後數百年，這一宗派幾成絕學。

唯識宗在現代的復興，始於民國年間。楊仁山居士從日本請回大量唯識經典，在其創辦的支那內學院，有歐陽竟無、呂澂、王恩洋等多人致力於唯識研究。太虛大師也十分重視唯識學的弘揚，自稱「教學法相唯識，行在『瑜伽菩薩戒本』」，在他老人家創辦的閩南佛學院及武昌佛學院，都將唯識學作為重要課程。緇素二眾的共同努力，使沉寂已久的唯識學在中國得到再度光大。

我們現在使用的教材《唯識三十論講話》，由日本學者井上玄真所著，芝峰法師翻譯。芝峰法師為太虛大師高足，也是民國年間頗有影響的一位法師。本書在眾多注釋本中較為詳盡，將《成唯識論》和《成唯識論述記》的觀點作了簡要介紹。直接閱讀原典，不僅耗時耗力，還未必能讀懂。依據這本教材，我們就能在短時間內掌握《成唯識論》的思想脈絡。

第三章　正論

第一節　標宗

正論第一部分為標宗，闡述本論宗旨，即「破我法執，顯唯識理」。關於這部分內容，《唯識三十論》曰：

> 由假說我法，有種種相轉，彼依識所變，此能變唯三。謂異熟思量，及了別境識。

一、我與法

世間一切境界不外乎我與法，有情的執著亦以此為核心。眾生因沉迷我法二執而有種種煩惱。所以，本論首先為我們揭示了我法的真相：什麼是我？什麼是法？

「我」代表著生命主體，為主宰義、自在義。在印度傳統宗教中，「我」的概念類似西方哲學中的靈魂，是恆常不變並具主宰作用的實體。那麼，「我」究竟是什麼？從佛法的智慧透視，並不存在獨存不變的我。作為有情的生命體，五蘊色身乃眾緣和合而成，精神世界亦是經驗積累而成。從另一個角度來說，個體生命又與世界息息相關。尤其在今天這個時代，社會分工使個人生活與整個社會密不可分，哪有獨立存在的「我」呢？

其次是「法」。佛法中，法的範圍非常廣泛，宇宙人生的一切皆可納入法的範疇。從山河大地到草木叢林，從有為、無為到美醜、善惡，不論物質現象還是精神現象，都涵蓋於法之內。法為軌持義，軌是軌生物解，持是任持自性，以現在的話說，是具有一定屬性特徵，能使你知道它是什麼。我們看到茶杯就知道它是茶杯，看到水就知道它是水，便是法具有的特徵使然。正因為萬物各具特色，世界才呈現出豐富多變的景象。

那麼，有情執著的我與法，是否代表世界的真實相呢？

我和法的概念，不僅世間法有之，佛法也一樣有之。如阿羅漢、菩薩、辟支佛及初果、二果、三果、四果，便是聖教安立的「我」。正如世人有不同身分及稱謂，佛經所說的聖者，同樣安立了各種身分及稱謂，這也是「我」的表現。那麼，聖教中所說的「我」，是否代表有情生命的真相呢？

佛法為了幫助我們認識世界真相，對宇宙人生的現象也有各種說明，如五蘊、十二處、十八界、四諦法門。這樣的法，與法的真相又是什麼關係呢？

二、我法是假名安立

《唯識三十論》中，對此的回答僅有一個字，那就是「由假說我法」的「假」。不僅唯識說「假」，中觀同樣說「假」。《中論》曰：「眾因緣生法，我說即是無，亦為是假名，亦名中道義。」「假」，是佛法對一切現象所作的智慧判斷。無論是眾生的認識，還是聖教的法義，皆可以「假」概括之。

這一「假」字用得精煉而巧妙，因為它既不是有，也不是無，實為點睛之筆。佛法的中道正見，要遠離有和非有，落於任何一邊皆非正見。眾生的妄識認為一切實有，為自性見。但若走向另一個極端，認為一切都是沒有，又會墮入斷見，甚至撥無因果，落入惡趣空。佛法認為緣起世間是虛假的，但虛假並非沒有。就像佛法所說的自性空，並不是沒有，而是假有。正如《金剛經》所言：「一切有為法，如夢幻泡影，如露亦如電，應作如是觀。」《般若經》中類似的比喻非常多，如陽焰、水中月、鏡中象、乾闥婆城等。我們所以有諸多煩惱，癥結就在於把世界看得太實在了，才會那麼投入、那麼執著。若真切認識到世界的虛幻本質，自能超然物外，不為所縛，不為所累。

「假」涵蓋的範疇，不僅指凡夫境界，也包括佛菩薩言教。但我們要知道，凡夫境界和佛菩薩言教雖然都是假的，性質卻有所區別。

凡夫認識境界的「假有」，是「無體隨情假」。無體就是沒有實質，即客觀根本不存在這樣東西。《攝大乘論》中有個比喻：某人夜間行路，結果將一條繩子誤以為蛇，嚇得魂飛魄散。蛇在客觀上並不存在，只是我們的錯覺而已，這所謂的蛇便是「無體隨情假」。

而佛陀所說的聖教，雖然也是假的，卻是「有體施設假」。因為聖者明瞭其施設言教的對象為緣起有，如將有情施設為我、人、眾生，及佛、菩薩等種種名稱，名言雖假，施設對象乃緣起有。又如我們將一物體安立「茶杯」之名，名言雖假，但假名依附的現象並非沒有。再如我們在五蘊上施設「我」，雖然「我」是假名，但「我」依附的五蘊是緣起有。佛菩薩在依他起顯現的見分和相分上施設種種名稱，同時也對空性（佛菩薩證得的法性）施設種種名稱，為「有體施設假」。

其次，還有「以無依有假」和「以義依體假」的區別，這是從另一個角度區分凡夫認識和聖賢言教的不同。

所謂「以無依有假」，即凡夫妄執的我法事實上是沒有的，正如錯覺中的蛇是不存在的。但我們產生的蛇的感覺並非沒有。如果沒有的話，誰在產生錯覺呢？無是建立在有的基礎上，為「以無依有假」。

所謂「以義依體假」，義是作用，體是依他起的體，即體和用的關係。也就是說，凡夫所執的「我」和「法」，畢竟還具有某種功用。作為有情生命體的「我」，雖無恆常不變的主宰力，仍具備各種作用，如吃喝拉撒、生兒育女等。「法」具有軌持作用，有各自特徵，如水以濕為性，火以暖為性，地以堅為性；也有不同功用，如水可以喝，火可以取暖，地可以承載萬物。聖賢根據依他起的現象，根據「我」和「法」的不同功用施設種種名稱，稱為「我」、稱為「法」。但這些都是假有，並非凡夫認為的恆常不變的有，是為「以義依體假」。

這是從兩個層面區別凡夫和聖賢所說的「我」、「法」。凡夫的「我」和「法」，屬於迷情和妄見，無論是「無體隨情假」還是「以無依有假」，都說明凡夫所見世界是虛幻不實的。當然，在凡夫境界並不以此為假。而在聖賢境界中，世間萬法無非「有體施設假」和「以義依體假」。聖賢所以施設這種「假」，是通達人生真相後的方便假設，目的正是為了教化我們這些愚痴眾生。

《瑜伽師地論》說到兩種自性，即「隨言自性」和「離言自性」。我們所說的「假」，是假名安立的自性，而認識「隨言自性」的目的，最終是為了證得「離言自性」，是趨向真理的方便和手段。不論世間所說的「我」、「法」，還是聖教所說的「我」、「法」，都是假有、無常、無我的。若認識不到「隨言自性」，認識不到我們執著的世界是虛假的，那它必將障礙我們對真理的認識。這正是「由假說我法」的深意所在。

三、我法差別義

「有種種相轉」告訴我們，大千世界中，「我」和「法」以種種不同方式呈現出來。「我」代表著有情世界，「法」則涵蓋了有情世界和器世界。從有情世界來說，種種相轉表現為各種差別，就整體而言，有國家、種族、民族的不同；就個體而言，有職業、身分、性別的不同，這都屬於「我」的種種相狀，所謂「我相、人相、眾生相、壽者相」。法也是同樣，山河大地展現著地貌的不同，草木叢林展現著物種的差別。無法統計世界上究竟有多少法，因為所有事物都屬於法統攝的範疇。

聖教中，「我」和「法」也有種種相。而「種種相轉」的「轉」，是轉起、現起之義。也就是說，萬法皆以各自不同的方式呈現出來。

四、識變義

「彼依識所變」的「彼」，是我法的差別和相狀。相狀雖然是假，卻非無中生有。然而「假必依實」：「我」和「法」是假的，但假須有建立基礎和立足點。我們將繩子當作蛇，是因為繩子的存在，才使我們將之誤以為蛇，否則便不會產生錯覺，更不會受到驚嚇。蛇雖然沒有，但不能說繩子也沒有。所以說，眾生執著的我法，亦有其安立對象。那麼，我法施設的基礎是什麼?「彼依識所變」告訴我們，種種我法皆依賴有情的內識變現。所謂「識」，就是八識，而「識變」則包括了所變、能變和變現。

我們首先要探討的是「所變」。根據唯識宗的正統思想，「所變」是見分和相分。唯識宗將心分成三分或四分，三分為相分、見分、自證分，四分則加上證自證分。

相分為呈現於內心的相狀或表象；見分為能了別，能對相分產生分別、判斷的作用。相分和見分都是依自證分而有，即識的自體。識在現行活動時，自然呈現出相分和見分。正如牛頭與牛角的關係，牛頭上長出牛角，牛角也未離開牛頭。三分在唯識學屬於依他起相的範疇，世間所說的我法和聖教所說的我法皆依相見二分施設，相見二分是有體的，為緣起有。

五、總說三能變識

「所變」為相見二分，有所變，必然就有能變。那麼，能變的識是什麼？究竟有哪些識是能變？頌曰：「此能變唯三，謂異熟、思量，及了別境識。」唯識學的早期經典，如《辯中邊論》、《大乘莊嚴經論》、《攝大乘論》，都屬於一能變的思想。也就是說，八識中唯有第八阿賴耶識是能變，前七識都是能緣，是第八阿賴耶識變現的。

世親菩薩則提出三能變的思想，這一理論不僅出現於《唯識三十論》，在他對《辯中邊論》所作的注釋中，也持同樣觀點。《辯中邊論》有新舊兩種譯本，真諦譯本名《中邊分別論》，屬於一能變的思想，世稱舊譯；玄奘譯本屬於三能變的思想，世稱新譯。從整個唯識學來說，對於能變的問題，主要分歧就體現於這兩種思想。

按照「三能變」的思想，八識都是能變。「此能變唯三」，是說能變的識有三類八種，三類即異熟識、思量識、了別境識，八種則分別為眼識、耳識、鼻識、舌識、身識、意識、末那識、阿賴耶識。

新譯唯識思想僅有八識，而舊譯講到九識，在八識外又提出無垢識。

第一類為**異熟能變**，即第八識。此識作為生命的果報體，在有情招感果報的過程中承擔直接責任，相當於一家之主或企業法定代表人。因為其餘的識無力承擔如此責任，故此識又名真異熟。此外還有異熟生，即異熟識派生的部分。當第八識投胎後，會衍生出前六識及相關的一些活動。

異熟有三重含義。首先是變異而熟，異熟代表著一種果報，但果報必須有因才能感得，故第八識又名種子識。因的成熟，需要緣來推動。若只是將種子儲藏在倉庫，沒有外在條件去成就它，也不可能生長。只有將種子埋在地裡，輔以陽光雨露，才會生根、發芽、感果。所謂變異，是由外在因緣的刺激，使種子發生變化，從而轉化成熟。其次是異時而熟，所謂異時，即造因和感果不在同一時間，須假以時日才能完成。第三是異類而熟，即因和果在性質上有所不同，所謂「因是善惡，果唯無記」。雖然因有善惡區別，但果報體卻無善惡之分。在人生旅程中，有些人始終窮困潦倒，命運多舛，也有些人一生富貴榮華，諸事順遂。雖然這是由前生造作的善惡業力所致，但不能因此衡量他們今生的善惡。現狀說明的，只是一個人的過去。所以，判斷某人的善惡不能看其生存環境如何，關鍵要看他現在做了什麼。具此三義稱為異熟。第八識是真異熟，是有情生命的總報體，因而稱為異熟能變。

第二類是**思量能變**，即第七末那識。末那為梵語，漢譯為意，思量義。每個識都有思量義，為什麼唯獨將第七識稱為末那識呢？因為第七識具有「恆審思量」的特徵。在八個識中，第八識是恆而非審，雖然無始以來相續不斷，但不具有思惟分別的作用。而第六意識雖具有分別思考的能力，卻審而非恆，因為意識不是恆常的，在某些情況下會出現間斷。唯有第七識，才同時具有恆和審兩個特徵。末那識和第六意識具有特別的關係，一方面是第六意識生起的俱有依，同時又作為前六識的染淨依，影響著前六識的活動。凡夫的行為具有兩個特點，一是著相，一是以自我為中心，這種染汙的心行正是根源於第七識。

第三類為**了別能變**，也就是前六識。前六識能對事物進行了別，其共同特點為粗了別。在我們的生命中，雖然第七識和第八識隨時都在產生影響，但作用是潛在而微細的，非意識所能感知。而前六識對事物進行的判斷是粗顯的，正因為粗顯，我們才有感覺。也就是說，凡是我們能感知的，幾乎都是意識的作用。

由此可見，在三類八識中，前六識以「了別」為特徵，第七識以「恆審思量」為特徵，而第八識作為執持生命的總果報體，為有情生命的延續保存訊息、提供訊息。

六、識如何變現

唯識所變，包含能變和所變兩方面。能變為八識，所變為見分和相分。我執和法執，是建立在見分和相分之上的錯誤認識，並非如實見。那麼，能變的識是如何變現世界的呢？

唯識學講到兩種能變，即因能變和果能變。因能變的因，是第八識的種子。唯識學認為，種子是萬法生起之因，包括等流習氣和異熟習氣兩類。習氣為種子異名，所以將種子稱為習氣，主要是就其來源而言。種子是通過前七識現行和薰習留下的，即「現行薰種子」。人類的一切活動都會在內心留下種子，就像器皿盛酒之後會留下酒的氣息。

等流習氣是前七識在活動過程中薰習而成。等，是指平等和相似；流，指由因感果的過程如流水般相似相續。我們所有的思惟活動，或善、或惡、或無記，一旦產生活動，必然在內心留下影象並形成種子。這些種子將作為萬法生起的親因緣，構成未來生命的延續。

等流習氣又叫名言種子，分表義名言和顯境名言兩類。表義名言是能夠表達義理的語言文字，也就是通常所說的概念，用以表達某種思想或事物。我們現在說話，就是表義名言的種子在作用，是表達義理的名句文。顯境名言也是非常形象的一個概念，顯境即顯出境界，當心和心所活動時，自然會顯現相應的境界，正如名言概念能詮顯義理那樣。

表義名言的概念主要是在第六識的活動過程中產生。八識中，只有第六識的活動才能薰成名言概念的種子，前五識則不具備這一作用。因為前五識的活動是現量緣境，而現量的特點是不帶名言概念，自然不可能薰成名言種子；第七識和第八識屬於潛意識的範疇，更不可能薰成名言種子。而顯境名言則是由前七識在緣境過程中薰成的種子。

所謂異熟習氣，即通常所說的業種子。它是由前六識造作善惡業力薰習而成，進而招感異熟果報。在有情生死輪迴的過程中，業種子直接推動有情於六道輪迴受生，這種動力，就像火箭推動衛星上天的作用一樣。

如果說名言種子是萬法生起的親因緣，那麼業種子就是增上緣，在生命輪迴中起到推動作用。我們要明確的是，二者並非截然對立。在某些情況下，它們甚至是一體的。比如同樣是人，能力卻各不相同。有些能力較弱，個體生存尚有困難；而有些能力極強，不僅可以自立，還能成就一番事業利益社會大眾。種子也是同樣，有些僅是名言種子，而有些既是名言種子，也是異熟種子，不僅能自己成熟，更能成為另一部分名言種子成熟的增上緣。

我們的善惡行為，既會薰下名言種子，也能薰下異熟種子。若屬於無記行為，如隨便走一走，隨便讀兩頁書，也能薰下名言種子，只是這種子非善非惡。而善惡行為通常是以強烈的意志為前提，在內心產生的力量遠比無記行為強烈。所以，業種子是精神領域中力量強盛的種子，而名言種子則是力量較弱的種子。單純的名言種子沒有能力招感異熟果報，必須依賴業種子作為動力。

名言種子和業種子的區別還在於，名言種子沒有壽盡相，而業種子有壽盡相。比如我們現在讀書學習所種下的名言種子，將盡未來際延續下去。雖然它的力量會發生變化，或強盛或萎縮，但種子卻始終存在。而業種子在受報後就結束了，若非如此，一旦造作罪業就會沒完沒了地受報，永無出頭之日，解脫更是難有指望。如果這一種子具有雙重性質，既是名言種子又是業種子，那麼屬於業種子的這部分力量在受報後就終結了。

名言種子和業種子現行後，構成八識三性諸法，也形成了我們所有的精神活動，形成了宇宙萬有的現象，此為因能變。

此外，還有果能變。同樣是「變」，因能變和果能變所指的「變」是不同的。因能變指的是轉變，從種子轉變為現行；而果能變指的是變現，八識在現行的當下，能在自證分變現出見分和相分。從因能變的角度來說，八識的活動為果，為種子現行的結果，故名果能變。從哲學的意義上說，因能變側重從宇宙生成論的角度探討世界成因，而果能變側重從認識論顯示諸法唯識的正見。

第二節　初能變——阿賴耶識

初能變是指第八識，本論以八段十門對其進行闡述，分別是三相門、所緣行相門、心所相應門、五受相應門、三性門、心所例同門、因果譬喻門、伏斷位次門。

三相門為阿賴耶識的自相、果相、因相，《唯識三十論》曰：

初阿賴耶識，異熟、一切種。

一、賴耶的自相

阿賴耶識為梵語，漢譯藏義，具有能藏、所藏、執藏義故。

能藏，是指阿賴耶識具有含藏的功能，可以像倉庫一樣儲藏物品。在阿賴耶識中，儲存著有情無始以來的生命經驗，堪稱生命的大寶庫。正因為阿賴耶識具有這一特點，我們在生命延續過程中付出的所有努力，才會功不唐捐。

所藏，指儲藏的物品。若將能藏喻為超大容量的倉庫，那麼所藏便是其中的所有藏品。阿賴耶識儲藏的，正是無始以來生命活動薰習的種子。

說到執藏，必然要聯繫到第七識。在無盡輪迴中，第八阿賴耶識始終被第七末那識執以為我。因為第八識的見分是相似相續的，具有相對的恆常性。正因為如此，第七識在認識第八識的過程中，便將它執以為固定不變的對象而恆生我執。同時，第七識又與我痴、我見、我愛、我慢等種種煩惱相應，形成有情生命中潛在的強烈自我。此外，第七末那識對第八識的愛執一刻都不曾間斷，即使在夢中也不能擺脫。由於它始終將第八識執以為我，故第八識又名我愛執藏。無始以來，眾生處處以自我為中心，處處著相，根源就在於末那識；又因執我而產生種種煩惱，造業並流轉生死，根源也在於末那識；各種宗教所建立的靈魂和神我，根源仍在於末那識。

阿賴耶識具有能藏、所藏、執藏三義，重點為執藏義，體現了阿賴耶識在生死流轉過程中不可替代的作用。所以，我愛執藏被定義為阿賴耶識的自體相。但我愛執藏並非阿賴耶識自身的過失，而是末那識強加於它的，所以真正的幕後操縱者是末那識。末那為染汙義，它固執而一廂情願地愛著阿賴耶識，一直要到八地菩薩，才能從它的糾纏中解脫出來。

第八識的名字很多，如阿陀那識、異熟識、根本識、心……等，阿賴耶識只是其中之一。每個名字的安立皆有側重，是根據第八識的某一特徵而定義。就像每個人都有不同的稱謂，在家庭中，對於妻子是丈夫，對於孩子是父親，對於父母是兒子；在社會上，對於學生是老師，對於主管是下屬。在不同的場合，面對不同的人，我們會扮演各種角色並發揮相應作用。阿賴耶識的命名，也是基於同樣的道理。

第八識共三位，代表了我們從凡夫到聖賢所經歷的過程。

一、**我愛執藏現行位**：第八識無始以來被第七識執以為我。從大乘來說，這一過程將持續到八地菩薩之前；從小乘來說，則持續到無學位聖者之前。直到那時，末那識才會終止其糾纏，所以阿賴耶識之名一直要用到八地菩薩。若將第七識和第八識比作一對形影不離的夫婦，那麼只有在妻子去世後，丈夫才不能名之為丈夫。同樣，到八地菩薩或無學位聖者時，阿賴耶識的名稱亦會發生改變。因為此時末那識已轉染成淨，轉識成智，徹底放棄我執了。

二、善惡業果位：作為善惡業力招感的果報體，第八識為真異熟，這一角色將扮演到十地最終的金剛心。正如《八識規矩頌》所說：「金剛道後異熟空。」當修行進入金剛道的境界，已趨向最終解脫，第八識也將在成佛之前被最後清空。而金剛道以前，第八識的體仍是有漏的。從初地見道的剎那開始，首次開發出生命的無漏種子。但無漏種子現行後，有漏種子仍會發生作用。在最初階段，有漏種子發生作用的時間比無漏種子更長、更持久；到五地、六地，有漏和無漏的作用才變得勢均力敵；到七地、八地，有漏的作用變得非常微弱，基本是無漏種子現行，但識體還是有漏的。直至金剛道後，異熟識的有漏識體才徹底放棄，成就純粹的無漏識，即無垢識，從此第八識也失去異熟識的名稱。

三、相續執持位：又名阿陀那識。阿陀那為梵語，為執持義，即執持有情的生命體。成佛後，是否還有執持有情生命體的識呢？依然是有的。在凡夫階段，執持生命體的是有漏的第八識；而成佛之後，執持生命體的則是清淨的無垢識。只要我們還是有情，總是有識在執持著生命體，永無終結之時，所以相續執持位一直要到盡未來際。

二、賴耶的果相

佛法提出因果和輪迴之說，但同時又強調無我。既然無我，由誰在造業及感果？當一期生命結束之時，又是誰去受報？在我們的生命領域中，誰有能力承擔這個責任？前五識、第六識和第七識顯然都缺乏這樣的能力。

唯物論者之所以對潛意識缺乏認識，是因為前六識生起活動時，和物質現象的關係非常密切，甚至在很多情況下難以自持。由於凡夫這種心隨境轉的特點，便使唯物論者得出「物質決定意識」的結論，認為意識是由物質派生的。事實上，生命中還有潛在的精神力量和深層的心理活動，恰恰是它們在決定意識的活動。

生命包含兩個系統：一為物質系統，即「身體髮膚受之父母」；一為精神系統，即第八阿賴耶識，而它沿襲並繼承的，是自身生命延續過程中形成的所有種子。我們每個人與生俱來的天賦，既不是父母的給予，也不是造物主的恩賜，而是來自過去生命的積累，這一點是唯物論者和其他宗教沒有看到的。

從輪迴角度來說，必須有生命主體承擔這一重任。外道講輪迴，是以神我或靈魂為依託，而佛法強調無我，那麼輪迴的主體是什麼？唯識學在對生命現象進行考察之後，發現作為生命的果報體必須具備三個特點。

首先是業果，業果的特徵是無記，即非善非惡。如果有情天性是善，惡行的產生就失去了依據，也無法招感苦果；如果有情天性是惡，善行的產生就失去了依據，也無法招感樂受。所以，果報體是無記的。其次是沒有間斷，倘若執持生命的果報體出現間斷，有情生命將隨之結束而成為無情，輪迴就無法相續。第三是遍三界，在三界的任何時空都能產生活動。

相比之下，前五識時有間斷，且二禪以上便無五識，第六識亦有不起現行之時，第七識非異熟業所感。可見，前七識都無法承擔此任。唯有第八識同時具備三大特徵，方能作為生命的真異熟識。

三、賴耶的因相

如果說異熟是第八識的果相，那麼它的因相就是一切種，這正是《唯識三十論》討論的重點所在。《成唯識論》中同樣以大量篇幅討論種子問題。

神教以神創為萬物之因，唯物論以物質為萬物之因，唯心論則以常恆不變的心為萬物之因。佛法既不同於神造，也不同於唯物論和唯心論，它又是如何解釋這個問題的呢？那就是建立種子說。阿賴耶識作為萬法生起之因，能薰習並執持種子，由種子的現行展開宇宙人生的一切現象。關於種子，我們將從以下幾方面進行說明。

1．什麼是種子

《成唯識論》卷二對此的定義是：「謂本識中，親生自果功能差別。」也就是說，阿賴耶識具有生起一切色心諸法的親因緣，即種子。

種子說早在部派佛教的經部就已出現。自然界中，種子有麥種、稻種、樹種等等，以不同種子為因，可生長相應的果實。唯識所說的種子也有類似作用。作為萬法生起的親因緣，種子又具有怎樣的特點呢？

2．種子具六義

一、剎那滅：作為種子，必須是生滅變化的。正因為具有變化的特徵，才能進一步招感果報。若種子是不生不滅、固定不變的，必然無法感果，這主要是簡別唯物論、唯心論和神造論的觀點。在唯識宗看來，永恆的神不能作為萬物之因，而真如也不能作為萬物之因，因為真如是恆常的。

二、果俱有：種子和所生果實在同一時間、同一處所。換言之，種子與所生果實於一相續中同時存在，方為種子。這是簡別因果前後相生，及於自他相續中建立的因果相離之理。

三、恆隨轉：種子依附於第八識中，要一類相續到究竟位，都沒有間斷和轉易。這是簡別前七轉識，或有間斷或有轉易。

四、性決定：種子包括善、惡、無記三類，其性質從種下之時即已決定，無論展開怎樣的現行都不會改變。善的種子在活動過程中，始終代表善的力量。行善，是善的種子在現行，而行善本身又使善的種子得到壯大，這種力量不會因作惡而改變。因為作惡只是惡的種子現行，是惡的力量在壯大。但是，兩者雖不能相互轉化，卻能彼此制約。生命中有各種力量，若善的力量較強，惡的種子雖也存在，卻難以產生決定性的作用，反之亦然。所以說，在生命延續過程中，種子的性質是始終如一的，有的只是力量的強與弱。

五、待眾緣：佛法是緣起論，以諸法皆「因緣而生，因緣而滅」為基本思想。種子的活動自然也不能離開因緣，唯在因緣具足的前提下，種子才能現行並展開宇宙人生的一切現象。同時，也因八識三性諸法活動的不同因緣，才有阿賴耶識中各類種子的差別。

六、引自果：種子的現行能引生自果。如色心等一一果法皆從自己的種子生起。這不同於外道執著一個原因生一切結果。

唯識學認為，不具備以上六個特徵的，便不能作為現行果法的親因緣。

3．種子從何而來

種子又名習氣，顧名思義，是由薰習留下的氣息。關於種子的來源，唯識論師們有著不同的觀點，較突出的有三種：

一、本有說：持此觀點的代表為護月論師，主張一切種子是阿賴耶識本自具足的，無論有漏種子或無漏種子皆是如此。後天薰習不過使原有種子得到增長，如接觸善緣使善的種子得到壯大，接觸惡緣使惡的種子得到壯大。論師引《無盡意經》為依據：「一切有情，無始以來，有種種界，如惡叉聚，法爾而有。」

二、新薰說：持此觀點的代表為難陀論師，主張一切種子皆由薰習而成。說到新薰，我們很容易理解為有個開始，於是問題就出現了——未薰習之前，自然沒有種子，也應該沒有諸識的存在，又是誰去薰習它呢？因而，論師提出能薰和所薰都是無始的，並引《多界經》說明其論點：「諸有情心，染淨諸法所薰習故，無量種子之所積集。」我們的心不斷受到雜染和清淨諸法的薰習，這種薰習的結果，在生命中種下了雜染和清淨的種子。

三、本有新薰說：這是折衷的說法，持此觀點的代表為護法論師，主張種子包括本有和新薰兩類。在我們的阿賴耶識中，既存在本有的種子，還存在新薰的種子，但無論本有或新薰都是無始的。因為在眾多經論中，既講到本有的種子，也講到新薰的種子。

護法論師認為，若一味強調本有，會有兩種過失：一是違背經文，一是違背前七識和第八識互為因果的關係。前面說過，第八識和前七識是互相薰習的。一方面，第八識為前七識生起之因；另一方面，前七識現行後又會薰成種子儲藏於第八識中，再由第八識的種子現行生起前七識，如此生生不已。這也就是唯識宗反覆強調的「種子生現行」和「現行薰種子」。

同樣，若一味強調新薰，也有兩種過失：一是違背經文，一是無法解釋無漏識的存在。因為我們現有的識為有漏識，而有漏妄識不可能生起無漏種子，那麼無漏種子又從何而來？所以必須承認無漏種子是本具的，才能在外緣推動下產生現行。否則，有漏為無漏之因，有違緣起法的規律。

4・種子的薰習義

不論種子的來源如何，都要經受進一步的薰習。正因為如此，種子的力量才會發展壯大，生命也因之豐富多彩。

薰習主要包含能薰和所薰。能薰是能夠薰習的，為前七識；所薰是接受薰習的，為第八識。前七識在活動過程中，不斷薰習種子到第八識中。從這個角度來說，作為能薰的前七識是主動的，而作為所薰的第八識是被動的。為什麼唯有第八識才能作為所薰呢？唯識學認為，作為所薰必須具備四個特徵。

一、堅住性：所謂堅住，即穩定和相續不斷的特徵，如若不然，就沒有作為受薰的資格。如果受薰一方發生間斷，那麼在某些情況下將不起作用。就像我們用電腦工作，若沒有硬碟隨時保存檔，一旦斷電就會將工作成果化為烏有。正因為硬碟具有儲藏功能，能將我們的所有工作進行保存，所以無論斷電還是關機，工作成果始終不會丟失。而在八識中，唯有阿賴耶識具有相續不斷的特點，前六識都是有間斷的。

二、**無記性**：所謂無記，即自身沒有強烈的善惡傾向。如果傾向善，就不能接受不善法的薰習；如果傾向不善，就不能接受善法的薰習。就像塗滿各種強烈色彩的紙，很難再於其上添加什麼。必須本身是一張白紙，才能接受並顯現一切色彩。這也正是無記的特徵，既不會拒絕善法，也不會拒絕不善法。

三、**可薰性**：所謂可薰，又須具備兩種特徵。首先是**獨立自主**，其次是**性非堅密**。從這個意義上說，真如就不能受薰，這正是唯識學者反對《楞嚴》、《起信》的原因所在。唯識學認為，《大乘起信論》所說的真如薰無明、無明薰真如不符合緣起思想。因為真如體性堅密、常恆不變，不能接受諸法薰習。作為所薰的一方，既要有相對獨立的自主性，又要具有包容性和可塑性。

四、**與能薰共和合性**：所謂共和合，也具備兩層含義，即能薰和所薰的構成必須是同一時間、同一處所。否則的話，便不能達到薰習效果。如以香薰物，能薰和所薰必須同時置於一處。所以說，我的前七識只能薰習我的第八識，不可能是薰到你們的第八識。

正因為阿賴耶識具足以上四個特點，所以才能作為所薰的一方。

而作為能薰的前七識，同樣具備了四個特點。

一、**有生滅**：若是常住不變的，就不能作為能薰。正因為有生滅，具有轉變的作用，才能薰習種子，這是簡別常住和不生不滅的無為法。

二、**有勝用**：即強大的力量，主要包括兩方面：一為**能緣的勝用**，一為**強盛的勝用**。能薰必須是能緣的心、心所，而心和心所還須具有強盛功用，方可起到能薰的作用。這是簡別色法、異熟無記心等，或非能緣，或雖是能緣而沒有勝用，都不能作為能薰。

三、有增減：必須能在量上發生增減，才可作為能薰。這是簡別於佛果位上不增不減的善法。

四、與所薰處和合：這一點與所薰的性質相同。必須在同一時間、同一處所，能薰才可以對所薰產生薰習作用。

5．見分薰、相分薰

在前七識的活動過程中，前五識的活動會薰習自身見分和相分的種子，同時還能幫助第八識薰習相分的種子；第六識的活動會薰習自身見分和相分的種子，同時還能為第八識、第七識留下種子；而第七識的活動，除了為自身留下見分和相分的種子，同時還能為第八識薰下見分的種子。

6．阿賴耶緣起

諸識在活動過程中會呈現見分和相分。而見分和相分在產生活動後，當即會薰習種子，成為未來八識產生活動的親因緣。在唯識宗所講的阿賴耶緣起中，「種子生現行」是指種子展開的八識三性諸法，「現行薰種子」是指心、心所在活動的同時又薰成種子。在唯識宗的因緣義中，不僅種子是現行的因緣，現行也是種子的因緣。

「種子生現行」和「現行薰種子」在理論上固然有先後次第，但在時間上卻是同時進行的。種子現行之時，當即就薰下種子。然後，由種子再生現行。但從這一種子所生的現行，到下一種子所生的現行，則不在同一時間。若每一種子的現行都沒有間斷，就會同時引發無窮無盡的「種子生現行」，從而犯無窮過。從種子到生現行，有待外緣的成就。比如我現在給你們上課，在講的時候是「種子生現行」，在講的當下是「現行薰種子」。但能否沒完沒了地講下去呢？顯然不能。到下課時，作為學生的你們走了，作為老師的我也需要休息，沒有這些相關條件，種子也就不再現行，必須待下一個緣成熟時才能繼續產生作用。所以說，種子生現行要待眾緣，也就是說離不開八識三性諸法。

阿賴耶緣起是以種子為因緣，現行後展開宇宙人生的現象。同時再薰下種子，使阿賴耶識中的種子得到壯大和充實。如此循環往復，使世間萬象無窮無盡地展開。

第八識有自相、果相和因相，這三相在唯識理論上非常重要。前六識和第七識都未講到果相和因相，因而不能作為生命的果報體，不能作為萬法生起之因。所以說，阿賴耶識的三相凸顯了唯識理論的特色所在，也為宇宙人生的展開建立了依據。

四、賴耶的行相

了解阿賴耶緣起的內容之後，我們接著探討第八識的能緣和所緣。《唯識三十論》曰：

不可知執受、處、了。

1．心與境

「執受、處、了」包含兩門，即所緣門和行相門。行相也就是能緣，因為能緣和所緣的關係非常密切，所以將兩者合在一起。同時，第八識的能緣和所緣具有共同特點，即頌文所說的「不可知」。這一定義說明，第八識不屬於意識範疇。如果屬於意識範疇，自然能感知它的存在。作為阿賴耶識，無論是能緣的心還是所緣的境，都不是我們所能感知的。

「執受」和「處」為所緣境界，「了」為能緣的心，也就是第八識的行相。為什麼《唯識三十論》是先講所緣，再講能緣呢？這一次第是就凡夫的認識所安立。凡夫總是心隨境轉。正因為這個特點，唯物論者才得出「物質決定意識」的結論。

在佛法看來，心和境究竟誰是更重要呢？顯然是心。所以世親菩薩在《百法明門論》中安立的次第是：心法、心所法、色法、不相應行法、無為法。心法即識的自相；心所法是「與此相應故」，為心在活動過程中的輔助心理；色法是「二所現影故」，是心和心所在活動過程中顯現的境界；心不相應行法是「三分位差別故」，如時間、空間、運動，是心法和心所法在活動過程中呈現的狀態，是依心、心所、色法分位假立的；而無為法則是識的實性。正因為色法所緣的境是由能緣的心派生，論師們在闡述《唯識三十論》時，往往先解釋心，再說明境。

2．心的結構

我們首先要說的是「了」，了別是識的行相和自體相。所謂行相，即心在緣境時，對境界產生分別判斷並行之於相。行相又名見分，具有覺知、分別的作用。「見」為認識的作用，如佛法特別強調的正見，就是指正確的認識。

要探究識的行相，必須了解心是由哪幾部分組成，這就是唯識學上著名的「心分說」。在唯識學裡，關於這一問題有四家之見，即安慧的一分說、難陀的二分說、陳那的三分說和護法的四分說。

一分說：安慧論師依《華嚴經》「三界唯心」等文成立一分。雖也說有相見二分，但是遍計所執，非有體法。被認為依他起的有體法，唯自體一分。他認為，唯有這樣才能成立唯識的宗旨。反之，如果承認一心自體之外，別有依他有體的法，所云唯識便無法說通了。

二分說：難陀論師主張二分說，認為心由能認識的見分和所認識的相分兩部分組成。而見分和相分都屬於依他起的有體法，只是這種「有」在程度上有所不同，見分的「有」是實有，相分的「有」是假有。正因為相分的「有」是假有，所以才能成立唯識。如果兩者都為實有，唯識就不能成立了。

三分說：陳那論師主張三分說，在二分之外提出了自證分。也就是說，識在認識的過程中，除了能認識的見分和所緣的相分，還應有二分生起所依的識體，即自證分，它具有自證的作用。

四分說：護法論師主張四分說，在三分的基礎上又提出證自證分。因為自證分是見分認識相分的自證作用，是量果，而自證分以見分作為所緣對象，應當還要有個結果，於是護法論師提出證自證分。如果這樣，彼此的相互關係是否會無窮無盡地演繹下去呢？護法論師認為四分足矣，無須更多，並建立四重關係進行說明。

第一重由所量的相分、能量的見分和作為量果的自證分組成；第二重由所量的見分、能量的自證分和作為量果的證自證分組成；第三重由所量的自證分、能量的證自證分和作為量果的自證分組成，也就是說自證分和證自證分之間是可以互證的；第四重由所量的證自證分、能量的自證分和作為量果的證自證分組成。

或許有人會問：既然自證分和證自證分彼此能夠互證，那麼，見分和自證分之間是否也能互證？因為它們都屬於能緣的作用，若兩者能互證的話，就不需要建立第四分了。護法論師的觀點是，自證分及證自證分主要屬於內緣的作用，所以能互證，而見分的認識能力主要是對外的，故無法與自證分互證。

四分說在唯識學中非常重要，八識、五十一心所在活動時都具備四分。也就是說，任何一種心理活動必然具有能緣的見分和所緣的相分，也必然具有自證分和證自證分的作用。唯識所現的理論也是由四分說成立。我們所緣的境界屬於相分，而相分只是識的一個部分，是心在活動中顯現的影相。從究竟意義上說，相分的體是自證分，而自證分又是識的自體。所以，四分的作用中體現了諸法唯識的道理。

三分說和四分說都屬於唯識學的正統思想。我們現在所說的正統，主要是根據玄奘三藏的《成唯識論》來判斷。而在藏傳佛教中，盛行的卻是安慧的一分說，可見正統和非正統也是相對的。

五、賴耶的所緣

在《唯識三十論》的頌文中，所緣為「執受、處」。

1．四緣生諸法

所緣是心法生起的重要條件之一。佛法講「四緣生諸法」，即因緣、次第緣、所緣緣和增上緣。其中，因緣是萬法生起的親因緣；增上緣是外在的推動力量；所緣緣則是心法生起所緣的境界，當認識發生作用時，必然有被認識的對象；次第緣又名等無間緣，是心法在活動過程中展現的次第。

心的活動具有多元和複合的特點，故心念才會念念生滅、相似相續。以上課為例，我的語言反映了思惟過程，但思惟並非恆常的，如果思惟也有具體形相，那你們會發現，在我說話時，種子正在不斷地、有次第地湧現出來，這就是等無間緣。等為平等、相似義，無間為一個接著一個，而前者是後者的開導依，只有前者將位置讓出來，後面的才能接踵而至。就像我們說話，必然將前一句講完，後一句才能接上，不可能同時說出兩句話來。所以，上句話是後面那句的等無間緣，即它的開導之因。

四緣中，心法是四緣生，需要因緣、次第緣、所緣緣和增上緣四個條件才能生起。而色法是二緣生，只需因緣和增上緣兩個條件。

佛法中，所緣又有親所緣緣和疏所緣緣之分。親所緣緣是識直接所緣的對象，疏所緣緣只是外在的助緣，不是由識直接認識的。前六識在活動時，以第八阿賴耶識變現的相分為疏所緣緣，當它緣這一境界時，同時還會自變。故唯識所變的特點在於「以所變為自所緣」。眼識所緣的境界是眼識變現的，耳識所緣的境界由耳識變現，鼻識所緣的境界由鼻識變現，意識所緣的境界由意識變現，阿賴耶識所緣的境界則由阿賴耶識變現。

《解深密經・分別瑜伽品》有這樣一段話：「我說識所緣，唯識所現故……此中無有少法能見少法，然即此心如是生時，即有如是影象顯現。」也就是說，識所緣的對象是由識變現的。當心產生活動時，立刻會呈現出心所緣的相分，就像我們站在鏡子前，影象自然呈現於鏡中。見分和相分的關係也是如此，鏡子呈現的影象為相分，而能映照物體的功能為見分。當我們面對境界時，內心會呈現相應的影象。因而，我們所緣的其實是內心呈現的境界。從另一方面說，外境又是由阿賴耶識變現。在親所緣緣和疏所緣緣之間，我們所緣的是親所緣緣，因為疏的部分我們並不知道。

2・種子、根身、器界

阿賴耶識的境界有內在和外在兩類。內在的，是根身和種子，即「執受」。第八識又名阿陀那識，為執持義。它不僅能接受薰習，更具有保存功能，就像盡職的保管員，執持著我們所有的生命經驗。如果將阿賴耶識中的經驗都展示出來，並拍成連續劇的話，整個世界的導演共同合作也無法完成。因為它的時間跨度是無限的，從無窮的過去一直延續到無盡的未來。

種子以外還有根身，也就是五根。五根在唯識宗分為兩類：一是扶塵根，一是勝義根，又名淨色根。眼、耳、鼻、舌、身之類的外在器官屬於扶塵根；而淨色根則是肉眼看不到的，須通過天眼才能看到。五根在認識境界時，真正取境發識的是淨色根，而扶塵根則起到輔助作用。

總之，有情所以為有情，是因為我們的根身由阿賴耶識執持，並因此保持活力。一旦離開識的執持，一期生命就結束了。我們的色身會因此變成無情之物，或化為灰燼，或歸於塵土。

外在的境界是「處」，即器世界，包括山川草木及宇宙萬有。宇宙間雖然包羅萬象，但不外乎地、水、火、風，也不外乎色、聲、香、味、觸、法，任何物質現象都是如此。根據它們構成的實質，《唯識三十論》名之為「處」，這也體現了本論極精、極簡的特色。

內境和外境的生起，由親因緣和增上緣構成。前面曾講到等流習氣和異熟習氣，其中，等流習氣是八識及三性諸法生起的種子，為親因緣；而異熟習氣則是宇宙人生現象展開的推動力，為增上緣。換言之，名言種子和業種子的現行，形成了宇宙人生的一切現象。

3．共變、不共變

《唯識三十論》中，又將所緣境界分為共變和不共變兩類。共變指的是我們共同感受到的，如居住環境及氣候等；而不共變指的是唯獨自己才能感受的，如我們各自的身體狀況等。共變和不共變，是取決於我們的共業及不共業，由共業薰成共相的種子，由不共業薰成不共相的種子；又由共相種產生共變，由不共相種產生不共變。

唯識學強調「以所變為自所緣」。那麼，各人業力不同，所見也應有所不同，為什麼有些東西在我們眼中是同樣的呢？比如這張桌子，你看到是桌子，我看到也是桌子，原因何在？其實，這就是共業的表現。因為共同的業力，所以我們能夠生活在同樣的環境內，具有相似的觀察事物的方式。同時，由於受到社會習俗和文化傳統的影響，使我們對世界的認識具有一定的相似性。

從唯識的角度來說，我們雖然生活在共同的世界，同時又是生活在自己的世界。那麼，個體世界和共同世界又是什麼關係呢？祖師對此有個比喻，即「一室千燈，光光相映」。就像一個屋內有很多燈，雖互相影響卻並不衝突。還有一點是我們必須明確的，唯識並非唯我。若理解成唯我，以為「我」才是決定一切的主宰，那麼問題就出現了：當「我」死去之後，世界是否存在呢？所以，唯識的內涵在於，當你出現時，你的世界就隨之顯現出來，你的一切認識活動都沒有離開你的認識。而當你離開時，只是你的世界消失了，就像屋內千百盞燈熄滅了一盞。

我們所緣的境界是由自己的識變現。而八識的所緣境界和能緣行相具有共同特點，這就是《唯識三十論》所說的「不可知」。之所以不可知，表現在器界上是廣大無邊，表現在種子和根身上是微細難知。

六、賴耶的相應心所

佛法對心的分析包括心和心所兩部分，關於這部分內容，《唯識三十論》曰：

> 常與觸、作意、受、想、思相應。

關於心所和心王的分析，大小乘論典有著詳盡論述。在《瑜伽師地論》、《顯揚聖教論》、《大乘阿毗達磨雜集論》、《成唯識論》、《百法明門論》、《大乘五蘊論》等唯識典籍中，都有相關討論，可供我們參考。

1・心王與心所

心王和心所之間究竟是怎樣的關係？心王為心的主體，共八種；心所為心理活動，共五十一種。心王的活動，必然由心所配合完成。如果將心王比作國王，心所就是輔助君王完成事業的臣子。

心所完整的名稱為心所有法，即心王所有之法。具備三個特點：一是**恆依心起**，即永遠依賴於心王並與心王同時生起；二是**和心王相應**；三是**繫屬於心王**。具備這三個特點，才是心所有法。

心王和心所既有主次之分，又是相輔相成的，這種相應具備了四個特點：

一、**時間平等**：心王和心所同時出現，也必在同一時間展開活動。不是先有心王後有心所，或先有心所後有心王。

二、**所依平等**：依主要指俱有依。八識的生起有各自的俱有依，前五識以五根為俱有依，第六識以意根為俱有依，第七識與第八識互為俱有依。心王和心所的所依相同，和五識相應的心所，同時也以五根為俱有依；和意識相應的心所，同時也以意根為俱有依。

三、**所緣平等**：等為相似，即心王和心所所緣境界是相似的。八識在緣某個對象時，心王和心所也同時在緣這一對象。但心王和心所的所緣又不盡相同，心王緣的是總相，心所緣的是別相。唯識宗還以比喻形象地說明了心王和心所的差別：就像老師和學生共同合作一件作品，老師將主體部分畫好，學生則在其上塗抹顏色並刻畫局部。心王和心所在緣境時，心王作總的了別，但進一步關注這個對象，便是作意心所的作用；而對此對象產生歡喜或討厭的感受，是受心所的作用；在心中產生對象的影象並對此進行分辨，則是想心所的作用。所以說，我們要完成對某個對象的認識，須由一系列的心理活動參與。

四、體事平等：每個識都有自己的自體，即自證分。每個識在產生作用時，心王和心所都有各自的自證分，兩者的自證分是等同的。

正因為心王和心所具備這樣的關係，所以稱為相應。從理論上說，心王和心所有主次分別，但在我們內心，心王並不是總能以主人的角色出現，在很多情況下，我們的心被貪、嗔、痴煩惱占據著、主宰著，常常無法自主，所以貪心就經常成為我們的主人，嗔恨心也是同樣。很多人會有這樣的經驗，雖然意識到貪心和嗔心帶來的危害，卻無法有效克服，依然對這些煩惱束手無策。原因就在於，我們已將自己的主權拱手相讓，甚至早就認賊為父了。

2・心所的種類

關於心所的種類，大小乘阿毗達磨論典有不同說法。依《百法明門論》、《成唯識論》，是建立六類五十一位心所，包括遍行五、別境五、善十一、根本煩惱六、隨煩惱二十和不定心所四。

在這些心所中，前五識的生起有三十四種心所與其相應，第六意識的生起有五十一種心所與其相應，第七識的生起有十八種心所與其相應，第八識的生起則有五種心所與其相應，即五遍行。

3・五遍行

五種遍行心所為：「觸、作意、受、想、思」。唯識學中，對心所的闡述通常從體和用兩方面說明。體為性，體現了心所的自體；用為業，體現了心所的作用。

一、觸心所：《成唯識論》卷三對此的定義為：「觸謂三和，分別變異，令心心所，觸境為性。受想思等，所依為業。」三和即根、塵、識，觸心所就是六根、六塵、六識和合產生的心理感覺。當根、塵、識和合時，就產生分別和變異，這種變化促使心和心所與境界相接觸，引發內心的心理活動。所以，觸是「令心心所，觸境為性」，此為觸心所的體性。同時它又引發受、想、思等心所的活動，此為觸心所的業用，兩者是互動的。當我們接觸某人或某個環境之後，總會對此進行分別判斷，總會有喜歡和討厭的感受，並因此產生進一步的心理活動。

十二緣起中，也體現了這樣的一種次第：無明緣行，行緣識，識緣名色，名色緣六入，六入緣觸，觸緣受，受緣愛，愛緣取，取緣有。這一系列相互關係概括了心理活動的基本過程。當然，唯識所說的三和生觸，比之十二緣起中的六入緣觸更全面。因為十二因緣只是突出了六入的作用，接觸了就會有受，然後就是愛取有。

在禪修中，觸也是一個重要的入手階段。也就是說，在接觸境界之初，如果我們能擁有正知，觸生起之後，便不會進入強烈的好惡中，不因順境而歡喜，亦不因逆境而悲傷，心才能如如不動。反之，帶著愛嗔心、好惡心或名利心接觸世界，很容易引發貪嗔煩惱，進而引發愛取有，生死也由此展開。

二、作意心所：作意相當於心理學上的注意，是一種非常重要的心理活動。不僅學佛修行要將心專注一處，日常的行住坐臥也不例外。若心不在焉，就會視而不見，充耳不聞，食而不知其味。所以，作意心所的特點主要表現在兩方面：「謂能警心為性，於所緣境，引心為業。」（《成唯識論》卷三）一方面，它能使我們的心產生警覺，由此引發相關的種子現行。當我們面對境界時，只有注意到境界的存在，才能引發一系列的心理活動，使種子轉變為現行的狀態，此為作意心所的體性。另一方面，只有作意心所產生活動時，才能將我們的心導向相應的境。否則，雖有心理活動，但心力不集中，思惟也是散亂的，此為作意心所的業用。

三、受心所：「受謂領納順違俱非境相為性，起愛為業，能起合離非二欲故。」（《成唯識論》卷三）受為領納義，當我們面對順境、逆境或不苦不樂的境界時，內心會產生相應的情感，此為受心所的體性。在心理學上，受心所屬於情感範疇，或是喜歡，或是討厭。無論哪一種都是「起愛為業」。所謂愛，也就是染著。凡夫的染著無所不在，正因為染著，所以才會對順境起貪心，對逆境起嗔心。若對世界沒有任何貪著，也就不會因此生起愛嗔之心，不會有一系列錯綜複雜的煩惱，如由愛生恨或愛恨交織等等。又，凡夫於喜歡的境界產生樂受，若未擁有就希望得到，已得到就不想分離；於討厭的境界產生苦受，若未擁有就不想得到，已得到則希望趕快離去。

四、想心所：「謂於境取像為性，施設種種名言為業。」（《成唯識論》卷三）取像就是表象，當我們認識境界時，腦海中會呈現出一種表象，也就是根據我們的情感、好惡及價值觀營造的境界，這是想心所的體性。我們再進一步對它安立名言，喜歡的就取個好聽的名字，討厭的就取個難聽的名字。所以，概念和文化是從想心所而來，此為想心所的業用。凡夫的想往往是妄想，有些人妄想打得精采些，有些人妄想打得乏味些，有些人妄想打得嚴謹些，有些人妄想打得粗糙些。從這個角度來看，人類的文化史幾乎就是妄想史。現代人妄想特別多，因而現在的世界也特別複雜。為什麼說世界是虛幻的？正因為它是由妄想構成，充滿缺陷、痛苦和煩惱，所謂「有漏皆苦」。

五、思心所：「謂令心造作為性，於善品等役心為業。」（《成唯識論》卷三）當我們對世界有了相應的情感和判斷後，會引發意志的活動，或善行或不善行，這正是思心所的體性。思心所在活動時有三個次第：審慮思，決定思，動身發語思。我們決定某項行動之前，先要進行一番審查，相當於現在的可行性研究。然後根據考察結果決定是否採取行動，最後才能付諸實施。所以，在任何行動過程中，無論前期決定還是後期操作，都離不開意識的理性思惟。若是任性而為，往往會半途而廢。

和八識相應的五遍行，是最基本的五種心所。而善心所、煩惱心所都是在特定情況下才產生活動。當我們和善心所相應時，會產生道德的行為；當善心所在行為中起主導作用時，會使我們成為高尚的人。反之，當我們和煩惱心所相應時，會產生不善的行為；當煩惱心所在行為中起著主導作用時，會使我們成為墮落的人、痛苦的人。

七、賴耶的情感

關於五受相應門這部分內容，《唯識三十論》曰：

唯捨受。

也就是說，八識在五受中唯與捨受相應。其實，完整的頌文應是「相應唯捨受」。「相應」在前面已經出現，用以說明心王和心所的關係，在第四段中，又用來說明第八識和捨受的關係。前面所說的「不可知」也是通兩門，可見《唯識三十論》的行文之簡。

受為感受，屬於情感範疇。佛法對於受心所的分析，通常分為苦受、樂受、捨受三類，即痛苦的感受、快樂的感受和不苦不樂的感受。此外還有五受之說，即苦受、樂受、憂受、喜受、捨受，在三受外增加了歡喜和憂愁。或許有人不解：苦樂和憂喜有什麼區別呢？按照唯識宗的解釋，苦樂偏重於生理感受，而憂喜則偏重於心理感受。因而，苦受和樂受主要是與前五識相應產生的感受，而憂受和喜受則是與第六識相應產生的感受。

雖說苦樂感受偏重於生理，但單純的生理僅是物質而已，並無覺受能力。就像一具死屍，無論如何處置它都不會有任何感覺，所以還須有相應的心理覺知能力。但前五識產生的覺知能力是直接的，就像我們的手碰到火，不需要分別是不是火，立刻會感到疼痛。但心理感受往往是因為分別產生，如擔心股票下跌，擔心孩子升學，擔心天災人禍，由此產生一系列煩惱。事實上，痛苦和快樂往往是自己想出來的，當我們想到開心一刻，會眉飛色舞，喜不自禁；當我們陷入痛苦回憶，又會痛定思痛，痛何如哉。一旦掌握心理活動規律，就比較善於調整情緒，更容易使自己保持良好的狀態。

若說苦受和樂受是因為環境造成，憂受和喜受是通過分別產生，那麼，捨受就是介於兩者之間的平等感受。換句話說，是我們面對不苦不樂的環境時形成的非憂非喜的感受。

五種受中，第八阿賴耶識唯與捨受相應，原因在以下三點：

一、第八識的行相是不可知。若是苦或樂的感受，那一定是可知的。因為苦樂是建立在分別順境和逆境的基礎上，而第八識的分別相當微細，行相又具有不可知的特點。

二、第八識是有情生死的果報體。作為果報體，只能與捨受相應，不可與苦樂感受相應，否則會生起強烈的愛嗔之心，形成取捨傾向，對某種境界樂意接受，對某種境界產生抗拒，從而對有情生死流轉的建立構成障礙。

三、第八識是第七識的所緣境。第七識為何獨將第八識執以為我？是因為第八識一類相續，沒有明顯變化。雖然它剎那生滅，但這種生滅極其微細，而苦受和樂受卻非常強烈。

因為第八識具有這樣的特點，故唯獨與捨受相應。

八、賴耶的倫理屬性

從倫理角度，佛法將人類行為分為善、惡、無記三類，或曰善、染、無記。那麼，第八阿賴耶識又有著怎樣的屬性呢？《唯識三十論》曰：

> 是無覆無記。

因為第八識具有以下三個特點：

一、性唯無記：作為生命的果報體，阿賴耶識不可有善惡傾向。若它傾向於善，不善就無從產生；若它傾向於惡，善就無從產生。所以它必須是無記的。

二、善染所依：阿賴耶識是善法和不善法生起的依止，若它是善的，就無法容納染法；若它是染的，就無法容納善法。

三、是可薰性：阿賴耶識的作用相當於儲物倉庫，容受一切法的種子。若本身具有善惡傾向，便無法一視同仁、來者不拒。

所以說，第八識的屬性是無覆無記。

1．善、惡、無記

談到三性，必然涉及這麼一個問題：究竟什麼是善，什麼是惡？這個問題看似簡單，但很多人卻沒有明確標準。即使學佛者，對這一問題往往也不甚了然。《成唯識論》中，以「能為此世他世順益」為善法作了定義。從自身而言，善的行為是貫穿始終的，不僅使我們得到現實利益，更能得到長遠利益；從自他雙方來說，善的行為是互利互惠的，不僅使我們自己得到利益，更能使他人同時得益。反之，則是不善行。

佛法對善惡行為的劃分，是以因緣因果為基礎。損人就是造作惡因，將給未來帶來無窮衰損；利人就是種下善因，將給未來帶來無盡善報。所以說，損人必然損己，利他必然利己，兩者是統一的。菩薩道的六度四攝皆以布施為先，當我們盡己所能幫助眾生時，不僅能給眾生帶去利益，還能因此克服生命中的慳貪吝嗇，為未來培植福德，積集成佛的資糧。由此可見，真正的善行是從利他中完善自己。

那麼，我們因前世福德招感善果，或因前世惡業墮落惡道，這果報能否稱作善惡行呢？如果那樣的話，世上有福之人皆為善，無福之人皆為惡，顯然是說不通的。所以，善惡果報屬於無記，即佛法所說的「因通善惡，果唯無記」。

佛教又是怎樣理解「道德」二字呢？道為途徑，「德」具有「得」之義，即通過善行得到的結果。通常觀念中，道德和利益往往非此即彼。在傳統儒家思想中，也是將義和利作為對立的兩面。那麼，如何看待兩者的關係呢？我執使人類處處以自我為中心，為謀求個體生存，必以追求利益為首要。故自私又成為人類本性，所謂「人不為己，天誅地滅」。如果我們提倡的道德須以放棄利益為前提，將流於空洞的口號。我們從小就被教育「毫不利己，專門利人」，這一口號提倡了很多年，但往往是用來要求別人，落實於自身，仍是「毫不利人，專門利己」。

事實上，「全心全意為人民服務」是大菩薩的境界，對多數人來說，仍缺乏可操作性。而現代社會呼喚的是切實可行的道德，既要符合人性，又能據此建構合理的社會秩序。從這個意義上說，佛教的道德觀正具備了這一特點，因為它和利益息息相關。當然佛法又告訴我們，若有心追求利益，仍是世俗的凡夫行，所能得到的利益也極為有限。所以行善要三輪體空，不住於相，以清淨心自利利他。從這一點我們也可以看出，佛法所說的善有不同層次，每個人都可根據現有境界追求相應的道德行為。

惡是相對善而言，佛法中也稱為不善行，「能為此世他世違損，故名不善」。它首先會損害我們的自身利益，進而損害他人利益。我們起貪心或嗔心，固然會傷害到別人，但最直接的受害者卻是自己。因為貪嗔煩惱會使我們焦躁不安，乃至恐懼痛悔。

無記是不可記別善惡性質，比如我們隨意走一走或喝口水，都屬於無記行為。無記又分有覆無記和無覆無記兩種。覆為障蔽義，能障礙並遮蔽我們的智慧。當我們的心被煩惱遮蔽時，就像烏雲遮蔽太陽，使我們本有的清淨智慧無法顯現。所謂有覆無記，是具有煩惱，卻未能轉化為善惡行為，末那識便具有這一特點，因此末那識的倫理屬性為有覆無記。而第八識屬於無覆無記。因為第八識的活動只有五種遍行心所與其相應，既不和煩惱相應，更不會有善惡之行。

2·人之初，性無記

論及人性，較有代表性的觀點是孟子的性善說和荀子的性惡說。人性若為善，惡行將失去心理依據；人性若為惡，道德將失去生長基礎。事實上，人間向來有善有惡。具體到每個人，善人所行未必皆善，惡人所行也未必皆惡。所以說，人性應為無記才更合乎邏輯。民國年間，太虛大師的弟子唐大圓曾撰寫《唯識三字經》，開篇即為「人之初，性無記」。

關於人性問題，我最近也在著手研究，並作了幾次關於「人心、人性與人生」的演講。《瑜伽師地論》講到人有種種差別：有些人生性淡泊，為薄塵行者；有些人生性貪婪，為貪行者。此外，還有慈悲者、殘酷者；有仁厚者、多疑者；有聰慧者、愚痴者；有寬宏大度者、心胸狹窄者；有名利之徒，也有夙根深厚之人等等。俗話說，「三歲看到老」，為什麼我們可以從一個孩子身上看到他將來的發展？正因為這種傾向是無始以來養成的，只要有活動就會表現出來。當然，我們之所以會呈現出不同的人格，不僅是業報問題，也是人生經歷和生活習慣使然，是在長期薰習中形成了各自的性格特徵。如果我們不斷培養貪心所，它就會上升為內心的主導力量，久而久之，成為人性中最重要的組成部分。

其他心理因素將會逐漸被邊緣化，作用也逐漸微弱，即使在特殊情況下產生活動，也無法與主導力量抗衡。我們在生活中就可以發現這樣的例子，喜歡貪的人，看到什麼首先是貪心所在作用；喜歡嗔的人，看到什麼首先是嗔心所在作用。偶爾，內心也會掠過一絲不安和慚愧，但杯水車薪，根本無法阻止貪和嗔的力量。

所以說，人性雖然是無記的，但並不是沒有傾向。阿賴耶識的果報體是無記的，但在無始以來的生命歷程中，通過不斷薰習和積累，各自形成了特有的性格。比如，善良者看到善行就會歡喜，看到惡行就會排斥。在他的人性中，善已經形成相對的穩定性，不易受到雜染薰習。反之也是同樣，對於邪惡者來說，行善甚至比登天還難。因為在他的人性中，惡的力量已主宰其生命，使惡行成為慣性。

其實，善惡之爭也像是權力之爭。在一個國家中，雖然有國王當政，但實權往往操縱在大臣手中。開國之初，忠臣和奸臣勢均力敵，誰也無法真正左右局面。可在其後的發展過程中，可能忠臣的勢力越來越強，並能輔佐國王，使社會昌盛，人民安樂；也可能奸臣的勢力越來越強，乃至篡權，使國家變得暗無天日。

心靈世界也是同樣。第八識雖是生命的果報體，但真正發生作用的卻是第六意識。若將第八識比作國王，那麼它的地位雖然尊貴，掌握實權的卻是第六意識。所以說，第六意識薰習什麼樣的種子，培養什麼樣的勢力，才是問題的關鍵所在。

九、相應心所與阿賴耶識的差別

心所和心王究竟有什麼相同、相異之處？八識共有十門，與其相應的心所是否同樣？第八識為萬法生起之因，相應的心所是否也是萬法之因？第八識為生命果報體，相應的心所是否也是生命的果報體呢？心所例同門中，就是要回答這些問題。關於這部分內容，《唯識三十論》曰：

觸等亦如是。

「觸等」就是觸、受、想、思、作意五種遍行心所，「亦如是」可理解為相似。究竟相似到什麼程度？世親菩薩在此並未交代得非常清晰，也為後人留下了一個懸念。因而十大論師在研究過程中不免各抒己見，《成唯識論》就收集了幾家不同解釋。其中最具代表性的，是護法論師的觀點，也代表著唯識宗的正統思想。護法論師認為，心王具有十義，而心所在某些方面是相同的，某些方面是不同的。心王、心所的相同和不同之處分別表現在哪裡？

首先，心所和心王都屬於無記，為業所感的異熟果，其所緣和行相也和第八識一樣微細難知，都屬於「不可知」。其次，與心王相應的有五種心所，與心所相應的也有五種，因為五種心所生起現行之時，其餘四種也會產生現行，再加上心王，合起來正好是五種。第三，心王在三性中屬於無覆無記，心所在三性中也屬於無覆無記，它的斷捨之位也和心王相同，也就是說，染汙心所必須到達阿羅漢果位時才會發生改變。

心王和心所的區別，在於它們的自相。如阿賴耶識被末那識執以為我，但末那識除了愛第八識的見分以外，並沒有愛心所，它只愛心王。所以在自相這一點來說，心所是不具足的。再者，第八識具有持種的功能，能作為萬法生起的因相；心所卻不具備持種的功能，不能作為萬法生起的因相。從行相上說，心王具有了別的特點，了別是總的覺知作用，相當於心理學上的統覺。而心所不具備了別的特點，另有各自不同的特徵，如受以領納為相，作意以警心為性等等。另外，心王和受心所相應，但根據唯識思想，心所中的受與受是不能相應的，即「眼不自見，刀不自割」之理。

由此可見，八識的心所和心王既有相同之處，也有不同之處。

十、賴耶的特徵

因果譬喻門是以譬喻方式顯示八識的因緣因果，以及它的特徵。《唯識三十論》曰：

恆轉如暴流。

阿賴耶識究竟以什麼樣的方式存在著？神學中，生命主體是以靈魂的方式存在，而靈魂是單一、獨存、常恆不變的實體。用佛法的話來說，它的存在是屬於恆常，落入了常見。

唯物論者認為，心理現象是由物質派生的，和物質一樣有著新陳代謝的過程。我早年學習唯識時，讀過一些心理學方面的著述。在了解西方心理學發展的過程中，發現任何一種心理學，從實用主義、結構主義、機能主義到精神分析及馬斯洛的第三思潮，多少和佛法存在相通之處，當然僅僅是一部分。如實用主義在闡述心理的活動特徵時，也以流水比喻意識流，和佛法所說的心理特徵非常接近；精神分析所說的意識及潛意識，又和唯識所說八識思想有某種相似；而人本心理學講到生命有不同層次的需求，也和佛法有暗合之處。

我們在學習唯識的過程中，接觸一些心理學方面的知識，可藉助心理學的相關術語解說唯識法相，對在當代弘揚唯識理論能起到一定推動作用。但我們也要認識到，儘管心理學對認識、疏導心理有一定作用，但對深層心理的認識及究竟解決心理問題仍是力不從心的。

1．剎那生滅，相似相續

佛法是以緣起看世界的，從這個角度觀察，我們的心理活動又有什麼樣的特點呢？那就是相似相續、不常不斷。

在「恆轉如暴流」這句頌文中，「恆轉」二字非常重要。但此處所說的「恆」不是恆常不變，而是一類相續。生命洪流從無窮的過去一直延續到無盡的未來，永無斷滅之時。正因為一類相續，才構成有情的生死輪迴和造業受報，否則就會落入「人死如燈滅」的斷見。如果生命是斷滅的，那我們的生命經驗就無法帶到來生，今生和來生之間也就沒有必然的聯繫。使用過電腦的人會有這樣的經驗，當硬碟崩潰後，所有檔案和資料都會丟失。我們的生命系統是否也會出現類似問題呢？前面說過，阿賴耶識的系統是忠實而穩定的，不會出現這種故障。當然我們也要注意維護，否則煩惱就會像病毒般侵入系統，導致一系列精神疾病，導致整個思惟系統的紊亂乃至癱瘓。

正因為生命載體是相續不斷的，所以人生才有價值，我們曾經付出的所有努力才會功不唐捐。學過佛法的人都知道，家庭、財富、事業等外在事物無非是過眼雲煙，甚至我們居住的地球，也要經歷成住壞空的變異。面對這終將消失的一切，人生意義究竟何在？多少人因為找不到人生意義而沉淪，甚至陷入絕望境地。學習佛法，就能幫助我們找到生命的立足點。因為有阿賴耶識作為生命載體，所以，事業尚未完成，來生可以繼續做；學佛尚未了脫生死，來生可以繼續修。雖說「輪迴路險」，但只要種下善根，善的種子就會在未來生命中繼續發芽。我們做過的每件事，包括每個起心動念，都會有各自的結果，會將生命帶入良性或惡性的循環。所做事業會消失，一期生命形式會消失，乃至我們生存的世界也會消失，但我們曾經歷的一切卻會在生命中留下影象並形成相應力量，盡未來際地影響著我們。

「恆轉」不僅有一類相續的特點，還有生滅變化的特點。也就是說，阿賴耶識的活動念念生滅，相似相續，顯示了第八識和靈魂的區別所在。如果它也是恆常不變的，和靈魂就沒什麼本質不同了。

同時，第八識的存在是緣起的。前五識、第六識、第七識在活動過程中，既為自己薰下種子，也不斷為阿賴耶識薰下種子，這又導致阿賴耶識的無盡延續。我們沒有學習唯識前，不可能有關於唯識的認識。但自從學習唯識之後，就種下了相關種子，並或多或少參與到思惟活動中。隨著對唯識學習的深入，逐漸開始以唯識觀念思考世界。久而久之，這一觀念將影響到我們的整個思惟乃至生命。在生命延續過程中，八識、五十一心所的活動無時不在薰習種子，而種子的延續又導致識的延續。所以說，「種子生現行，現行薰種子」正是阿賴耶緣起的關鍵所在。

「如暴流」是以流水為喻，顯示阿賴耶識不常不斷、相似相續的特點。江河水時刻都在流動，但我們遠遠望去，似乎總是那些水，似乎從未發生改變。事實上，前面的水早已不是後面的水。正如西方哲學家赫拉克裡特所說，人不能兩次踏進同一條河流。

識的活動是建立在種子現行的基礎上。若能將種子的活動拍攝下來，我們會發現，當我們說話或思惟時，種子在不斷地向外冒。識的自體不是固定、單一的，而是由種子延續構成。就像一盞燈，需要電流產生的電磁場源源不斷地為它提供能源才能發光，如果將電流掐斷，燈就熄滅了。雖然燈一直在亮著，但其中的電流卻不是始終如一的，而是由電子移動產生的。若將電子比作種子，那麼電流就是識的活動狀態。

關於流水的比喻，在很多經典中都可以看到。如《解深密經》的「阿陀那識甚深細，一切種子如暴流，我於凡愚不開演，恐彼分別執為我」，及《楞伽經》的「藏識海常住，境界風所動，種種諸識浪，騰躍而轉生」。藏識就像大海，隨著境風的變化，精神活動的波浪也隨之生起。這一認識並非佛法特有，現代的西方心理學，同樣以「意識流」這一概念描述心理活動的特徵。

2．唯識的時間觀

唯識學還從時間角度建立第八識。當我們說到因果時，必然涉及到時間，涉及到過去、現在、未來三世。那麼，時間究竟是什麼？

《中論》有個關於時間的偈頌：「因物故有時，離物何有時，物尚無所有，何況當有時？」也就是說，時間是建立在物質運動之上，根據物質運動來確定年、月、日等時間概念。但物質運動本身就是緣起的假相，因而時間也是假有的。所以從中觀宗的角度來說，時間同樣是沒有特質的。但唯識學又是如何看待時間的呢？唯識學認為，在三世中，過去、未來都沒有實體，唯現在、當下一剎那是有實體法。我們通過什麼了知過去和未來的存在？正是通過現在。因為生命經歷了過去，才會留下無盡種子，否則現在的識從何而來？但過去已然過去，離開現在根本就找不到過去。比如說，這個物體已經存在一萬年，有自己的歷史和過去，但它並沒有離開現在，離開當下。又比如，我們可以根據樹的年輪得知其壽命，但不論它曾經存在了五百年還是一千年，離開當下的痕跡，我們就無法認識它。再比如，所有的歷史遺跡，也正是因為當下還有跡可尋，我們才能以此考察或推斷它們曾經的歷史。我們只有根據當下的現象，才能探究過去和歷史。離開現在，過去是沒有實體的，也是不存在的。而未來之所以叫做未來，是因為它還不曾到來，我們只能根據現在的一切推知其發展。生命從過去延續到現在，並將一如既往地延續下去。根據由因感果的規律，我們可以假立未來的存在，但它同樣不能離開現在的當下，否則未來又從何而來？

唯識學者於現在一念法上，以理論建立三世。由現在法是酬過去因的角度，建立過去；又從招引未來結果方面，安立未來。但過去、未來都沒有離開當下這一念，唯這一念是實有的，而過去、未來都是假設的。又依現在心念，緣過去、未來事物時，似乎有過去、未來的影象顯現，其實不外乎當下一念識的顯現。所以唯識學者認為，現在實有，過未無體。

正因為無窮的過去都以現在為歸宿，無盡的未來又以現在為開端，所以我們只能活在現在這個當下。學佛修行就是要把握當下，以當下的生命改善作為起點，這正是唯識的時間觀所要告訴我們的。

十一、賴耶的伏斷位次

所謂伏斷，即第八識修行到什麼位次才會捨去？關於這部分內容，《唯識三十論》曰：

阿羅漢位捨。

阿賴耶識之所以叫做阿賴耶識，是因為無始以來被第七識所愛執，生死相隨，執著不休。從聲聞乘的修行來說，這一名稱要到無學位，即四果阿羅漢才能捨去。那麼，從大乘的修行來說，又相當於什麼位次呢？論師們對此有三種不同的觀點。

第一種是三乘無學位，第二種是三乘無學和八地以上菩薩，第三種是三乘無學和初地以上菩薩。八地是無相無功用位，無相即無漏識的現行已長時相續，有漏妄識不再生起，而無功用是指不需任何努力即可相續，所以到八地後我執不再現前。至於第三種說法，從正統的唯識思想來說是錯誤的。因為我執有分別我執和俱生我執，登地以後，分別我執雖已斷除，俱生我執依然存在，且一直要活動到八地。在此之前，阿賴耶識仍被末那識執以為我。

雖然阿賴耶識的名字在八地已捨離，但必須抵達金剛道後才能捨離異熟識，從而轉識成智，使有漏的生命系統才能因此徹底改變，即《八識規矩頌》所說的「大圓無垢同時發，普照十方塵剎中」的境界。也就是說，大圓鏡智和無垢識在金剛道後會同時生起並發生作用。

轉依是唯識宗的一個重要概念，就是將有漏識體轉變。「依」，在雜染狀態下為阿賴耶識，在清淨狀態下為無垢識。「轉」有兩種含義，一為轉捨，即捨去有漏識；一為轉得，即開發無漏識。在我們的生命系統中，包含有漏和無漏兩類種子。當有漏妄識占據主導地位時，無漏種子根本無法發生作用，必須通過不斷的聞、思、修薰習它，同時戰勝並消除有漏種子。即使無漏種子開始發生作用後，起初的力量仍是非常微弱的，還要通過「種子生現行，現行薰種子」的不斷薰習，使其力量逐漸壯大。直到金剛道後，使生命系統爆發徹底的革命。

第三節 第二能變——末那識

第二能變為思量能變，這是末那識的特徵，即恆審思量。末那識為八識中的第七識，和第八識一樣，同屬潛意識的範疇，非意識所能了知。

世間哲學只講到前六識，在部派佛教中雖已出現關於第八識的思想，但並未明確說明。既然唯識宗率先提出第七識和第八識的概念，勢必要對此進行論證。所以，關於阿賴耶識的成立，從《瑜伽師地論》、《攝大乘論》，到《成唯識論》，都展開了相關論證。

《成唯識論》是以五教十證來成立阿賴耶識。在佛法中，要論證某種思想，往往是通過教證和理證兩方面進行。所謂教證，也就是依聖教量，即佛陀演說的經教來印證。所謂理證，就是通過理論和邏輯進行論證。

第七識的提出，同樣需要經過教證和理證方能成立。如果說第八識的提出主要是為了建立生命載體，那麼，第七識的提出則是為了建立凡夫身分。凡夫和聖賢的根本區別何在？為什麼我們不能成為聖賢？究其根源，就在於末那識。末那識無始以來都處於我執狀態，一方面執我為中心，一方面處處著相。這一心理根源，使有情始終處於凡夫狀態。

關於第七識的成立，也有二教六證。其中，第一種是不共無明，需有一種相應的識為依止，第四種是二定差別，即無想定和滅盡定的差別，還有無想有染證，都說明無想定中因為末那識的染汙心、心所還在活動，便注定無想定仍屬於凡夫位。以此證明第七末那識的存在。

關於末那識的內容，《成唯識論》主要是從八段十門展開說明：

一、舉體出名門

第一為舉體出名門。所謂舉體，就是舉出思量能變識的體和名稱，《唯識三十論》曰：

次第二能變，是識名末那。

「次」，是相對於初能變「初阿賴耶識」而言，為第二能變。「是識名末那」告訴我們，次能變名為「末那」。末那是梵語，為思量義。思為思惟，量為分別和衡量。

事實上，任何一種精神活動都具有思量的內涵，為什麼獨將第七識名為思量？因為只有第七識的思量才具備恆和審的特點，恆為穩定相續，審為思量分別。第八識的特點是恆而非審，思量作用非常微細；前六識的特點是審而非恆，思量活動雖然強烈，卻是時有間斷。唯有第七末那識，既像第八識一樣相續不斷，又像前六識一樣具有推理和分別的作用，只不過它的推理和分別都是錯誤的。從三量的角度來說，第七識是屬於非量。量就是判斷，正確的推理為比量，錯誤的推理為非量。正因為第七識具備恆和審的特點，因此在心、意、識之間，獨名為「意」。

既然名之為「意」，又作為識而存在，為什麼不叫意識呢？主要是為了簡別與第六意識的不同，否則都名為意識，豈非混淆不清？此外，末那又是第六意識生起的所依。前五識的生起有各自的俱有依，如眼識以眼根為俱有依。第六意識以末那識為俱有依，從這個意義上看，末那的側重點在於意根，故獨得「意」之名。

二、末那的所依

任何識的生起都有各自依賴的緣，但第八識卻沒有說到所依，因為它的特點是被別人依賴。雖然它也需要仗緣而生，如賴耶種子由前七識的現行薰習而成，彼此有相互依賴的關係。但第八識的特點是作為宇宙人生展開的根本依止，所以，第八識的主要特點不是依賴他人，而在於被他人依賴。

關於第七識的所依門，《唯識三十論》曰：

依彼轉。

「彼」是指第八阿賴耶識，「轉」是生起和相續。也就是說，第七末那識依第八阿賴耶識為生起之本，這在十大論師中也有不同觀點，此為護法論師之見。護法論師認為，末那識主要依第八識的現行識和種子，即現行賴耶和種子賴耶。

首先說種子賴耶，從唯識宗的角度說，種子賴耶不僅是第七識生起的因緣依，也是一切法生起的因緣依。種子有等流種子和異熟種子之分，前者又名名言種子，後者又名業種子。其中，等流種子是八識三性諸法生起的親因緣，而異熟種子則是八識三性諸法生起的增上緣。從哲學意義上說，等流種子相當於質料因，而業種子相當於動力因。

其次是現行賴耶，這是末那識生起的俱有依。所謂俱有，即同時存在的重要依止。如前五識是以五根為俱有依，第六識是以末那為俱有依，而第七識則以第八識的現行賴耶為俱有依。

除此之外，心法的生起還要有開導依。心法具有念念生滅的特點，而在種子的延續過程中，前念就是後念的開導依。前面的念頭過去，後面的念頭才能接著生起，就像我們走路要一步一步地走，說話要一句一句地說。從四緣生諸法的角度來說，因緣雖是必不可少的，但還需有作為增上緣的俱有依和作為等無間緣的開導依。

三、末那的所緣

在心法生起所需的四緣中，前面已說了三種，接著要說的是所緣緣，即心法生起所緣的境界。佛法說的所緣，包含疏所緣緣和親所緣緣。前六識在認識境界時，眼識所緣的是眼識變現的境界，耳識所緣的是耳識變現的境界，這一特點在前面已作過介紹，即「以所變為自所緣」。

這就涉及到一個問題：如果說我們認識的都是自己變現的境界，那我的所緣和你們的所緣有什麼關係呢？關係就在於，我的境界是你們的疏所緣緣，同時，你們的境界也是我的疏所緣緣。雖然你們的境界會對我有所影響，這種影響是外在的。我所緣的並非你們的境界，而是我自己變現的，由自身情緒和經驗在心中形成的境界。所以說，我們認識的境界互為疏所緣緣，會成為彼此認識世界的增上緣。但你們不能直接認識我的境界，我也不能直接認識你們的境界。我們同在一個環境，彼此認識的還是各自的境界，儘管這種境界是相關的，就像房間裡有幾十盞燈，雖然每盞燈的光明都是獨立的，都會布滿整個房間，但燈和燈之間仍會互相影響。我們對世界的認識存在疏所緣緣和親所緣緣，而人與人之間的關係也同樣存在疏所緣緣和親所緣緣。

關於第七識的所緣，《唯識三十論》曰：

緣彼。

「緣彼」與「依彼轉」之「彼」同為第八識。也就是說，第七識所緣的對象為第八識。第七識在緣第八識時，同樣存在疏所緣緣和親所緣緣。第七識所緣的主要是第八識的見分，也就是作為生命主體的部分。見分具有相似相續的特點，由種子的相續導致見分的相續。但凡夫的認識非常粗糙，尤其是第七識，在眾多煩惱的相應下，沒有能力正確認識第八識。第八識的見分雖念念生滅，但第七識還是將它當作獨存的實體，執持其為其恆常不變。這和第八識本身雖有相關之處，卻又不盡相同。這也就是疏所緣緣和親所緣緣的區別，疏所緣緣是第八識變現的見相分，而親所緣緣則是第七識自變的影相。正因為第七末那識緣第八阿賴耶識的見分為我，才成為我執的根源，成為有情生命流轉的根源。所以說，眾生處處以自我為中心，只是因為對自身的錯誤認識所致。

對於這一問題，其他論師也有不同觀點。難陀論師認為，第七識緣心王也緣心所，並由緣心王而執我，緣心所而執我所；火辯論師認為，第七識既緣第八識的見分，也緣第八識的相分，由緣第八識的見分而執我，緣第八識的相分而執我所；而安慧等論師，認為第七識是執第八識的現行為我，執第八識的種子為我所。但從護法論師的觀點來說，這些說法都是有問題的，不符合第七識執我的認識習慣。

四、末那的行相

體性行相門包含體性門和行相門兩門。《唯識三十論》曰：

思量為性相。

性就是體性，指自體；相就是行相，指作用特徵。八識五十一心所都有見分、相分、自證分和證自證分。自證分和證自證分為每個識的自體，而見分和相分為每個識在自體呈現出的作用。在我們的認識過程中，必然有能認識的覺知作用和所認識的境界。其中，能認識的作用為見分，所認識的境界為相分，而能認識和所認識皆依識的自證分產生。

第七識的見分具有思量的特點，而自證分卻微細難知。我們平時能感覺到的主要是見分，所以，「思量為性相」更多是從第七識的作用來推知其自體。正因為第七識以恆審思量為體性，因而得名「末那」。此處的「相」為行相而非相分，行相也就是對相分進行分別的能力，不是所分別的境界，因為相狀本身不具備思量的能力。

五、末那的相應心所

關於心所相應門，《唯識三十論》曰：

> 四煩惱常俱，謂我痴我見，並我慢我愛，及餘觸等具。

在第七識的活動過程中，有哪些心理活動和它相應呢？我們知道，第七識在凡夫位上是純粹的染汙識。不像前六識，既有善心所與其相應，也有煩惱心所與其相應。當意識與善心所相應時，會產生道德行為；當意識與煩惱心所相應時，會導致罪惡行徑。而與第七識相應的，除五遍行這些基本心理活動之外，皆是煩惱心所。

「四煩惱常俱」是說，第七識在活動過程中與四種煩惱恆常相應。末那識和阿賴耶識的共同特點為相續不斷，無始以來就不曾間斷。無論睡眠還是暈死，乃至進入無想定的狀態，只要我們還是凡夫，還有一息尚存，就有第八識在執持色身，也有第七識在現起我執。所以，這兩種識一方面注定了我們是有情，一方面注定了我們是凡夫。但第七識為染淨依，在地前是雜染所依，八地之後是清淨所依，當它轉染成淨時，我們就由凡夫昇華為聖賢了。

1．四惑

末那識最大的特點體現在執我，根源就是有四種煩惱與其恆常相應。那麼，究竟是哪四種煩惱與第七識生死相隨呢？

一、我痴：痴為無明，即不覺或無知的狀態，有相應無明和不共無明之分。相應無明是與六種根本煩惱相應的無明；不共無明為第七識獨有，包括獨行不共和恆行不共。其中，獨行不共又可分為兩類，一為非主獨行，與忿、嫉妒、猜疑等隨煩惱相應；一為主獨行，不與隨煩惱相應。其中，最重要的是恆行不共，既不與任何煩惱心所相應，也為其他諸識所無。

關於第七識的六理證中，首先是不共無明證。《成唯識論》曰：「異生類恆處長夜，無明所盲，昏醉纏心，曾無醒覺。」「異生類」指見道以前的眾生，由於尚未證得空性而活在千差萬別的凡夫心行中，故名異生。「恆處長夜」也是因為沒有見道，因為見道才點亮了心中的智慧明燈，在此之前，我們對世界的認識處於長久黑暗中，是「人天長夜，宇宙黮暗」。「無明所盲」的無明，正是不共無明，當我們的心被無明遮蔽時，就像盲人那樣，看不見世界真相。「昏醉纏心」是說眾生處於無明大夢中尚未醒覺，所以佛法將開悟和見道比作如夢初醒。正因為不共無明所致，故前六識在行善時仍不能忘相。而在我執和法執的狀態中，無論我們的所作所為是善是惡，皆是有漏之法。

那麼不共無明又與何種識相應呢？第六意識有間斷，無法與不共無明相應；而第八識屬於無記，也無法作為染汙識。所以說，唯有第七識才能與不共無明相應。如果不承認有第七識，不共無明就失去了建立基礎。而不共無明在佛經中經常出現，如《攝大乘論．本所知依分第二》所說的：「真義心當生，常能為障礙，俱行一切分，謂不共無明。」真義心也就是體悟空性的心，依心念活動特點，總會有間斷之時，那麼真義心生起了嗎？事實上，即使在一念不生之時，我們還是不能見到空性，就是因為第七末那識的障礙，使凡夫和真理之間永遠隔著一道堅實的牆。

但第七識的活動並不在意識範疇內，我們又如何著手清除呢？除通過第六意識的努力，更要仰賴生命內在的覺醒力量。一旦透過特殊方便認識生命內在的覺性，便有能力掃蕩無明的陰霾。

二、我見：凡夫總是帶著強烈的我執去認識世界，處處以自我為中心。我見又包括分別我見和俱生我見兩類，前者是通過分別後產生的我見，後者則帶有本能性。分別我見主要與前六識相應，由第六識在活動過程中產生；俱生我見則包括有間斷及無間斷，與第六識俱生的我見是有間斷的，與第七識相應的我見才具有恆常相續的特點。

三、我慢：眾生因執我之故，總覺得自己比他人更優越，從而產生我慢。慢就是令心高舉，有慢、過慢、慢過慢、我慢、增上慢、下劣慢、邪慢七種類別。毫無理由地認定自己比他人優越，為慢；與他人不相上下時仍感覺自己勝人一籌，為過慢；雖不如他人卻盲目自大，為慢過慢；處處以自我為中心，為我慢；明知自己的學問道德不如他人，但對他人的成就也不以為然，不知隨喜讚歎，為下劣慢；雖沒有真正的學問德行，但為博取世間名利而以種種手段沽名釣譽，為邪慢；修行人未證言證，為增上慢，這和大妄語還有所區別。因為大妄語是為獲取名聞利養而欺騙他人，增上慢是自以為是，以為自己已證得某個境界，是由無知造成的。

四、我愛：即愛戀自己，覺得自己好，自己最重要。我們希求更好的生存條件，希望吃好、穿好、住好，希望青春美貌，希望健康長壽，這些都是和我愛有關。我愛也會影響到我們與他人的關係，因為只愛自己，就會以自己為中心，目中無人，很難和他人相處。

佛法中有六種根本煩惱，即貪、嗔、痴、慢、疑、惡見，其中惡見又可分為身見、邊見、邪見、見取見和戒禁取見，共十種。以上所說的我痴、我見、我慢、我愛就是與第七識相應的根本煩惱。除此以外，還有八種大隨煩惱與第七識相應，即《八識規矩頌》所說的「四惑八大相應起，六轉呼為染淨依」。當第七識與四種根本煩惱、八種隨煩惱相應時，就成為前六識的雜染所依。

2．八大隨煩惱

八種大隨煩惱分別為昏沉、掉舉、不信、懈怠、放逸、忘念、散亂和不正知。

一、昏沉：《成唯識論》卷六對此的定義，為「令心於境，無堪任為性，能障輕安、毗缽舍那為業」。昏沉現象在生活中時常會發生，即使在我們用功念佛或禪坐時，時間一久，昏沉也會乘虛而入。這時，我們就沒有能力認識所緣境界了。念佛的念著念著佛號也沒了，觀心的觀著觀著正念也丟了，數息的數著數著不知所云了。所以，昏沉會干擾輕安的生起，障礙毗缽舍那的觀照之力。

二、掉舉：與昏沉的特點相反，掉舉是使心高高舉起，搖擺不定。《成唯識論》卷六對此的定義，為「令心於境，不寂靜為性，能障行捨奢摩他為業」。奢摩他為止，與觀的不同在於，前者是「無分別一心為止」，後者是「有分別一心為觀」。修止的特點是不加分別，要求一心專注於所緣境，久而久之，方能成就禪定。而掉舉是令心搖擺不定，無法專注，自然障礙奢摩他的生起。

三、不信：《成唯識論》卷六對此的定義，為「於實德能，不忍樂欲，心穢為性，能障淨信，惰依為業」。「實」就是三寶的真實存在，「德」就是三寶的萬德莊嚴，「能」就是三寶的殊勝能力。而不信就是對於三寶的種種功德不認同、不歡喜、不希求。之所以這樣，根本原因在於心中充滿疑惑。因為不信，佛法在我們心中就沒有分量，也無法對生命產生淨化作用。如是，我們仍將在凡夫的固有狀態中懈怠放逸，沉淪生死。

四、懈怠：《成唯識論》卷六對此的定義，為「於善惡品，修斷事中，懶惰為性，能障精進，增染為業」。佛法所說的精進和懈怠是有前提的，是在斷惡修善過程中進行的努力，而不是為世俗功名付出的勞動。在這樣的前提下，努力了就是精進，反之就是懈怠。凡夫心也有截然相反的兩種狀態，就像電有正極和負極，物質有正物質和反物質。我們的心態也是如此，有精進就有懈怠，有正念就有妄念，有信仰就有不信，有慈悲就有嗔恨。一套是善法的系統，一套是染法的系統，修行就是讓我們啟動善法的那套系統。《菩薩本行經》中，將「懈怠」視為「眾行之累」。如果一味懈怠，不僅會障礙精進，更會「增染為業」，不斷增長生命中的貪、嗔、痴三業。

五、放逸：《成唯識論》卷六對此的定義，為「於染淨品，不能防修，縱蕩為性，障不放逸，增惡損善所依為業」。對每個人來說，所面對的既有雜染心理，也有清淨心理。而在修行過程中，對雜染心所要善加防守，不使它們有可乘之機。持戒修定的意義也正在於此，如果我們放縱自己的煩惱，一方面會增長惡法，一方面又會損害善法。按戒律規定，沙彌或比丘尼要向上座請教誡，上座若不懂教理，只須告訴他們「不放逸」三個字即可。在《阿含經》中，佛陀也時常告誡比丘們「不要放逸」。《遺教經》更將放逸喻為「如狂象無鉤，猿猴得樹」，因而，「勿令放逸入於五欲」。由此可見，不放逸在修行中有著至關重要的作用，因為它正是增善損惡的基礎。

六、忘念：《成唯識論》卷六對此的定義，為「於諸所緣不能明記為性，能障正念，散亂所依為業」。修行者需要時刻保有正念，將心安住於善所緣境中。如果觀無常，無常見就是正念；如果觀空，空性見就是正念；如果念佛，佛號就是正念；如果修數息觀，數息就是正念；如果修不淨觀，觀不淨就是正念。若忘失正念，內心必然陷於散亂狀態。因為妄念和正念是對立的，當正念消失時，就像守門員已經擅離崗位，妄想自然長驅直入。

七、散亂：《成唯識論》卷六對此的定義，為「於諸所緣，令心流蕩為性，能障正定，惡慧所依為業」。所謂散亂，是令心浪蕩於各種所緣境，遐想連篇，無法專注一個所緣境，能夠障礙正定的生起。同時，散亂也能成為惡慧、狂慧生起的所依。

八、不正知：《成唯識論》卷六對此的定義，為「於所觀境，謬解為性，能障正知，毀犯為業」。不正知，於所觀境界是謬解心理，是慧或痴的表現。不正知的根源是無明，其產生因緣和邪知邪見有關。不正知能障礙正知，引發種種不善或犯戒的行為。

這八種大隨煩惱遍於染汙心所，並與第七末那識相應。

「及餘觸等俱」所說的「餘」，為我痴、我見、我慢、我愛四惑之「餘」，包含五遍行心所及大隨煩惱八種，另外還有別境中的慧心所。慧心所正是我見之體，所以要加入。護法論師認為，末那識的生起共有十八種心所與之相應，即五遍行、四惑、八大隨煩惱以及慧心所。

六、末那的倫理屬性

第六為三性分別門。前面我們已了解到，初能變為無覆無記所攝。那麼，末那識的倫理屬性又是什麼呢？《唯識三十論》曰：

有覆無記攝。

我們的行為分善、惡、無記三類。所謂無記，是那些非善非惡的行為，包括有覆無記和無覆無記兩類。覆為障蔽之義，所謂有覆，是與煩惱相應；所謂無覆，是不與煩惱相應。

第七識和第八識為潛在意識，不會直接表現出善或不善的行為，同屬無記範疇。但兩者的不同在於，第八識作為生命的果報體，本身不具有任何傾向且不與煩惱相應，為無覆無記；而第七末那識雖微細難知，卻與四大根本煩惱和八大隨煩惱相應，為有覆無記。

七、末那在三界的活動情況

第七為界繫分別門，《唯識三十論》曰：

隨所生所繫。

有情在三界流轉生死，直到解脫的那天，才能「跳出三界外，不在五行中」。三界為欲界、色界、無色界，又可分為九地：我們居住的世界位於欲界，是五趣雜居之地，此外還有色界的離生喜樂地、定生喜樂地、離喜妙樂地、捨念清淨地，及無色界的空無邊處地、識無邊處地、無所有處地、非想非非想處地。

那麼，第七識在三界九地的活動範圍究竟有多大？「隨所生所繫」的「所生」，為阿賴耶識所生之地。「隨」就是如影隨形，因為第七末那識深深愛著阿賴耶識，無論它生於何方都忠實依附，如影隨形。若阿賴耶識生於欲界，末那識也同樣生於欲界；若阿賴耶識生於色界或無色界，末那識也同樣生於色界或無色界。而「所繫」則具有雙重含義，末那識既有被動的一面，隸屬於阿賴耶識；同時又有主動的一面，束縛著阿賴耶識。就像俗話所說的夫唱婦隨，無論丈夫走到哪裡，作為妻子的都伴隨左右，一方面是為了陪伴，一方面是對他有所控制。可見，末那識與阿賴耶識的關係確實非常密切。

八、末那的伏斷位次

第八門為起滅分位門，《唯識三十論》曰：

阿羅漢滅定，出世道無有。

起滅分位門是說明末那識的伏斷位次：在修行到達何種位次時，才能將染汙的末那識伏斷呢？伏斷有暫滅和永滅之分，前者是暫時的滅除，讓染汙的末那識不再生起現行，而後者是徹底的滅除。其中又包含三個位次，一是證得阿羅漢的果位，一是進入滅盡定的境界，一是抵達出世道的階段。出世道即見道位，為十地中的初地，當修行進入這一位次時，末那識就得到了暫時伏滅。故唯識宗有這樣一句話：「六七因中轉，五八果上緣。」「六七」為第六識和第七識，「因中」為初地，也就是說，第六識和第七識在初地就開始發生轉變。「五八」為前五識和第八識，是在八地以後的果地開始轉變。所以，第七識的轉變是發生在因地：「發起初心歡喜地，俱生猶自現纏眠。」初地又名歡喜地，此時無漏智得到開發，有漏妄識開始轉染成淨。在滅盡定的狀態下，第七識也不起現行了。但第七識的徹底伏斷，小乘須在阿羅漢位次，此時末那識才永遠改變並捨棄對阿賴耶識的執著。而從大乘果位來說，必須到八地，也就是無相無功用地，無漏智才能在生命中產生相續不斷的作用，有漏妄識不再生起現行。

那麼，第七識的永滅到底滅的是什麼？是第七識的自體？還是染汙的末那識？唯識宗也有不同說法，即有體無和用無兩種觀點。安慧論師認為，永滅就是沒了末那識這回事；而護法論師認為，末那識還是有的，只是其中染汙成分沒有了，從此將以清淨末那的面目出現。

第四節　第三能變——前六識

第三能變主要講的是前六識。前六識屬於我們能夠意識的範疇，同時也是世間哲學、宗教及早期部派佛教都曾講到的。所以在討論第三能變時，沒有教證和理證的內容，因為前六識是佛法與世間所共有的，無須進行論證。而第七識和第八識則是唯識學不共的理論，這就有必要對它們進行論證。

前六識為眼識、耳識、鼻識、舌識、身識、意識。《成唯識論》中，關於第三能變的內容為七段九門。

一、六識差別

第一為能變差別門，《唯識三十論》曰：

> 次第三能變，差別有六種。

三能變的差別有六種。從識的自體來區分，眼識、耳識、鼻識、舌識、身識、意識都有各自獨立的自體，所以唯識學屬於多元論。

六識的名稱又是從何而來呢？唯識學中，有依根得名和依境得名的不同定義方式。所謂依根得名，是以根作為識的所依，如建立在眼根上的識為眼識，建立在耳根上的識為耳識，依此類推。若是依境得名，應名為色識、聲識、香識、味識、觸識。為什麼六識是依根而不是依境得名呢？有五方面的原因：即依義、發義、屬義、助義、如義。

一、依義：眼識依眼根而住，耳識依耳根而住，鼻識依鼻根而住，即依根處所，識依而住故。也就是說，我們的眼識、耳識、鼻識是依眼根、耳根、鼻根而產生作用。

二、發義：識由根所引發，而根的變化又會影響到識的認識作用。如近視眼、老花眼之類的生理變化，都會影響到眼識對世界的認識。

三、屬義：識的種子始終相屬於根。如眼識屬於眼根，耳識屬於耳根，兩者的關係非常密切，彼此缺一不可。如果僅有根而沒有識，比如死者，眼識是無法產生作用的；如果僅有識而沒有根，比如盲人，眼識同樣不能產生作用。

四、助義：根和識是互相影響的，根必須在識的協助下才能產生作用，識也必須建立在根的基礎上才能產生作用。一方面，當根發生變化時，識會受到影響；另一方面，當識產生病變時，根的認識也會受到影響。如精神病患者看到的世界，往往和常人看到的世界不同。

五、如義：根和識的性質是一樣的，都屬於有情。而六塵的境界，如色、聲、香、味、觸、法，則屬於無情的境界。

六識因此五義而得名。其中，眼識、耳識、鼻識、舌識、身識所依的根都是物質的，而第六意識所依的根則是精神的，依第七識意根而生起。

二、六識的體相

第二為自性行相門，《唯識三十論》曰：

了境為性相。

「了境」即了別境界，這一特徵既是前六識的特徵，也是前六識的體相。「性」是體性，為前六識的自證分；「相」是行相，是對相狀產生的分別能力，為能緣的見分。

前六識的特點為了別。事實上，每個識都有了別功用，為什麼唯獨將前六識作為了別識呢？因為了別有粗了別和細了別之分，前六識具有粗了別的功用。六識依六根而了別色、聲、香、味、觸、法的境界，是我們所能感知的粗顯境界。而第七識和第八識的了別卻微細難知。

三、六識的倫理屬性

第三為三性分別門，《唯識三十論》曰：

善不善俱非。

三性是佛法對不同行為屬性的區分和定義。此處的「俱非」，是指非善非不善，即無記。所謂「善不善俱非」，就是說六識通於善、不善、無記三性。

第七識和第八識屬於潛意識的範疇，其性質為無記，區別只是在於，前者為有覆無記，後者為無覆無記。前六識屬於意識範疇，活動時有一系列心所與其相應，表現在行為上往往帶有善惡傾向。

前六識中，第六識的活動共有五十一種心所與其相應，也就是一切心所都和意識相應。若第六識與信、慚、愧、無貪、無嗔、無痴、勤、輕安、不放逸、捨、不害等善心所相應，將導致善的行為；而與無慚、無愧、嗔、忿、恨、覆、惱、嫉、慳、害等不善心所相應，將導致不善的行為。若既未與善心所相應，也未與不善心所相應，便是無記的行為。

雖然這些心所從理論上說只是第六識的助手，但在很多時候，第六意識並不總能當家做主，時常會大權旁落，成為被操縱的傀儡。在我們的心理活動中，嗔恨、我慢、嫉妒等煩惱都具有強大力量，正是它們左右並主宰著我們的生命。有些人貪心特別重，當貪心成為心靈主宰時，即使理智告訴他不能再貪，仍然身不由己。這也就是俗話所說的貪婪成性，佛教中稱為「貪行者」。如果我們對不善心所聽之任之，使它們在生命中形成主導力量，再想進行管束就很困難了。就像那些有權有勢的下屬，往往會利用手中實權架空主人。由此可見，現實世界的很多現象都是人類精神世界的映照。

我曾在法國梅村參加「世界和平宗教研討會」，一行禪師有句話說得非常好——「世界和平始於人類內心的和平」，充分體現了佛教的思想精神。如果沒有正見的觀照，沒有內心的和平，世界和平又從何而來？美國的「九一一事件」就是個沉痛教訓，雖然他們建構了先進的導彈防禦系統，卻無法防範如此原始的攻擊方式。所以說，若以武力相互防範，結果必然是防不勝防。真正行之有效的辦法，是以慈悲心化解彼此的怨仇。因為第六識通於三性，所以我們才會產生善、不善和無記的行為。前五識也有善或不善的行為，但前五識的認識屬於現量，這一過程非常短暫，所以它們的活動多是在意識引導下進行的。《八識規矩頌》的第一句就是「性境現量通三性」。「性境」是佛法講到的三種境界之一，另外還有帶質境和獨影境。性境為前五識所緣的境界，為如實呈現的心靈影象。「現量」則類似直覺式的認識，當我們對事物作出判斷或介入名言後，就不再是現量了。比如我們看到桌子並意識到這是桌子，就由現量進入了比量和非量的範疇。正因為前五識的所緣為性境，能緣為現量，所以本身沒有能力主動行善或作惡，只是在意識支配下展開活動。因而在善惡行為上，第六意識屬於主動的一方，前五識屬於被動的一方。

那麼，當意識在活動時，三性會不會同時發生？從心理活動到行為本身，能否同時具足善或不善的心理因素？關於這個問題也有兩種不同觀點，即三性俱轉和不俱轉。有的論師主張不俱轉，即善惡心理總是有先後次第，不會同時產生；還有的論師主張三性可以俱轉，因為五識是多剎那俱生，所以善、不善和無記的行為可以同時發生。比如我們看到喜歡的東西產生盜心，但在此同時，可能又會因聽到佛法生起慚愧之心。而眼睛的看與耳朵的聽是同時進行的，由此引發的盜心和慚愧心也是同時生起的。心念非常複雜，時常處於矛盾之中。我們在生活中應該有這樣的經驗，有時我們雖然做的是好事，但也可能帶著些許不良動機；有時雖然做的是壞事，但也可能摻雜著某些善意成分。以唯識宗正宗的思想而言，是主張三性俱轉而非不可俱轉。

在學習唯識的過程中，不應僅僅停留在理論上。每個問題都要落實到生活中去思考，對照自身心理狀態來分析，只有在理解的基礎上去接受，才能進一步信受奉行。

四、六識的相應心所

相應門在《唯識三十論》中所占的分量非常大，其中主要談到兩個問題，一是前六識與心所相應的情況，一是前六識與哪些受相應。這裡雖然是說前六識，但側重從第六意識的角度來說。關於這部分內容，《唯識三十論》曰：

1・總說意識相應心所

> 此心所遍行，別境、善、煩惱，隨煩惱、不定，皆三受相應。

本論將心所分為六類五十一種。本頌是關於六個大類的介紹。

一、**遍行心所**：共有五種，遍行於一切識的活動中。也就是說，任何識在任何時空的生起，都有其伴隨左右。有情在三界九地的活動離不開它，為善為惡同樣少不了它。這五種心所是有情的基本心理，心理學也都會說到。

二、**別境心所**：這類心所只在特定境界下生起活動。別境心所的所緣境有四，謂所樂境、決定境、曾習境、所觀境。其活動範圍通三界九地及善、惡、無記三性。

三、**善心所**：唯在善心中才能生起，是引發善行的心理活動，也是道德產生的基礎。善心所的性質是安隱、清淨，帶來的結果是利益和安樂。

四、**根本煩惱**：屬於生命中最根本的煩惱，也是其他煩惱產生的基礎。煩惱心所的特徵是擾亂、不安隱，帶來的結果是衰損和痛苦。

五、**隨煩惱**：隨根本煩惱產生，共有二十種。其中又分小隨煩惱十種、中隨煩惱兩種和大隨煩惱八種。這三種煩惱是根據它們各自的活動範圍區分，大隨煩惱的活動範圍最大，其他以此類推。凡染汙心所活動時，一定有大隨煩惱與其相應；而中隨的無慚無愧只和不善行相應；至於生氣、惱恨、諂曲、自高自大等小隨煩惱，只有在特定情況下才會生起。

六、**不定心所**：不同於前五位心所，沒有辦法把它歸結為遍行、別境、善、煩惱的心所類型中，因而安立為不定心所。

第六識的生起有這五十一種心所與其相應，而前五識的生起只有三十四種心所與其相應，即遍行五、別境五、善十一、大隨煩惱八、中隨煩惱二和根本煩惱中的貪、嗔、痴三種。

「三受」為苦受、樂受和捨受，又可開為苦受、樂受、憂受、喜受和捨受。從意識的角度來說，與苦、樂、捨三受皆能相應，這又涉及到三受是否俱轉的問題。在我們的感受中，三受能否同時存在？或有先後次第？唯識宗對此也有兩種不同觀點：一說為三受不可同時並存，按照通常理解，快樂時一定不會痛苦，而痛苦時同樣不會快樂；一說為三受可以同時並存，因為在人的情感中，往往是苦樂交加，悲喜交集。

2・釋五遍行

下面，對心所進行具體解釋。頌曰：

初遍行觸等。

在六位心所中，第一類是五種遍行心所。關於這部分內容，在初能變時已介紹，此處不再重複。

頌曰：

3．釋五別境

次別境謂欲、勝解、念、定、慧，所緣事不同。

其次為別境心所，這五種心所是在不同環境下產生，即「所緣事不同」。

一、**欲**：「以所樂境，希望為性，勤依為業。」（《成唯識論》卷五）欲的特點是希望，對自己喜愛的境界才能產生希望，而希望又促使我們去努力追求。佛法認為欲望有三性，並非一概否定。在佛法來看，欲望是善還是不善，主要看我們追求的是什麼。如果希望止惡修善，希望利益一切眾生，就是善法欲；如果希望損害他人，希望違法亂紀，就不是與善法相應的所欲了。善法欲能引發精進的修行，相反，不善法欲將導致不良乃至犯罪的行為。

二、**勝解**：「於決定境，印持為性，不可引轉為業。」（《成唯識論》卷五）所謂勝解，是堅定不移的信解。我們通過聞思形成了正確的人生觀念，堅信學佛才是人生的究竟解脫之道，當這一信念在心中深深扎根之後，就不會輕易發生改變，即「不可引轉為業」。這既要依理解的力量，更要依禪修的力量。在真正見道以前，必須經歷「勝解行地」的過程，就是通過聞思修對佛法產生堅定不移的信解。勝解也通三性，並非都是善的，如法輪功信徒對李洪志的信仰也是勝解，那些極端的種族主義者也是基於對某種信念的勝解而甘願赴湯蹈火。八正道為修學佛法的常道，其中又以正見為首，只有依正見建立的勝解，才能為人生指引正確方向。

三、念：「於曾習境，令心明記，不忘為性，定依為業。」（《成唯識論》卷五）念的所緣境，是我們曾經經歷的境界。不斷憶念這種境界使其明記不忘，正是念的作用。念的修習，能幫助我們強化對某種境界的印象，同時增強這一心念的力量。每天念什麼很重要，這意味著我們在強化什麼念頭，並以此主導生命。因此，我們應該樹立並培養正念，從而生定發慧。

四、定：「於所觀境，令心專注，不散為性，智依為業。」（《成唯識論》卷五）當我們將心專注於善所緣境時，能使其不再漂浮散亂。在小乘禪觀中，不淨觀、數息觀、念佛觀等，都是在幫助我們對治昏沉散亂，訓練心專注、穩定的能力，並由正念生起正定。定又能使內心變得簡單、清淨，是空性觀修不可缺少的基礎。

五、慧：「於所觀境，簡擇為性，斷疑為業。」（《成唯識論》卷五）慧，是對所緣境進行分別、簡擇的能力。慧有邪慧、正慧、世間慧、出世間慧等，作用各不相同。修學佛法，是要依正見引發正慧、出世間慧，由此斷惑證真。如果接受的是邪知邪見，不僅會產生邪慧，更會將我們導向深淵。

若能在正確發心及正見指導下，這五種別境心理將成為導向解脫的重要力量。相反，若在邪知邪見的引導下，則會成為走向毀滅的增上緣。頌曰：

4・釋善十一

善謂信、慚、愧，無貪等三根，勤、安、不放逸，行捨及不害。

本頌是討論善心所的內容。所謂善心所，是指它的自體能遠離雜染，生起並成就一切世、出世間的利益和安樂。接下來，依頌文內容介紹善心所的差別。

一、信：「於實德能，深忍樂欲，心淨為性，對治不信，樂善為業。」（《成唯識論》卷六）信實、信德、信能，是深信三寶的真實存在，深信三寶的萬德莊嚴，深信皈依三寶可以斷惑證真。如果我們對這一切認同並隨喜，內心將被三寶功德淨化，從而達到淨心的效果。信能對治不信，同時也是引發世、出世間一切善行的心理基礎。如果我們真切信仰三寶，自然能夠依教奉行、止惡行善。

二、慚：「依自法力，崇重賢善為性。對治無慚，止息惡行為業。」（《成唯識論》卷六）也就是通常所說的羞恥之心，這正是人與禽獸的區別所在。自法力即我們身分和人格，意識到自己是人，是三寶弟子，便會對自己的不如法行為生起羞恥之心，是止息惡行、尊重賢聖的心理基礎。慚對治無慚，止息自相續中一切不善行為的生起。

三、愧：「依世間力，輕拒暴惡為性，對治無愧，止息惡行為業。」（《成唯識論》卷六）愧，是羞恥之心。與慚不同在於，愧的生起因緣是外在的，是依世間力。所謂世間力，即世間道德及社會輿論，依此對暴惡行為生起羞恥之心，從而自覺抵制。愧，能對治無愧，達到止息惡行的結果。

「無貪等三根」即無貪、無嗔、無痴。佛法中，貪、嗔、痴被稱為三毒，就是三種危害我們精神健康的毒品，也是一切惡法生起之因。反之，無貪等三種為三善根。

四、無貪：「於有有具，無著為性，對治貪著，作善為業。」（《成唯識論》卷六）其中，「有」是指欲界、色界、無色界三有，「有具」是指三有之因。無論是對三有之因還是三有之果，我們都不應貪著愛戀，否則就無法獲得解脫。貪也是染著的表現，所以無貪是以「無著」為體性，它所對治的就是眾生無始以來的我法二執，同時也是善法生起的基礎。

五、無嗔：「於苦苦具，無恚為性，對治嗔恚，作善為業。」（《成唯識論》卷六）「苦」包括三苦、八苦及無量諸苦，「苦具」即痛苦之因。無嗔即沒有嗔恚，對於一切痛苦及產生痛苦的環境都能泰然處之，它所對治的就是嗔恚，同時也是善法生長的土壤。

六、無痴：「於諸理事，明解為性，對治愚痴，作善為業。」（《成唯識論》卷六）無痴，是對世間的一切事相和實質，能夠如實地認識和通達。無痴能對治愚痴，如果將愚痴比作黑暗，那麼智慧就是光明。當光明出現時，黑暗將隨之消失，兩者不會同時存在。佛法非常重視如實智慧的作用，一切善法皆須在如實智慧的指導下才能成為佛果資糧，否則只能帶來人天善果而已。而佛法提倡的般若智慧，正是它區別於一切世間善法的關鍵。

七、勤：「於善惡品，修斷事中，勇悍為性，對治懈怠，滿善為業。」（《成唯識論》卷六）勤，也就是精進，是我們斷惡修善過程中付出的努力。它的體性為勇悍，即通常所說的勇猛精進，一方面能對治懈怠，一方面能使我們所修的善法得以圓滿。所以說，精進是圓滿一切善法的動力。

八、安：「遠離粗重，調暢身心，堪任為性。」（《成唯識論》卷六）安即輕安，屬於禪定過程中出現的心理狀態。粗重，指身心的粗重。禪修能不斷克服粗重，達到身心輕安的效果。輕安的成就，對於進一步觀修空性及弘法利生都有很大幫助。

九、不放逸：「精進三根，於所斷修，防修為性，對治放逸，成滿一切世、出世間善事為業。」（《成唯識論》卷六）這一心所主要是建立在精進及無貪、無嗔、無痴的基礎上。因為所有煩惱都是放逸的結果，一旦放逸貪嗔痴等不善心所，煩惱將隨之而來。所以在我們斷惡修善的過程中，應對自己的心念及行為時時防護，從而有效對治放逸，成就世間、出世間一切善法。

十、行捨：「精進三根，令心平等，正直無功用住為性，對治掉舉，靜住為業。」（《成唯識論》卷六）行捨也是在修習禪定過程中出現的心理狀態。行捨與不放逸同樣，是以精進三根為基礎。當我們的心遠離昏沉和掉舉後，才能保持平衡，不舉不沉。然後，於善所緣境中一類相續。久而久之，無須依靠任何作意力，就能任運安住於平衡、穩定的狀態之中。行捨能對治掉舉的心理。

十一、不害：「於諸有情，不為損惱，無嗔為性，能對治害，悲愍為業。」（《成唯識論》卷六）佛法提倡眾生平等，因而對一切有情都不能加以損惱。不僅對人類如此，對一切動物亦應如此。這種平等是建立在無嗔的前提下，如果尚有嗔恨之心，總會有意無意地損惱有情，甚至將自己的快樂建立在別人痛苦之上。真正具有愛心的人，才能對有情生起無緣大慈和同體大悲之心，從而對治惱害心理。

所謂根本煩惱，是一切煩惱中最根本的煩惱，也是其他煩惱生起的基礎，共有六種。頌曰：

5．釋根本煩惱

煩惱謂貪、嗔、痴、慢、疑、惡見。

一、**貪**：「於有有具，染著為性，能障無貪，生苦為業。」（《成唯識論》卷六）貪和無貪的所緣境相同，都是「有」及「有具」，也就是三界及三界之因。但它們的性質卻恰恰相反，無貪是以「無著為性」，而貪則是以「染著為性」。貪是對五欲六塵深深染著，當貪著現起時，就會障礙無貪。同時，貪欲、染著是生死輪迴之本。世人所以活得很累，正是因為貪心所致。貪之而不可得，便產生種種痛苦。

二、**嗔**：「於苦苦具，憎恚為性，能障無嗔，不安隱性，惡行所依為業。」（《成唯識論》卷六）嗔，是對引發痛苦的逆境及產生逆境的因緣生起憎恚心理。嗔的表現形式很多，在隨煩惱中分別安立為恚、恨、惱、嫉等。嗔障礙的是無嗔，從而使內心不得安寧，並引發各種不善行為的產生。嗔的過患極重，《佛垂般涅槃略說教誡經》云：「嗔恚之害，能破諸善法，壞好名聞，今世後世人不喜見。當知嗔心甚於猛火。常當防護，無令得入。劫功德賊，無過嗔恚。」《大智度論》卷十四云：「當觀嗔恚，其咎最深。三毒之中，無重此者；九十八使中，此為最堅；諸心病中，第一難治。」所以說，千劫所為之功德，一嗔皆能毀。因此，我們應該觀察嗔的種種過患，修習無嗔之行。

三、**痴**：「於諸理事，迷暗為性，能障無痴，一切雜染所依為業。」（《成唯識論》卷六）痴，是無知、無明、迷暗，看不清世間的一切真相，能障礙無漏智的生起，影響空性的契入。在揭示有情流轉生死的十二因緣中，以無明為生死之本。無明，也是一切雜染生起的所依。由無明而有煩惱雜染、業雜染、生雜染。

四、**慢**：「恃己於他，高舉為性，能障不慢，生苦為業。」（《成唯識論》卷六）慢是自高自大。

在和他人的交往中，總以為自己比別人優越。慢又有卑慢、邪慢等不同表現形式，能障礙不慢的心理，也是痛苦產生的根源。

五、疑：「於諸諦理，猶豫為性，能障不疑，善品為業。」（《成唯識論》卷六）疑就是懷疑，所緣對象是三寶、四諦的真理。對於三寶、四諦無法生起信心，猶豫不決，從而障礙我們走向解脫。所以，疑是人生的根本煩惱。從另一個角度來說，疑也可以成為認識真理的增上緣。禪宗所說的「大疑大悟，小疑小悟，不疑不悟」，就是通過對疑的一路追尋達到悟的目的。我們的固有觀念有著太多問題，遺憾的是，我們早就習以為常，不以為意。這就需要從「疑」入手，對人生問題一一進行審視。通過「疑」，使我們走出生命誤區，走向究竟真理。

六、惡見：「於諸諦理，顛倒推度，染慧為性，能障善見，招苦為業。」（《成唯識論》卷六）惡見是相對正見而言，即對宇宙人生的錯誤認識。惡見的特點為顛倒推度，是錯誤的推理和觀察，所獲得的結果也與事實完全相反。惡見也屬於慧的範疇，但卻是染汙的慧、邪見的慧。惡見能障礙正見生起，並引發煩惱、痛苦。惡見又分為身見、邊見、邪見、見取見和戒禁取見五種。身見是執身為我，邊見是執此為斷為常，邪見是撥無因果或否定三寶，見取見是執著於自己的錯誤知見，戒禁取見是誤以為持某些戒律能夠解脫，如印度外道所持的牛戒、狗戒等等。

隨煩惱是依止根本煩惱而起，共二十種，又分小隨、中隨和大隨，主要根據它們的活動範圍來界定。《唯識三十論》曰：

6．釋隨煩惱

隨煩惱謂忿，恨、覆、惱、嫉、慳，誑、諂與害、憍，無慚及無愧，掉舉與昏沉，不信並懈怠，放逸及失念，散亂不正知。

其中，小隨煩惱為十種。

一、忿：「依對現前不饒益境，憤發為性，能障不忿，執杖為業。」（《成唯識論》卷六）當我們面對他人的侮辱、傷害等種種逆境之時，憤怒油然而生，從而表現出暴惡的行為。這在生活中經常會發生，有時甚至一言不合就會拔刀相向。忿是屬於嗔恚的範疇，如果能斷除嗔恚，自然就沒有忿的心理。

二、恨：「由忿為先，懷惡不捨，結冤為性，能障不恨，熱惱為業。」（《成唯識論》卷六）恨是在忿的前提下產生，當忿導致的暴惡行為結束後，往往會將怨毒情緒埋藏在內心，所謂「君子報仇，十年不晚」。所以說，恨是以「結冤為性」，使我們的內心燃燒起仇恨的烈火，從而耿耿於懷，陷入熱惱之中。

三、覆：「於自作罪，恐失利譽，隱藏為性，能障不覆，悔惱為業。」（《成唯識論》卷六）覆就是覆藏，當我們作惡之後，因為害怕別人知道，害怕因此影響自己的名譽和利益，想方設法地隱瞞事實真相。按照佛教的戒律，一旦出現不如法的行為，須在大眾面前發露懺悔。覆所障礙的正是不覆，但瞞得了別人卻瞞不了自己，這份罪惡感會始終停留在我們心中，形成一個揮之不去的陰影。所以，佛法非常重視懺悔，懺悔則清淨，懺悔則安樂。

四、惱：「忿恨為先，追觸暴熱，狠戾為性，能障不惱，蛆螫為業。」（《成唯識論》卷六）惱與忿、恨同樣，也是屬於嗔的範疇。當忿轉為仇恨的種子並埋藏於內心之後，會使我們不斷追憶往昔情形，由此生起狠戾之心。惱所障礙的正是不惱，這種情緒會蛇蠍般啃噬著心靈，使我們的內心變得傷痕累累。

五、嫉：「殉自名利，不耐他榮，妒忌為性，能障不嫉，憂慼為業。」（《成唯識論》卷六）嫉妒也是我們經常所犯的過錯。所謂殉，是沉溺於名利而不惜成為其犧牲品，即莊子所說的「危身棄生以殉物」。過分在乎名利，就無法忍受他人的榮耀和成就，因此產生嫉妒。嫉妒障礙的是不嫉，仍屬於嗔的範疇。在很多時候，煩惱都是自己想出來的。如果能換一種想法，可能就心開意解了。

六、慳：「耽著財法，不能慧舍，祕吝為性，能障不慳，鄙畜為業。」（《成唯識論》卷六）慳就是慳貪吝嗇，是貪心所的另一種表現方式。因為過分貪著財富而不願布施，不願盡己所能幫助他人。慳貪障礙的是不慳貪，並因之想方設法地儲蓄財物，成為慳貪成性的吝嗇鬼。

七、誑：「為獲利譽，矯現有德，詭詐為性，能障不誑，邪命為業。」（《成唯識論》卷六）誑是欺騙性的行為，為獲得名聞利養，沒有道德卻偽裝出有道德的樣子，沒有修行卻偽裝出有修行的樣子，從而達到自己不可告人的目的。誑所障礙的是不誑，並且能引發邪命的行為。

八、諂：「為罔他故，矯設異儀，險曲為性，能障不諂，教誨為業。」（《成唯識論》卷六）諂，即通常所說的阿諛奉承。為達到個人目的，將自己偽裝成忠心耿耿的樣子，以便博得他人好感。諂所障礙的是不諂，因不以真實面目示人，故無法獲得真正的教誨。

九、害：「於諸有情，心無悲愍，損惱為性，能障不害，逼惱為業。」（《成唯識論》卷六）害就是損害，因為對一切眾生沒有慈悲憐憫之心，所以毫不留情地損害他人利益。害也是嗔心所的表現方式之一，能障礙不害，使有情遭受逼迫損惱。

十、憍：「於自盛事，深生染著，醉傲為性，能障不憍，染依為業。」（《成唯識論》卷六）憍就是驕傲自大，對自己的長處深生染著，恃才傲物。憍所障礙的是不憍，人一旦被憍心所主宰，就會目中無人，為所欲為，從而引發種種雜染心理。

中隨煩惱為無慚、無愧兩種。

十一、無慚：「不顧自法，輕拒賢善為性，能障礙慚，生長惡行為業。」（《成唯識論》卷六）無慚就是沒有羞恥之心，既不顧及自己的身分人格，也不接受道德準則的約束，對聖賢之教及美德善行全不放在心上。無慚障礙的是慚，是惡行生長的基礎。前些年流行一時的「我是流氓，我怕誰」，即為無慚的典型，亦反映出當今社會的墮落傾向。

十二、無愧：「不顧世間，崇重暴惡為性，能障礙愧，生長惡行為業。」（《成唯識論》卷六）和無慚不同，無愧是不顧世間道德和法律，一味推崇粗暴惡行。無愧所障礙的愧，同樣是惡行生長的基礎。無慚、無愧兩種都是沒有羞恥心的表現。

大隨煩惱共有八種，關於這部分內容，在二能變中已經作了說明，此處不再重複。

最後，還有悔、眠、尋、伺四種不定心所，《唯識三十論》曰：

7・釋不定四

不定謂悔、眠，尋、伺二各二。

一、悔：「悔謂惡作，惡所作業，追悔為性，障止為業。」（《成唯識論》卷七）悔就是對以往的行為產生追悔。悔的前提是惡作，即厭惡自己的所作所為。由於厭惡，而有追悔心理的產生。厭惡和悔具有因果關係，厭惡是因，悔是果。因此，有些論典稱悔為惡作。悔通善與不善。若是我們對曾經犯下的不善行產生悔意，就是向善的表現。但在某些情況，雖然我們做的是好事，卻在無意中幫助了自己的仇敵，也會後悔莫及，這顯然與善法不相應了。所以說，悔可以有不同傾向，當我們對惡事追悔時為善行，而對善事追悔時又是惡行。

二、眠：「令身不自在，昧略為性，障觀為性。」（《成唯識論》卷七）睡眠就像一種麻醉劑，當我們被睡意纏繞時，所有機能都無法正常運轉，不但行動格外遲緩，心靈的分別能力也極其微弱。我們或許會有這樣的經驗，有時在睡意朦朧中雖然想到要起來，可身體卻不聽指揮。所以，睡眠能令我們的心不得自在，令識的分別能力受到影響，從而障礙觀修。當然，適當的睡眠也是調節疲勞、休養身心的基本方式，對每個人都是必不可少的。睡眠也通三性，《阿毗達磨發智論》卷二云：「睡眠當言善耶，不善耶，無記耶？答：睡眠應言或善，或不善，或無記。云何善？謂善心睡眠，惛微而轉，心昧略性。云何不善？謂不善心睡眠，惛微而轉，心昧略性。云何無記？謂無記心睡眠，惛微而轉，心昧略性。」睡眠是善、不善、無記，關鍵在於我們帶著什麼心睡眠，帶著善心睡眠就是善，帶著不善心睡眠就是不善。因此，修行者應以善心、光明想入睡，勿令睡眠成為增長放逸之因。

三、尋、伺：「尋謂尋求，令心匆遽於意言境粗轉為性。伺謂伺察，令心匆遽於意言境細轉為性。此二俱以安不安住身心分位所依為業。」（《成唯識論》卷七）尋是尋求，指意識於名言境界產生粗的分別造作；伺是伺察，指意識於名言境界產生細的分別造作。從作用上說，尋伺的結果能令身心安或不安。尋伺是思心所和慧心所的表現，離此沒有獨立的自體。在佛教中，不論大小乘，皆依尋、伺之有無，而將三界分成有尋有伺地（指欲界及色界初禪天）、無尋有伺地（指初禪天之上、二禪天之下的中間天）、無尋無伺地（指二禪天以上至無色界）三所依地，以此說明有無尋伺與人生的關係。

「二各二」是說，這四種心所既通染也通淨。雖然通染，但並不像煩惱心所那樣，本身就是染汙的；雖然通淨，也不像善心所那樣，本質就是清淨的。正因為它們具有搖擺不定的特點，故名不定心所。

五、六識的所依

所依門是探討前六識生起的依止，關於這部分內容，《唯識三十論》曰：

依止根本識。

「初能變」沒有談到所依門，因為阿賴耶識是生命的果報體，重點在於被別人所依。就像在一個家庭中，父親長是全家人的所依，但妻子、兒女也是他的生活樂趣和精神寄託。一方面，他為家庭提供生存保障；一方面，家庭又是他工作賺錢的動力。雖然依賴是相互的，但其中仍有主次之分。前六識生起的依賴主要有三方面：因緣依、增上緣依、等無間緣依。

因緣依主要指親因緣，也就是種子。第八識包括兩個層面，一為種子賴耶，一為現行賴耶。種子賴耶是一切識生起的親因緣，但種子也不能離開現行賴耶，否則就無處保存。因為一切心識的生起都來自阿賴耶識儲存的生命經驗。首先由阿賴耶識投胎形成生命體，心法和色法才能隨之生起。一旦阿賴耶識離開身體之後，色身便由有情轉為無情，前六識自然也就無法展開活動。所以說，前六識是以第八識為根本所依。

六、前五識的活動情況

關於前五識的活動，《唯識三十論》曰：

> 五識隨緣現，或俱或不俱，如濤波依水。

1．諸識的生起因緣

此處重點討論了前五識的生起。前五識的生起需要哪些條件參與呢？《八識規矩頌》中，將此總結為「九緣七八好相鄰」。也就是說，眼識要九種緣才能生起，耳識要八種緣才能生起，鼻、舌、身識要七種緣才能生起。

那麼，眼識生起所需要的九種條件分別是什麼呢？首先是明，也就是光線；其次是空，也就是空間和距離；第三是作意，否則就會視而不見；第四是眼根；第五是所緣境；第六是眼識的種子；第七是意識的參與，即分別依，意識中的「五俱意識」是和前五識同時生起的，否則無法對認識對象作出判斷；第八是染淨依，也就是末那識的作用，我們觀察任何物體時，都包含著第七識對它的影響，並由此產生雜染心理；第九是根本依，也就是第八識。這九種緣是眼識生起的前提，缺乏其中任何一種，眼識就無法產生作用。

耳識的生起需要八種條件，比眼識的九緣少了「明」，因為聲音的傳遞不需要光線。而鼻識、舌識、身識的生起則需要七種緣，又少了「空」，因為這三種需要接觸境界才能生起。五根對世界的認識是不同的，所以在《八識規矩頌》中，接著又以「合三離二觀塵世」作為補充說明。也就是說，鼻、舌、身三識必須直接接觸對象才能感知，而眼識和耳識則要保持一定距離才能感知。

在通常的觀念中，往往認為對世界的認識來自感官。事實上，真正起決定作用的卻是我們的心靈，這就是《八識規矩頌》所說的「愚者難分識與根」。

和前五識同樣，第六、第七、第八諸識也是隨緣而起，否則就不符合佛法的緣起觀了。其中，第六識的生起需要五種緣：第一是作意，第二是種子，第三是所緣境，第四是染淨依，第五是根本依。第七識的生起需要三種緣：第一是種子；第二是現行賴耶，此為第七識生起的不共俱有因，即頌文所說的「依彼轉緣彼」；第三是作意。而第八識的生起需要四種緣：第一是種子；第二是作意；第三是末那識，它與第八識是互為依止的；第四是所緣境。第七識之所以只有三種緣，因為它的所緣和所依都是第八識，而第八識的所緣境為種子、根身和器界。

2．諸識是否同時生起

前五識的活動需要不同條件，那它們能否同時生起呢？

在我們吃飯時，眼睛會看見飯菜，鼻子會聞到香味，舌頭會嘗到味道，耳朵會聽到吃飯發出的聲音，身體在進食並消化，五種識都同時現起。而在我們睡覺時，前五識基本不產生作用，意識也只是在夢中才產生作用，如果睡得很沉，意識活動也基本停止了。

當識產生活動時，會有很多心理活動在配合。當我們看到喜愛的境界，可能生起貪心；當我們聽到莊嚴的佛號，又可能生起正念。心所隨時都在依五識展開活動，其中有些是普通心理，如觸、作意、受、想、思五種遍行，在任何情況下都會產生作用；而某些心所只有在部分情況下才產生作用；另一些則涉及特殊情形，如貪、嗔、痴等不善的情緒，或慈悲、慚愧等善的情感。

因為有眾多心所參與，所以我們的心理活動極為複雜。如果沒有正確的觀照，看到喜歡的就起貪，看到不好的就起嗔，內心將被煩惱左右而躁動不安。這就需要平時修養有素，時時提起正念。如果我們有平常心，無論面對順境還是逆境，才能如如不動。否則由觸而有受，接著就是愛取有，從而流轉生死不能自拔。我們都以為，生死關頭只是在臨死的那一剎。事實上，把握生死就在現實生活的當下。當我們接觸環境時，是走向沉淪還是走向覺悟？是進入生死的狀態還是進入解脫的狀態？我們不必關心死後去向，現在能做得了主，將來也一定能做得了主，反之也是同樣。所以我們要了解心的現象，禪宗主張「明心見性」，如果對心理活動沒有基本了解，對善和不善的心態缺乏判斷，又如何見性？所以，無論修習什麼法門，最好懂得一些法相，了解自身的心理特徵，在修行過程中才不容易進入誤區。

3．心靈的海洋

「如濤波依水」是形容心理活動像波濤般起伏不定。在第八阿賴耶識中，儲藏著我們無始以來的生命經驗，浩瀚有如大海。

正如《楞伽經》卷一所言：「藏識海常住，境界風所動，種種諸識浪，騰躍而轉生。」「藏識」即第八識，「常住」是說它始終處於相似相續的狀態，但隨著境界的變化，隨著業風的力量，隨著前七識的活動，藏識的海洋就會波濤洶湧。就像大海一樣，東海有風，浪隨之而起；南海有風，浪亦隨之而起。風大浪也大，風小浪也小。境風越大，內心活動往往就越強烈，反之亦然。「境界」又有外境和內境之分，當我們處於回憶時，雖未接觸外境，但記憶中留存的影象同樣影響到內心活動。如果是愉快的回憶，會使我們忍不住會心一笑；如果是痛苦的回憶，又會使我們陷入煩惱之中，可見回憶也是一種境界。前五識皆向外轉，必須有外境的參與才能發生作用。唯有意識為內外能轉，面對外境能產生作用，不面對外境亦能產生作用；清醒時能產生作用，睡眠時亦能產生作用。

意識的生起是以第八阿賴耶識為所依，而第八識的活動特點是「恆轉如暴流」。經典中，時常以流水比喻心識活動，因為流水不常不斷、相似相續，而緣起所呈現的精神狀態也具備了這一特點。關於流水的比喻，《楞嚴經》、《密嚴經》和《解深密經》中都有大量說明。在《解深密經》〈心意識相品〉中，形容前五識為「大暴流」，「若有一浪生緣現前，唯一浪轉；若二若多浪生緣現前，有多浪轉」。有產生一浪的因緣出現，就掀起一重浪潮，有產生多浪的因緣出現，就會一浪接著一浪掀起。

雖然海中的波濤時起時滅，但大海卻永遠存在。在八識中，第八識是作為生命載體在執持色身，一旦發生間斷，有情就會變成無情。而第七識一旦發生間斷，我們就會由凡夫成為聖賢。所以，第七識和第八識為恆時轉，從而構成精神世界的浩瀚大海。阿賴耶識中儲藏著無始以來的生命經驗，有些潛藏得很深，有些潛藏得較淺；有些經常能得到表現，有些根本沒機會得到表現。這也正像大海，當海面波濤洶湧時，海洋深處卻往往是平靜的。佛洛伊德將意識喻為海洋中的冰山，我們能意識到的，只是顯露在外的那一小部分。儘管我們每天都在妄想紛飛，但相對於藏識海洋而言，僅僅是其中的幾片浪花。

七、意識的活動情況

關於意識的活動情況，《唯識三十論》曰：

> 意識常現起，除生無想天，及無心二定，睡眠與悶絕。

所謂「常現起」，是說意識時常處於活動狀態。與第六識的活動相比，前五識的活動為少時轉。

因為前五識生起所需的條件較多，而條件越多就越不容易產生活動。同樣是旅遊，出國旅遊所需條件甚多，所以實現機會較少；國內旅遊所需條件較少，所以實現機會就會增加；如果僅僅是在附近散散步，隨時都可以實現，因為它幾乎不需要任何條件。同樣的道理，意識生起只需五個條件，所以它的活動比前五識更頻繁。

此外，前五識的活動是現量，屬於自性分別，而我們對任何事物所作的思考、判斷都屬於意識的範疇。在精神領域的形成中，意識起著主導作用。但意識也不是恆常生起，在一些非常特殊的情況下，它的活動也會出現暫停。那麼它在怎樣幾種情況下不產生活動呢？就是頌文所說的「除生無想天，及無心二定，睡眠與悶絕」。

一、**無想天**：又作無想有情天、無想眾生天、福德天。色界天之一，為修無想定所感的異熟果報。生此天者，念想滅盡，僅存色身及不相應行蘊，所以稱為無想天。此天為外道婆羅門的最高涅槃處，亦為異生凡夫以「出離想」作意，修無想定所感得的異熟果報，稱為無想果，或無想異熟。關於此天的位置，有部與經部攝於四禪廣果天，上座部則於廣果天之上別立無想天一處。此天眾生身長五百由旬，壽命五百大劫。但壽終之時，卻會再生念想而墮欲界。

二、**無想定**：由厭離「想」而嚮往「無想」，依此修行，使心、心法滅盡的定為無想定。能於定中使意識心、心所活動全部停止，以求證得無想果，與滅盡定並稱二無心定。此定為凡夫及外道所修，他們認為色界第四禪無想天的果報為真悟境而修習之。無想定屬心不相應行法，可在五百大劫內得滅心和心所。

三、**滅盡定**：又作滅受想定、滅盡三昧。即滅盡心、心所而住於無心位之定，與無想定並稱二無心定。區別在於，無想定為異生凡夫所得，此定為聖者所得。因為無想定僅滅前六識心、心所，形成凡夫心理基礎的末那識尚在，而滅盡定則前七心、心所皆滅也。

四、睡眠：此處所指為深沉的睡眠，因淺睡為五十一心所之一，屬於一種心理狀態。而在極重的睡眠中，心理活動都已停止，為第六意識的睡眠位。

五、悶絕：根據印度的說法，人體有很多特殊的關鍵部位，相當於國人所說的穴位。只要點擊那些部位，就會使人進入昏迷狀態，類似武俠小說描述的點穴。這樣的情況，佛經中也有記載。此外，當人處於極度興奮和恐嚇狀態時，生命系統會被這種強烈的情緒干擾乃至摧毀，就像電器發生短路那樣。在《瑜伽師地論．五識身相應品》的意識部分中，對生命呈現的各種狀態都有詳盡闡述，及如何從心理活動的特徵去理解這些現象。

三能變的內容，就介紹到此。

第五節　正辯唯識

《唯識三十論》的第二部分為「正辯唯識」，這也是唯識學的核心內容，即成立諸法唯識。

唯識所說的「識」，在佛教中有不同名稱。早期的《阿含經》及相關論典中，心、意、識三個概念往往是通用的，如《大乘毗婆沙論》云：「心意識，名異義一。」也就是說，三者雖然名稱不同，內涵卻是相同的。在唯識學中，心意識的內涵有時是相通的，有時又有著特定對象。通常，心是指第八阿賴耶識，意是指第七末那識，識是指前六識。

唯識典籍中，經常出現「三界唯心，萬法唯識」及「若人欲了知，三世一切佛；應觀法界性，一切唯心造」之類的偈頌，為什麼唯識宗強調的是「唯識」，而非「唯心」呢？因為唯識典籍中，更多使用了「識」的概念。另外，佛教所說的唯心和哲學所說的唯心也有差異，尤其是唯識宗所說的唯識，更突出了緣起的特點。前面介紹過，眼識九緣生，耳識八緣生，鼻舌身七緣生，而意識、末那識和阿賴耶識也都是緣起的。以緣起的識作為萬法生起之因，顯然不同於哲學所說的第一性。因為第一性具有兩個特點：一是不依賴任何條件就可獨立存在，二是能派生他物而不被他物派生。或以上帝作為第一因，由上帝創造世間萬物。但佛教是以緣起揭示了世間萬物相互依存的關係，沒有任何事物是獨存的，皆須依賴其他事物存在，所謂「諸法因緣生，諸法因緣滅」。如果我們承認世界有第一因，就不符合緣起的法則。

一、識的變現

唯識所要顯示的，是唯識所變之理。即我們認識的一切境界，都是由各自的識所變現。或者說，我們認識的對象沒有離開我們的認識。但這並不是說世上的一切都是我們變的，如果這樣的話，當我們離開這個世界時，世界就不存在了嗎？那就不是唯識而是唯我論了。

既然說到唯識所變，或許有人會說：我想擁有電腦就能變出電腦嗎？或者我們想將西園寺變到山上，可以盡情享受山林野趣，行不行呢？這樣的理解可能是受了魔術影響，也是不對的。關於這個問題，太虛大師以「因緣所生，唯識所變」八個字作了總結。也就是說，唯識所變必須是建立在因緣的基礎上，不可能無中生有。

唯識所變分為**因能變**與**果能變**兩種。早期的唯識學側重談因能變，唯第八識為能變之因，八識的現行要以第八識的種子為基礎。而唯識宗發展到後期，尤其是世親菩薩之後，開始強調果能變的思想。其實這一思想在《解深密經》中就已出現，如「我說諸識所緣，唯識所現」，只是世親菩薩在《唯識三十論》中將此明朗化了。雖然果能變強調的是每個識都能變，都能在現行時變現出相見二分，但每個識的能變都不能離開因能變，並以因能變為基礎。所以說，兩種思想的著重點雖不同，卻並不矛盾，而是相輔相成的。

二、無我唯識

關於正辯唯識的內容，《唯識三十論》曰：

是諸識轉變，分別所分別，由此彼皆無，故一切唯識。

「是諸識轉變，分別所分別」表達的思想，在《唯識三十論》的總標部分已經提到，即「彼依識所變，此能變唯三」，此處再作進一步說明。

「諸識」是指八識及五十一心所。心所和心王所緣的境界不同，每種心所在活動時都會呈現出相應的相分，如觸、作意、貪、嗔等等。同時，每個識和心所也都有自證分，並由此呈現出分別及所分別。分別是能認識的作用，所分別則是認識的境界。自證分即自體，而見分和相分是用，用不離體。既然見分和相分是識所變現的，那它也就沒有離開識。

事實上，已經有越來越多的人開始認識到，我們對世界的認識來自心的作用。早期西方哲學關心宇宙本體，認為世界是純客觀的。隨著人類對世界考察的深入，逐漸發現心理在認識外境時所起的作用，於是西方哲學逐漸轉向認識問題的研究。佛法早就告訴我們，在世界的一切現象中，心具有主導的作用。但佛法並不是像唯心主義哲學那樣將心的作用極端化，事實上，它對心物關係的說明非常客觀。既認識到心靈的獨特作用，又不否定境界對心的影響，不否定彼此間相互緣起的關係。

「由此彼皆無」是說，除了每個識的自證分所變現見分、相分之外，並沒有另外的實我和實法。

「彼」是指凡夫執著的我相和法相，即獨立於認識之外的真實境界。唯識宗認為，有的只是見分和相分，此外別無其他，「故一切唯識」。

第六節　解答疑難

唯識之理不僅和一般宗教哲學的認識迥然不同，更和人們的所謂常識相距甚遠，這無疑會阻礙人們對唯識思想的接受。論主為了消除外人疑惑，特於本論設立解答疑難的部分，從另一個角度來成立唯識。

一、心識生起難

由一切種識，如是如是變，以輾轉力故，彼彼分別生。

這個偈頌要回答什麼問題呢？

唯識無境，但心法的生起必須有外境，即所緣緣。如果唯識宗不承認外境，那麼識的生起不就缺乏所緣緣了嗎？比如說，必須看到這個茶杯，才能生起有關茶杯的認識。如果沒有外境，心法又是怎麼生起的呢？唯識家對此的回答是：「由一切種識，如是如是變。」心法的生起要依賴於因緣、增上緣、所緣緣和次第緣。首先是親因緣，條件有親有疏，一般來說，親的是因，疏的是緣。當因緣和其他緣在一起時，因緣就是最親的條件，增上緣則是輔助條件。因緣在唯識宗具有特定的內涵，就是種子和現行的關係。種子生現行時，種子為現行的親因緣；現行薰種子時，現行又轉而成為種子的親因緣。所以，從哲學角度來說，唯識應屬於多元論，因為八識及三性諸法都有各自的自體。但我們要知道，唯識所說的自性和中觀所破的自性是不同的。唯識處處講自性，而中觀處處講無自性，那麼唯識與中觀是截然對立的嗎？事實上，此自性非彼自性。唯識宗所講的自性是事物的自體，即此物簡別於他物的特徵，如水以濕為性，火以暖為性。而中觀所破的自性，是獨存而不變的自性。

「由一切種識」的一切種，是第八阿賴耶識。之所以在「識」之前加上「種」，是側重從種子的角度來談，因為種子是萬法生起的因緣。如果說阿賴耶識是體，種子就是它的用。我們說種識，就是「攝用歸體」；如果強調種子的作用，就是「依體起用」。

「如是」有眾多和不斷之義，而「如是如是變」則說明，精神活動及各種現象的生起皆由種子在如是變化。如果阿賴耶識沒有種子的話，一切精神活動都不會產生，我們將無法思惟、學習乃至說話。任何知識都是思惟活動的結果，而思惟活動離不開種子。我現在為你們講解唯識，屬於「種子生現行」的過程。作為你們的疏所緣緣，我說話的影象會投射到你們的認識上，而在你們的認識上自然顯現出相似的相分影象。你們現在學習唯識，就播下了唯識的種子，然後在你們的思惟和語言中就會出現唯識的概念。

「以輾轉力故」的「輾轉」，是指種子現行後的現行識，也就是它所呈現的見分和相分。唯識雖然沒有外境，但在我們每個人的世界中還是有見分和相分。不但有見分和相分，還會將這見分和相分執以為我，執以為法。而這見分、相分和我執、法執就是種子生起的依賴。比如我們在夢中見到老虎而驚慌失措，老虎雖然是自己變現的，卻能令我們驚慌失措，說明這老虎對我們還是能產生作用的。又如我們在夢中見到金錢，還是會生起貪心，說明的也是這個道理。所以，心理活動不需依賴外境就能獨立完成，因為現行識的見分和相分可作為種子生起的增上緣。

「彼彼分別生」的「彼彼」為眾多義，「分別」指的是「識」，因為識是以分別為特徵。第六意識具有內轉的作用，無須依賴外境就能完成。所以說，即使在沒有面對外境時，我們一樣可以獨自冥想，思緒萬千。

二、生死相續難

由諸業習氣，二取習氣俱，前異熟既盡，復生餘異熟。

這個偈頌認為，有情的生死是因為起惑造業，而起惑造業有相應的對象和外境。我們對什麼感到迷惑？如果沒有外境，起惑應不能成立。造業也是同樣，以殺生為例，如果沒有外境的話，我們殺了什麼？造業也應不能成立。但沒有起惑造業的話，有情的生死相續又怎麼建立呢？這個偈頌所要解答的，也是一個非常尖銳的問題。

有情的生死相續主要是兩種習氣構成。習氣由種子薰習而來，即意識在思惟活動過程中殘留的痕跡。在我們生命中有兩類種子，其中，等流種子相當於質料因，異熟種子相當於動力因。由此分別薰習成異熟習氣和等流習氣，又名業習氣和二取習氣。

二取為能取和所取，也就是能認識和所認識。能認識的是見分，所認識的是相分。二取習氣是能認識和所認識的一切法生起之因，也就是八識三性。那麼，宇宙萬法是否都由我們的種子所生？事實上，每個人所說的宇宙萬法，只是自己認識中的世界。我所說的是我認識的，你們所說的是你們認識的。我的能認識和所認識，就是我的宇宙萬法。你們的世界，並非我的唯識所變，十方世界更非我的唯識所變。

眾生的妄識各個不同，有些人心念力量極大，有些人心念力量很小。其實，蚊子、蒼蠅也有八識五十一心所，但和我們的八識五十一心所力量不同，和佛菩薩更不同，這是不同生命素質決定的。同樣是人，每個人認識的世界卻存在差異，這就取決於各自的認識及生命中潛藏的種子。

種子是生命延續的親因緣。佛教中，通常是以十二因緣說明有情生命延續的規律，也叫「十二有支」。關於十二因緣，唯識宗是以二世一重因果進行分析，不同於有部所說的三世二重因果。所謂三世，即過去、現在、未來；而二世或是過去和現在，或是現在和未來。

唯識宗又將十二因緣分為能引、所引和能生、所生四個部分：無明、行是能引支，識、名色、六入、觸、受是所引支，愛、取、有是能生支，生、老死是所生果。

第一支為無明，是和前七識相應的痴心所，在第七識的意義上屬於不共無明。凡夫的生命始終處於無明狀態中，不論行善還是作惡，皆不例外。只有在見道後，才能打破無明狀態。而在此之前，無明和第七識的相應從未間斷，即《攝大乘論．所知依分》所說的「俱行一切分，為不共無明」。無明也和前六識及其他煩惱相應，使我們造業並薰習成業種子，這就是行支。而識、名色、六入、觸、受，指的是五種名言種子，是無始以來薰習而成。從業種子和名言種子到生死流轉，還需要愛取有的力量。

以愛取有為土壤，業種子和名言種子才能得以生長。愛和取的區別在於，愛是下等的貪，而取是上等的貪，因為有愛才想要占有它、獲取它。也只有在愛取的滋潤下，業種子和名言種子才會導致有情的生死相續，所以愛取有是能生支。唯識宗認為，有了現在的無明等因緣，才有未來的生和老死。而十二因緣中的無明、行、識、名色、六入、觸、受、愛、取、有十支都是因，只有生和老死兩支才是果。這便是兩世一重因果。

「前異熟既盡，復生餘異熟」是說，一期生命結束了，接著又導致下一生。如此生生不已，永遠沒有間斷。在生命延續的過程中，業種子和名言種子的作用是不同的。前者有壽盡相，作用是有限的；後者沒有壽盡相，作用是無限的。業種子又有共業、不共業及引業、滿業之分，決定了一期生命的長短及健康狀況等等。一期生命形式結束，舊有的業種子不再發生作用。新的業種子和業緣又繼續成熟，招感下期生命的果報體。正是不同的業種子，推動我們不斷地生天或做人，在六道生生不息地流轉，所謂「業力無盡、生死無窮」。那麼，我們是否要將業力償還乾淨之後才能了生死呢？如果那樣的話，我們恐怕永遠無法從生死中解脫。十二因緣中，愛取有是重要的一環，如果沒有它們作為土壤，即使業種子還存在，卻無法繼續產生作用。所以說，斷除愛取有的力量，是修行中需要把握的關鍵所在。

三、唯識所因難

那麼，唯識的成立有沒有經教為依據呢？

唯識論師對此的回答是：教證雖多，茲且引六經，以四個比量而證成之。在所引的六部經典中，第一是《十地經》，即《華嚴經．十地品》，經曰：「若人欲了知，三世一切佛，應觀法界性，一切唯心造。」說明十方三世一切佛的成就，及十法界的有情都是唯心所造。第二是《解深密經》，經曰「識所緣唯識所現」，說明識所緣的一切對象都是唯識變現的。第三是《楞伽經》，經曰「諸法皆不離心」，說明一切法都沒有離開我們的心。第四是《無垢稱經》（即《維摩經》異譯），經曰「有情隨心垢淨」，也就是我們非常熟悉的「心淨則國土淨」。眾生心中充滿汙垢，因而招感五濁惡世；而佛菩薩心中清淨無染，因此成就淨土莊嚴。第五是《阿毗達磨經》，經曰「菩薩成就四智，能隨悟入唯識無境等」，無境就是沒有心外的實我和實法，當菩薩成就四種智慧之後，就能悟入諸法唯識的境界。第六是《厚嚴經》，也就是《大乘密嚴經》，經曰「心意識所緣，皆非離自性，故我說一切，唯有識無餘」，說明心意識所緣的對象都沒有離開識。

類似內容在經典中還有很多，這兒列舉的只是一些代表性的經文。此外，還有四個比量：

第一是「極成眼識定不親緣離自色境，五識隨一攝故，如餘四識」。

第二是「極成意識定不親緣離自諸法，了別性故，如眼等識」。

以上二量說明，無論是眼識還是意識，都不會去緣認識以外的色境。玄奘大師提出的「真唯識量」也是建立在這一基礎上，即前五識不會去緣五識以外的色聲香味觸法，意識也不會去緣意識以外的諸法。

第三是「六識親所緣定不離六識，能所緣中隨一攝故，如能緣」。

第四是「六識親所緣定不離六識，所緣法故，如相應法」。

以上二量說明的道理和前面是一致的，前者是不緣識以外的境，後者所緣境不離能認識的心。而能認識和所認識是一體的，既然是所認識的對象，一定沒有離開能認識的心。

正因為如此，所以玄奘三藏依此論意，立一比量云：「真故極成色不離眼識，自許初三攝，眼所不攝故，猶如眼識。」「初三」指的是六根、六塵、六識前面的三種，也就是眼根、色塵、眼識，「眼所不攝」指的是眼識而非眼根。也就是說，一切色境都沒有離開我們的眼識，而不是眼根的作用。根據這一比量界定，一切現象皆唯識所現。

四、世事乖宗難

在通常的理解中，以為「諸法唯識」似乎就意味著，可以隨著各人的心念，想變現什麼就變現什麼。因此就存在這樣的疑問：泰山為什麼一定要在山東？月亮為什麼一定要到十五才圓？既然唯識所現，應該想在何處見到泰山就能在何處見到，也應該想在何時見到月圓就能在何時見到月圓。如其不然，就說明還是有心外的實境，有客觀存在的物體。

還有一個問題是，唯識宗說每個人所認識的都是自己的世界。按照這個理論，各自見到的世界應該不同才是。事實上，很多事物在我們的眼中都呈現著相同的外觀和特徵，這就是「有情不決定難」。

其實，唯識的重點並非否定我們個人以外的世界，而是說明，我們認識的世界是由我們的認識所決定。離開我們的認識，外境的存在對我們來說毫無意義。不論世界有多大，境界有多少，我們認識的，終究還是局限於自己所能認識的境界。離開這個範疇，宇宙多大對我們並無意義，和我們的解脫更無關係。因為我們的煩惱和快樂都源於自身認識的範疇，而非尚未認識的領域。

針對外人所提出的問題，論主在這裡通過幾個比喻回答。

首先以夢境作為說明。如果說外境不實就不應有時間、地點，但我們在夢中所見景象同樣有時間和地點，也同樣能發生作用，使我們為之驚恐或為之歡喜。可見，時間、地點並不能說明外境實有。

其次是以獄卒作為說明。地獄的環境非常惡劣，如果獄卒也是有情的話，在那樣惡劣的環境中也應不堪其苦。所以從唯識宗的角度來說，獄卒只是犯罪者的唯識所現，並非真正的有情。之所以用這一例子作為比喻，是因為當時的印度都承認地獄存在。若現在再以同樣的比喻向人們解說，就不是極成。所謂極成，是因明學的概念，就是以大家共同承認的事實去證明其他事實，即以已知去證成未知。而這個已知必須是極成，如果是不共的，就不可作為理由。佛法在各個時代的弘揚都有其特定方式，所以，我們在舉例和表達方式上不能一成不變地照本宣科，而要採用現代人能夠接受的方式。

真理是亙古亙今的，在古今中外都具有普遍性，所謂「放之四海而皆準」，但在表現方式上卻可以千差萬別。弘法強調契理和契機，就是要適合不同時代的需求和特點。有些例子可以繼續運用，如夢境之喻，因為古代的人做夢，今天的人還是做夢，大家都承認夢境的存在，是極成的。

五、聖教相違難

也有人提出，如果心外的色法等實境是沒有的，那麼在世尊的聖教中，就不應當說有色等十二處。既然說到色等之法，可見這些實法必定是有的。

十二處即六根和六塵，六根屬於內六處，六塵屬於外六處。十二處的概念，能否說明六塵境界是客觀存在的呢？對於這一問題，唯識宗是通過種子和現行來解釋內處和外處。種子尚未現行時為內六處，而種子現行後為外六處。所以說，六處的境界，不論六根也好，六塵也好，依然是種子變現的，依然沒有離開我們的識。佛陀說十二處的教法，主要是幫助二乘人悟入人無我的空性。又針對不知心外無實有色等的有情宣說唯識教，了知唯識所現沒有實我、實法，從而悟入法空的真理。

六、唯識成空難

如果說一切法空，那我們的心也應該是空的，如何說唯有識呢？

對這一問題，唯識宗主要是從三性的角度來回答：唯識所要空的是三性中的遍計所執，也就是我執和法執，這兩種執著來自我們對世界的錯誤認識。我們在見分上產生我執，在相分上產生法執，並由此認為我們所看到的現象是實在的，是好或不好，有價值或沒價值。而這一切並非客觀真實，只是我們主觀賦予的。就像我們將一根繩子當作蛇，繩子是緣起有、依他起有，蛇則是因遍計所執產生的錯覺。唯識所要空的，是蛇而不是繩子。所以說，唯識所說的空和諸法唯識之理並不矛盾。

七、色相非心難

我們的精神世界是無形無相的，可物質世界是有形有相的。如果一切色法都以識為體，無形之物又是如何成為有形之物的呢？

對於這一問題，唯識宗認為是我們的堅固執著所致。因為我們堅固的執著，才使我們所認識的一切變成固定的、實在的。對於聖者的境界，或成就某些神通的人而言，當他們進入特殊的空定時，現實境界就不會對他們構成任何障礙。如瑜伽師修練到一定程度後可穿牆而過，之所以可以這樣，是因為他的生命進入特殊狀態時，世界呈現的差別和障礙已不再存在。

對於不同層次的生命來說，不同的執著和妄想會形成不同的世界。而這不同的世界只是對這一層次的生命才有意義。當生命抵達另一個層次時，時空都發生了徹底改變。所以說，我們現在所認為的真實，只是建立在我們的妄想之上，由業力和習氣形成的。在我們的生命中，每個妄想都代表著一個世界，其作用又取決於自身力量。開始萌芽時，它只是一個妄想；發展到某個階段，就表現為我們的某種思想境界；一旦成熟，則能代表我們整個的生命狀態。從一個妄想演變為思想境界，進而成長為生命狀態，就是生命轉化的過程。我們培養哪些妄想，在人性中培養哪些心所和念頭，就代表著未來將進入怎樣的生命狀態。

所以說，我們的心靈有很多頻道，可以進入這一層世界，也可以進入另一層世界。這正體現了「唯識所現」的道理，也就是「應觀法界性，一切唯心造」。之所以會有十法界的區別，關鍵也在於我們現前的一念。而我們所認為的堅固外相，只是妄想和執著所致。比如水，本來只是流動的液體，是低溫將它們凍成了冰。執著就像低溫一樣，將妄想凝聚成我們現在所看到的世界。

八、現量違宗難

我們的認識有現量、比量和非量。現量所緣的境界是性境，性者實也，即真實的境界。前五識和第六意識都有現量的作用，如果所現為真實之境，那麼外境也應是有的，否則如何去緣？現量所緣的真實境界又如何成立？

唯識宗告訴我們，當我們在現量狀態時，根本不知道是內境還是外境。我們所認為的外境，其實已是意識的分別狀態，也就是非量，即錯誤推斷；而我們認為這個外境好或不好等等，又屬於比量的範疇，也不是現量。

九、夢覺相違難

夢中的境界，雖在夢中感覺是真實的，但夢醒之後就知道是妄境了。如果我們清醒時感覺的境界不是實境的話，我們也應當能夠知道。但在現實生活中，我們並不知道面對的境界是虛妄的，可見和夢境還是有區別的。

事實上，所謂的清醒也是相對的。凡夫之所以是凡夫，就是因為生活在無明大夢中。人們常常感嘆人生如夢，其實不僅我們今生在夢中，過去的生生世世都在夢中，唯有無漏智慧顯現後，才會如夢初醒。到見道的那天，有漏妄識不起現行時，我們才能從夢中真正醒來，知道現有的生命狀態皆是妄想顯現。

十、外取他心難

佛法所說的他心智，乃是緣他人之心，即知道他人的所思所想。如果承認有他心智，能夠了解他人的心念，說明心還是能夠緣心外的境界。

而唯識宗對此的解釋是，他心智所緣的他心不是親所緣緣，而是疏所緣緣。當我們在緣他心時，他心只是作為疏所緣緣呈現於我們的內心。就像外境在鏡前呈現出相應的影象，但鏡子呈現的只是外境投射的影象，並非外境本身。因此，鏡外的影象為疏所緣緣，鏡內的影象才是親所緣緣。我們每個人都能互相認識，當我看到你的時候，你是我的疏所緣緣，你的影象會在我的認識上投射出來。但我看到的並非真實的你，而是我認識和理解的你。因為我們緣任何一個對象時，都會在對方投射的影象的基礎上，根據自己的人生經驗、認識或愛好進行再加工，這就是理解和對象始終存在差距的原因所在。

十一、異境非違難

關於這個問題，前面已多次涉及：既然有疏所緣緣，說明還是有外境，不能說沒有。

唯識宗告訴我們，唯識並非唯我一人的識，如果唯我的話，「我」豈不是等同於一神教的上帝：因為「我」的出現，才有了人類的世界；有一天「我」死了，整個世界將隨之消失。而唯識告訴我們，每個人認識的世界，是建立在每個人的認識之上。每個人只能生活在自己的世界中，離開自己的認識，這一世界就不存在了。除了個體之外，宇宙中還有無量無邊的眾生。每個眾生都有自己的世界，所謂「一花一世界，一葉一如來」。

唯識將一切法分為心法、心所法、色法、心不相應行法、無為法五類，其中心法最勝。與物質世界相比，心的作用最為強大並占有絕對的主導地位。關於這一點，是大小乘經論的共識。只是阿含聖典中講得比較簡單而已。在一切法中，唯識特別強調心的創造性，並建構了完整的理論體系。心所法代表了我們的心理活動，而色法則是由心、心所顯現的影象。心不相應行法是心法、心所法、色法的表現方式，如時間、空間、速度，但這些並非實有，不能離開心、心所、色法而單獨存在。比如我們的手按照一定的速度轉動，但離開手就沒有獨立的速度。我們在這裡上兩小時的課，這一時間概念也不能離開當下的人和事。時間、空間、速度之所以叫做心不相應，是因為它們有自身的運動規律，不是心能隨便加以改變的。所以，心不相應行法是心法、心所法、色法的分位假定。無為法是唯識性，也就是唯識的實性。唯識有唯識相和唯識性之分，唯識性同樣沒有離開識：「如是諸法皆不離識，總立識名。」世間萬法都沒有離開這五法，而五法又都沒有離開識。

唯識學的條理非常清楚，是即是，非即非，不太講究圓融。很多人學習佛法總是過分強調不分別，動輒大談圓融，再就是不可說、不可說。若無法可說，三藏十二部典籍又從何而來？禪宗強調不立文字，但禪師著述最多，《禪宗全書》就收錄了一百冊。當然，佛法的確有不可說的層面，即超越思惟的層面。但畢竟還是有可說的層面，如果一開始都以不可說來推脫，初學者又如何入手修學呢？

我曾經寫過一篇〈唯識學上的唯識義〉，對唯識宗如何成立唯識作了綜合性的說明。這篇文章是多年前完成的，行文比較通俗，還引用了許多生活中的例子，大家可以作為參考。對唯識的道理，我們既要知其然，又要知其所以然。不僅要清晰地把握每個概念，更要把握唯識思想的重點。成立唯識主要體現在兩方面，一是解答外人的疑難，一是正面的成立。

西方哲學也有類似唯識的思想理論，尤其是現象學。當然，佛法和世間哲學還是有不共之處，哲學純粹是比量的產物，是人類對世界進行思考的結果，這思考可能是對，也可能是錯。佛法則不同，是佛菩薩和禪者們在修行中的體驗和證悟。

佛法修行中，觀想非常重要。早期部派佛教的典籍中，如《觀佛三昧經》、《般舟三昧經》等，有許多關於禪觀內容，包括觀地、水、火、風，觀不淨、觀無常、觀佛像等等。到大乘淨土法門的修行中，也有觀想念佛和觀像念佛，一旦觀想成熟後，諸佛會隨著觀想顯現，這是從實踐中體證唯識。

《攝大乘論》說：「諸瑜伽師於一物，種種勝解各不同，種種所見皆成立。」修瑜伽止觀，無論觀想的是什麼，在觀想成熟時都可顯現。那麼，為什麼常人的觀想達不到如此效果呢？原因就在於心力不同。我們平時總處於散心狀態，而散亂的心是沒什麼力量的。一旦處於定中，威力就不同了，即佛經裡所說的「置心一處，無事不辦」。這和聚光的道理相同，同樣是光，燈光不能聚集於一點，只能起到普通的照明效果；但通過透境將光聚集於一點，威力就增加了無數倍。心的作用也是這樣，我們平時的起心動念似乎並沒有太大作用，而對於一個修行有素的人來說，起心動念就會形成極大的力量。所以說，唯識是禪者們修行的體驗。我們修習唯識觀，最終是為了證得唯識性，而不是單純地學習理論。

第七節　唯識中道觀

三性、三無性所解決的是關於空和有的認識，在唯識學各個時期的論典中，都是作為重點來介紹。如《瑜伽師地論》〈攝抉擇分〉，《解深密經》〈一切法相品〉和〈無自性相品〉，《辯中邊論》〈辯相品〉和〈辯真實品〉，《攝大乘論》〈所知相分〉，都著重談到三性三無性的思想。

一、三性

唯識宗將一切法歸納為三種，遍計所執性代表著主觀、錯覺的世界，依他起性代表著因緣顯現的世界，圓成實性代表著諸法的真實相。其中，遍計所執性為凡夫境界，圓成實為聖賢境界。三性，是唯識學對一切法所做的透視性的歸納分類。

三性也代表了整個唯識的核心思想。我們講阿賴耶緣起、講八識五十一心所、講萬法唯識，都屬於依他起性的範疇。我們所要破除的我法二執，又是屬於遍計所執性的範疇，這是有情生死流轉的根源。而我們所要證得諸法的實相，則是圓成實相。

三性也反映了我們對世界的認識過程：什麼是我們應該了解的生命錯覺狀態？什麼是我們應該改善的生命雜染狀態？什麼是我們應該證得的清淨、真實狀態？所以，三性又包含所應斷、所應知和所應證三方面。其中，遍計所執相是我們所應了解的，依他起相是我們所應斷除的，圓成實相是我們所應證得的。

關於這部分內容，《唯識三十論》曰：

> 由彼彼遍計，遍計種種物，此遍計所執，自性無所有。依他起自性，分別緣所生。圓成實於彼，常遠離前性。故此與依他，非異非不異，如無常等性，非不見此彼。

1・遍計所執性

「由彼彼遍計，遍計種種物」，說的是遍計所執性。對於遍計所執性，我們可以從三方面去理解。遍為普遍，計為計度分別，就是對認識境界進行普遍的計度分別。在八個識中，什麼是能遍計？前五識沒有計度分別，第八識遍而不計，只有第六、七識為能遍計。遍計所執又分能遍計和所遍計，既然有能遍計的識，必然有所遍計的對象。比如我們看到茶杯，對這個茶杯進行的分別為能遍計，而這個茶杯就是我們的所遍計。雖然能遍計的意識和所遍計的對象都屬於依他起的現象，但我們對茶杯產生妄執時，就落入了遍計所執的狀態。遍計所執的內涵是我執和法執，它的表現方式，主要是對名、義的自性和差別產生錯誤認識、錯誤執著。

任何事物的存在不外乎名稱和實質兩個狀態。桌子有桌子的名稱和實質，房子有房子的名稱和實質，乃至任何事物都是如此。我們會對事物的名稱產生自性的執著，認為它的名稱是實在的；也會對事物的實質產生自性的執著，認為它的實質是獨存的。同時，我們還會對事物的名稱和實質產生差別的執著，判斷它是否具有價值、是否與我有關等等。

我們不僅對事物的名、義產生自性和差別的執著，還會「因名遍及義」，因某個名稱而執著實質，認為名稱與實質是一體的，如認為桌子的名稱代表著桌子的實質。再「因義遍及名」，覺得這個物體只能稱為桌子，不能有別的名稱。更進一步，還會「因名遍及名，因義遍及義」，因為這個名稱而遍計另外的名稱，因為這個實質而執著另外的實質。

自性執著認為事物在當下是獨存的，差別執著是執著事物的差別具有實在性。凡夫的執著根深柢固，而這執著又來自我們對世界的錯誤認識。所以，修行的過程從四尋思入手，對我們固有的認識進行重新思考、審視和觀察。當然這種思考必須在正見的指導下，包括中觀見、唯識見，或無常見、無我見。當我們了解世界究竟是怎麼回事之後，就能建立如實智。依此如實智，則能引發根本的無漏智。

「此遍計所執，自性無所有」是說，由遍計所執產生的我執和法執，在客觀上根本不存在。能遍計為意識，所遍計為依他起的見分、相分。見分和相分都是依他起有，而意識一旦於此見分、相分上虛妄分別，生起我執和法執，就落入遍計所執的範疇了。所以說，我們對事物所作的判斷，都是我們賦予它的，並非它本身具有的屬性。

2．依他起性

「依他起自性，分別緣所生」是說依他起性。依他起，是依因待緣而生起的諸法。所謂分別，即八識三性諸法。這些法的生起是因緣所生，確切地說，是以種子為因，八識三性諸法為緣而生起。

3．圓成實性

「圓成實於彼，常遠離前性」說的是圓成實性。圓為圓滿，成為成就，實為真實，就是說，通過修行可成就圓滿、真實的法。「圓成實於彼」的「彼」，指的是依他起，「常遠離前性」的「前性」，指的是遍計所執。如果我們能在依他起上遠離遍計所執的錯誤認識，就能通達圓成實性，通達諸法的真如實性。依他起是現象的，其本質為圓成實，但凡夫卻因遍計所執的障礙而不能通達世界真實。就像我們戴著有色眼鏡去觀察世界，所見一切都會發生改變。

三性對世界的歸納簡單而深刻。多年前，我在復旦大學作了一次講座，題為「唯識哲學的世界觀」，就是按照三性來講的，依此說明有情具有的三種生命狀態。了解三性的目的，是幫助我們擺脫虛妄的世界，進入真實的世界。

4．三性的關係

「故此與依他，非異非不異，如無常等性，非不見此彼。」這一偈頌揭示了依他起性和圓成實性的關係。「故此」為圓成實性，和依他起的關係是「非異非不異」，二者既非截然不同的兩個東西，但又不盡相同。我們對圓成實性的認識，並未離開依他起性。就像我們觀察這個桌子，桌子具有無常性和無我性，但我們不能離開桌子去認識桌子的無常和無我。所以說，桌子的無常性和桌子是不一、不異的關係。這也是佛法對於現象和本體間相互關係的透視，「非異」即不是一個東西，「非不異」即不是兩個東西。印度人在思辨方面非常發達，中國古代也有墨辯，但比較簡單，不如因明的邏輯辯證那麼嚴密。唯識宗之所以在中國未能得到很好的弘揚，原因之一，就是中國的傳統文化缺乏這一土壤，不習慣對問題進行嚴密的思辨論證。

《解深密經．勝義諦相品》中，講到「勝義諦」的幾個特徵。第一，勝義諦超越名言，無法以我們的名言概念去表達。第二，勝義諦超越思惟，無法以我們的思惟去思惟。唯識宗認為一切法具有兩種自性，一為假言自性，一為離言自性。我們將某個物體命名為桌子，這一表達是思惟的產物，為假言自性；但它本身還具有超越思惟的部分，即事實真相的部分，為離言自性。兩者的區別在於，是否介入了我們的語言和思惟。假言自性是遍計所執性，而離言自性既可以是依他起性，也可以是圓成實性。第三，勝義諦離一異現象，就是說依他起和圓成實非一、非異，應超越一和異去理解。第四，勝義諦遍一切一味相，也就是說真理具有普遍性，遍於一切諸法。

「非不見此彼」，這句話如果完整地表達，應該是「非不見此而能見彼」。這兒的「此」指的是圓成實性，「彼」指的是依他起性。三性中，只有真正證得圓成實性，才能了知依他起的如幻如化。我們現在也知道一切法是緣起的，但很難真正將世界視為夢幻，原因就在於尚未證得圓成實性。我們現在對佛法的認識還停留在知識層面，只有親自證得空性，才能徹悟夢幻的深義。這就是佛經中所說的「非不見真如，而能了諸行，皆如幻事等，雖有而非真」。只有在通達真如的前提下，才能了知諸行的如夢如幻。

二、三無性

三無性同樣是解決空和有的問題。

《般若經》說一切法空，但很多人往往對此缺乏正確認識，甚至撥無因果，墮入惡趣空的現象。因而，唯識宗從三無性的角度，使我們能正確地理解佛法所說的空。關於這部分內容，《唯識三十論》曰：

即依此三性，立彼三無性，故佛密意說，一切法無性。初即相無性，次無自然性，後由遠離前，所執我法性。

三無性為相無性、生無性和勝義無性，這是依三性建立的。依遍計所執相建立相無性，依依他起相建立生無性，依圓成實相建立勝義無性。佛陀說一切法空，乃密意說，是有針對性的，我們不能簡單地按照字面去理解。

「初即相無性」，相為體相，即遍計所執的體相是沒有的，由此建立相無性。

「次無自然性」，一切法是因緣所生，既是緣生的，就不是自然存在的。可見我們所認為的自然存在的體性是沒有的，由此建立生無性。這種自然性正是中觀所破的自性。

「後由遠離前，所執我法性」，「後」是指第三種勝義無性，它所要空的並非勝義，而是遍計所執的我法性。

從究竟意義上說，三無性所要空的仍是遍計所執性，因為依他起性是緣起有，圓成實性是真實有，唯有遍計所執性才是空的。正如《辯中邊論．辯真實品》所說，「許於三自性，唯一常非有」。三性中唯有遍計所執是從來沒有的；而依他起是「一有而不真」，不是真實不變的有；圓成實是真實有，是「一有無真實」，但真實有必須透過無遍計執相去認識，將我法二執空去之後才能顯現。在三性中，一為根本沒有，一為因緣假有，一為真實有。

由此可見，唯識宗對空有的認識是建立於中道之上的，既認識到有，也認識到空。認為一切皆空或一切皆有，都是不究竟的，只是方便說。事實上，中觀宗也講到緣起有，但兩者的不同在於，唯識宗強調的是緣起有、勝義有；而中觀著重從空的角度來談，強調的是空。而中道實相是非空非有，唯識宗所說的勝義有，是超越了空和有；中觀宗所說的無自性空，同樣不落空有兩邊。

第八節　唯識性

《唯識三十論》中，關於唯識性的思想介紹得非常簡單，如需詳細了解，可以參照《解深密經》的相關內容。小乘經典依三法印立教，而大乘經典則以一實相印為宗。一實相印也就是唯識宗所講的唯識性，又名圓成實性，或勝義諦，或真如。

本論關於唯識相的內容，是以二十四個偈頌進行說明，而關於唯識性的內容，只有一個偈頌：

> 此諸法勝義，亦即是真如，常如其性故，即唯識實性。

勝義即殊勝智慧所緣的境界，是相對凡夫妄識所緣的境界而言。唯識宗講到真俗二諦，有四重二諦之說。其中世俗又分世間世俗、道理世俗、證得世俗和勝義世俗四重。世間世俗為凡夫所緣的境界，道理世俗為五蘊、十二處、十八界，證得世俗為四諦法門，而勝義世俗則是二空所顯的真如。勝義也分為世間勝義、道理勝義、證得勝義、勝義勝義四重。世間勝義為五蘊、十二處、十八界，道理勝義為四諦法門，證得勝義為二空真如，勝義勝義為超越言說的真理。

三論宗也有關於四重二諦的說明。第一重以有為俗諦，以空為真諦；第二重以有和空為俗諦，以非有非空為真諦；第三重以有空為二，非有非空為不二，二與不二都是俗諦，非二非不二才是真諦；第四重以一切言說為俗諦，以言語道斷為真諦。這種建構主要還是為了破除我們的執著。比如第一重中有為俗諦，空為真諦，但若執著有或空，三論宗的祖師就告訴我們，二者都是俗諦，只有超越有和空的非有非空，才能證得真諦。依此類推，層層深入，從而破除我們的一切執著。如果從哲學角度來說，唯識宗所講的四重二諦，就是真理的相對性和絕對性。最高真理是絕對的，但只要我們用語言表達出來，都是在相對的範疇。

《維摩詰經》以不二法門來揭示這個道理。諸大菩薩及聲聞聖者們首先以有言揭示有言，說明何為不二法門。對一般人來說，的確需要以此作為趣向真理的門徑，但又容易停留在言說的層面，並對言說進行執著。所以文殊菩薩告訴我們：真理是不可言說的。但這一說法本身也是言說，就像某些建築物上寫著「此地不准亂塗亂畫」，其他人一看，既然你能寫，我也能寫，然後就是大家寫。所以當文殊菩薩向維摩居士請法時，維摩居士默然無語，以此顯示最高真理是離言絕慮的。

在《解深密經》和《瑜伽師地論》中，是以離言法性進行說明。佛陀說：此為離言法性，不可言說。弟子馬上問道：既然法性不可用語言表達，為什麼又說了呢？佛陀回答說：如果我不說，你們又怎麼知道離言法性的存在呢？所以，說是為了不說，有言是為通達無言。禪宗強調不立文字，但禪宗語錄比教下任何一個宗派都多。可見有言並不妨礙無言，懂的人，可以「不壞假名而演說實相，不動真諦而建立諸法」，說也是，不說也是；不懂的人，「開口即錯，動念即乖」，不說不是，說也不是。如果說的當下是建立在無所得的基礎上，雖然說了，也是不會住相的。

「此諸法勝義，亦即是真如。」真者真實不虛，如者如如不動。佛法中，對真理的解釋往往是通過遮和顯兩種方式。所謂遮，是通過否定方式表述；所謂顯，是通過肯定方式述說。般若系的經典主要採用遮的方式，《心經》中，處處都在講「無」、「空」和「不」，講「色即是空，空即是色，色不異空，空不異色，受想行識亦復如是」，全經兩百多字，「無」、「空」、「不」反覆出現，此為遮詮。《中論》的「不生亦不滅，不常亦不斷，不一亦不異，不來亦不出，能說是因緣，善滅諸戲論」，同樣是採用遮詮的方式。

而唯識宗往往是通過正面顯示的方式述說，真如是什麼呢？「常如其性故，即唯識實性。」「常」為永恆，「如」為永遠不變，「其性」則是「唯識實性」，即學佛修行所要證得的實性。

唯識性又分真俗相對和真妄相對兩種，也就是說，唯識性有真實和虛妄的分別。唯識是講自性的宗派，說到任何一個識或法的時候，都有各自的體性。《成唯識論》中，每個心所都有各自的體和用，而體也就是它們的自性。唯識性有世俗和勝義兩個層面，此處所說是勝義的唯識性。

第九節　修證位次

唯識位包括行和果兩部分，兩者不能截然分開。因為在唯識位中，每經歷一個過程，都代表著他修行上成就的果位。《唯識三十論》中，以五位來說明：即資糧位、加行位、見道位、通達位、修習位和究竟位。

大乘佛教的修行位次還有十信、十住、十行、十迴向、十地、等覺、妙覺五十二位，概括了我們從修行到成佛的整個過程。這一過程就像我們從蘇州坐火車到北京，途中會經過很多站點，如果將北京比做究竟的佛果，那麼途中經過的每個站點同樣能代表修行不同階段的果位。所以，修行過程是有次第的，每個階段都代表著不同的成就。

關於唯識宗的修行，《瑜伽師地論》有著最為系統的闡述，瑜伽師即禪師，地即過程，所以這是一部揭示禪者修行過程的論典。論典反映了三乘行者在修行中的境、行、果。在人天乘的階段，關於禪修的部分是四禪八定，這是邁向解脫不可缺乏的基礎。我們現在的修行之所以不能提高，許多宗派的觀法修不起來，正是因為沒有四禪八定的基礎，因為觀是以止為基礎的。

《唯識三十論》的思想主要由四部分組成，首先是八識的思想，其次是諸法唯識的思想，第三是三性、三無性的思想，最後就是瑜伽止觀的思想。現代人研究唯識，往往停留在前三項，忽略了唯識止觀的部分，這就使唯識趨向哲學化。我們今後研究和弘揚唯識，一定要注意這個問題，並重視對《瑜伽師地論》的弘揚。因為唯識學發展到晚期，如《成唯識論》，已經非常理論化，對於修行的指導相對薄弱。學習《成唯識論》的重點在於幫助我們樹立唯識見，但在學佛過程中，見和行是缺一不可的。如果只有見而沒有行，雖然看清目標卻不會走路；如果只有行而沒有見，雖然會走路卻看不見前進方向。唯有「解行相應，教觀並重」，才是正確的修行方式。

《解深密經》中，對瑜伽止觀也有相關介紹，尤其是〈分別瑜伽品〉，對瑜伽止觀作了詳盡闡述。《瑜伽師地論》的七十五卷至七十八卷，幾乎全文引用此經內容。同時，該論對三乘的止觀修習也有全面論述。中國的唯識宗祖師，也為我們留下了相關的修行法門，如窺基大師在《大乘法苑義林．唯識章》中提出的五重唯識觀，教導我們應如何擺脫遍計所執，如何超越依他起，如何證得圓成實。

佛法修行不外乎戒、定、慧三學。在唯識的修行中，除止觀而外，戒律也是必不可少的重要內容。

唯識宗依據的戒律為「瑜伽菩薩戒」，這一戒本切實可行。太虛大師就曾將自己的修行、弘法總結為：「教學法相唯識，行在瑜伽菩薩戒本。」對於「瑜伽菩薩戒」的學習，不僅要依據《瑜伽菩薩戒本》，更應結合《瑜伽師地論》的〈戒品〉部分，結合攝律儀戒、攝善法戒和饒益有情戒，這樣才能完整把握菩薩戒的精神。「瑜伽菩薩戒」的開遮非常善巧，即使對於社會民眾，只要有一定道德觀念的人，就能理解並付諸實踐。

唯識見、瑜伽止觀和瑜伽菩薩戒，構成了唯識宗的整個修行內容。諸法唯識能幫助我們樹立唯識見，在這個前提下，我們還要持瑜伽菩薩戒並修習瑜伽止觀。或者有人會覺得三大阿僧祇劫的修行時間太長而沒有信心，其實大可不必擔心，因為我們還可以上升兜率內院的彌勒淨土。

太虛大師就提倡往生彌勒淨土，原因主要有幾點：首先，兜率內院位於娑婆世界的欲界天，在所有淨土中離我們最近。其次，兜率內院是彌勒菩薩的修行地，而彌勒菩薩是娑婆世界未來的教主，他原本就生於此地，將來又是下一任佛陀，和我們這個世界的眾生特別有緣。我們發願往生彌勒淨土，不僅可以親近彌勒菩薩學法，將來還可以追隨彌勒菩薩一起來到人間弘法。第三，許多祖師大德都已往生兜率內院，唐朝以前，彌勒淨土曾盛行一時，影響較彌陀淨土更大。近代太虛大師還專門為此編寫了《慈氏三要》，即往生彌勒淨土所需修行的功課，如念《彌勒上升經》，行「瑜伽菩薩戒」等等。

由此可見，把唯識宗當作純理論來研究是一種誤區。而近代以來的整個唯識界，往往將唯識學的研究停留在哲學層面，忽略了瑜伽止觀、瑜伽菩薩戒和彌勒淨土。我們今後學修和弘揚唯識宗，要在《瑜伽師地論》的基礎上，全面建構唯識的修學體系，不能片面弘揚《成唯識論》，否則就會將唯識宗推向哲理化。因為學佛的究竟目的是為了轉迷為悟、斷惑證真。

唯識見也不僅是一種理論，因為諸法唯識的思想是可以親證的。在學習唯識位之前，我們已經學習了唯識相和唯識性。所謂證得唯識，也包含著證得唯識相、證得唯識性。唯識理論的建立固然來自佛陀的經教，同時也和瑜伽師在修觀中的經驗有關。瑜伽師在修習觀法時，會隨著自己的觀想顯現不同境界，在修水觀的時候顯現水，在修火觀的時候顯現火。尤其到八地菩薩，可以隨自己的心念轉變外境，有點石成金的功效。所以，唯識學所說的唯識相、諸法唯識及唯識實性都不僅是一種理論，而是可以通過修止修觀來實證的。

每個宗派都有自身系統的修學方法，三論宗、華嚴宗、天台宗概莫能外。但在漢傳佛教地區，某些宗派只剩下理論框架，修證方面卻被嚴重忽略，使得人們以為這些宗派根本就是修不起來的。到最後，不管什麼宗派，在實修方面都歸向禪宗和淨土。學唯識宗也是念佛，學中觀宗也是念佛，學華嚴宗也是念佛。當然不是說念佛不好，問題是每個宗派都有自己獨到的修行方法。天台宗在這方面比較突出，其實唯識宗也是同樣，《瑜伽師地論》就是一部修行寶典，這些修行方法還有待我們進一步去認識和繼承。

各宗派都有自成體系的教證行解，唯識宗也不例外。《唯識三十論》中，修行部分相對簡單，因為它的重點是在成立唯識，所以玄奘大師翻譯為《成唯識論》，也就是成立諸法唯識的論典。

佛教經論雖然很多，但基本思想並不多，所謂「佛法無多子」。之所以會有那麼多典籍，只是針對不同眾生的根機，從不同角度進行闡述。在唯識學來說，三性的思想就是唯識宗的綱領，在《瑜伽師地論》、《辯中邊論》、《顯揚聖教論》、《攝大乘論》、《成唯識論》等眾多經典中都有說明，只是有詳有略，側重點也有所不同。如果我們結合各經論對三性的闡述，就能對唯識宗的思想有完整認識。在學習經論的過程中，關鍵是抓住要領，這樣就不至千頭萬緒，無從下手。佛法揭示的是宇宙人生最本質的真理，是智慧式的，而智慧是簡單的。知識就不同，僅僅一張桌子，每個學科都可從不同角度進行研究。但真理所體現的是事物的共相，也就是普遍、必然的規律。我們學習佛法，就是要認識並親證諸法的真實，從而超越知識和差別給我們帶來的種種困擾。

一、資糧位

資糧位是修道前的準備工作，就像旅行必須準備各種行裝，修行也要有福德因緣。沒有各種順緣的成就，障緣將不斷出現。有些人也想修行，但整天要為生存奔忙，沒有時間修行；或者身體不好，沒有精力修行；或者家人反對，沒有環境修行；或者對自身煩惱放不下，沒有心思修行。這些都是障緣。之所以會出現這些情況，正是因為缺乏資糧。在藏傳佛教中，非常重視修道前的加行，從堅定信念、懺除業障、修習供養入手，為修道奠定扎實的基礎。資糧又有福德資糧和智慧資糧之分，在菩薩道的修行中，從發心修學到成佛度眾生，始終貫穿著六度法門的修習，而六度正包含福德、智慧兩種資糧。

關於資糧位的修行，《唯識三十論》曰：

乃至未起識，求住唯識性，於二取隨眠，猶未能伏滅。

「未起識」的「識」是順抉擇分的識。抉擇分是以智慧親證真理，通過加行位的修習才能達到，故加行位的修行為順抉擇分。「未起識」，是尚未修習唯識觀，尚未生起順抉擇分的識。通過對唯識理論的學習，還應進一步修唯識觀，方能見道並親證唯識實性，這一過程主要在加行位。正式修習唯識觀之前的過程，即資糧位，是關於空性禪修必須具備的心理基礎。資糧位和加行位，又名勝解行地，在此階段應對唯識中道見生起堅定不移的信解。

初發心菩薩在資糧位的修行，主要依賴四種力量。

（一）**因力**：我們為什麼能信仰大乘佛法？為什麼能相信諸法唯識之理？為什麼會發菩提心，希望成就無上佛果？正是因為有大乘根機。從唯識角度來說，是因為有菩薩種性。學佛講究根機，其實，世間學習也是如此。我們對科學或藝術的學習及能否取得成就，都和根機有關。在唯識宗看來，是否具備宿世根機是成就的關鍵。我們首先要有菩薩種性，才有因緣修學菩薩道。如果生命中沒有這樣的善根，即使有緣聽聞大乘佛法，或許也只是一笑了之。正如老子所說：「上士聞道，勤而行之；中士聞道，若存若亡；下士聞道，大笑之。」之所以在聞道後有如此不同的反應，正是因為不同根機使然。成佛也好，任何領域的成就也好，都不能離開因力。

能夠修學大乘佛法，多少已證明我們具有大乘根性。可是，這根性究竟有多深？在混亂的凡夫心中，能否占有絕對優勢？面對五欲六塵時，是否具有抵抗能力？如果自覺力量不足，就必須小心謹慎，努力呵護現有的善根種子，免遭惡緣摧殘。同時，還要不斷施予養料，使其健康成長。

（二）**善友力**：學佛要有善知識的指引和提攜。凡夫的特點是心隨境轉，在我們的生命中，有善的種子，也有惡的種子，時時都在爭奪心靈主權。在修行過程中，這類鬥爭始終沒有停止。善緣現前，就可能走向善；惡緣現前，又有可能走向惡。隨時都有進步的希望，也有墮落的可能。所以，善知識的幫助非常重要。佛法告訴我們，學佛首先要「親近善知識，聽聞正法，如理作意，法隨法行」。唯有親近真正的善知識，才能從其聽聞正法，邁向解脫。否則就會像那些法輪功信徒，雖虔誠得近於狂熱，卻沒有正法引導，不但解脫無望，更對身心構成極大傷害。

善知識是修學成就的關鍵。學佛有如探險採寶，能否穿越險境，採得珍寶，在很大程度上取決於嚮導的引領。學佛也是同樣，依止富有經驗的師長，才能明確方向，一步步接近目標。那麼，什麼樣的人才可稱為善知識呢？必須具備正見、德行和豐富的修學經驗，樂意並有能力指導我們走向解脫乃至菩提。但僅有這樣的老師還不夠，與之相應的，是學人能否對其生起信心。否則的話，即使老師再好，也無法對不具信心的學人產生作用，就像躲在暗室中的人感受不到陽光那樣。因此，選擇善知識後還應修習依止法，視師如佛，觀德莫觀失，不斷培養並守護對師長的信心。

（三）作意力：即意志力，由對大乘佛法的堅定信解而產生的意志力。這一方面和我們的認識有關，一方面和我們的生命目標有關。在人生旅途中，我們通過不斷抉擇，有幸值遇三寶、皈依三寶，找到通往解脫的光明大道。問題是，我們雖已知道何去何從，但在實際操作中，常常是不能自主的。因為凡夫心具有強大的力量，並且不斷尋求發展空間，從而阻撓我們的前進步伐。

如何才能在修學路上按部就班地前行呢？必得依賴作意力，以此校正方向偏差，增加前進動力。作意主要從兩方面進行，一是強化對三寶的信心，一是提升發心的純度和力度。多數人開始皈依時，雖然對三寶也有或多或少的信心，但並未使之成為心靈主導力量。甚至在很多時候，仍被原有串習所左右。因此，皈依後應不斷憶念三寶功德，著意培養並強化三寶在心目中的地位。此外，我們雖發心以無上菩提及利益一切眾生為人生目標，但初發心時，往往只是模糊的想法或說法，並未真正落實到內心。這就需要依靠作意力來落實，不斷憶念一切如母有情在輪迴中受苦，從而發起拯救之心；不斷憶念佛法僧三寶無量無邊的功德，從而生起仰慕之情。如是，將心的所緣真正轉向一切有情及佛果功德。

（四）資糧力：皈依、發心之後，還須積累資糧。一是福德資糧，一是智慧資糧。通過發菩提心，禮敬供養十方諸佛，並對一切有情生起慈悲布施之心，能迅速積累福德資糧。我們所熟悉的《普賢行願品》，就是積資淨障的捷徑，我稱之為「第一生產力」，能幫助我們在最短時間內積累佛果資糧。藏傳佛教尤其重視「普賢七支供」的修習，以此作為一切宗派的共同前行。而智慧資糧的積累，主要是通過聞思經教而來。正確的聞思正見，是契入空性正見不可缺少的前提。知見的掌握，關鍵在於深入、精確。對於多數人來說，選擇一個相契的宗派，深入修學並掌握一宗正見便夠用了。若止於泛泛的了解，所學往往流於知識，於實修並無真實力用。

資糧位只是積累資糧，尚未開始止觀修行，也還沒有能力對付煩惱障和所知障，這就是「於二取隨眠，猶未能伏滅」。二取為能取和所取，隨眠則是指二取執形成的煩惱種子，它潛伏在我們的生命中，因缺乏止觀力量，尚無能力伏滅之。

二、加行位

在資糧位的過程中，通過積資淨障的長期準備，為修行營造了良好的心靈環境。接著，才能正式進入唯識止觀的修行，即加行位。唯識學是一種認識論，其修行是從改變認識入手。我們對世界的了解正確與否，根源就在於自身的認識。如果認識發生錯誤，所見一切就是錯誤的。我們的認識很遲鈍，看到的世界非常有限。現代科學延伸了人們的認識，顯微鏡使我們看到微觀世界，望遠鏡使我們看到宏觀世界，這都超越肉眼的視覺範圍。如果說感官是我們認識世界的儀器，那麼思惟也具有同樣的作用。很多煩惱和痛苦，都是因我們的錯誤認識而來，即唯識宗所說的遍計所執性。修行，就是要改變我們的認識，改變我們認識世界的儀器，使我們從心理到生理，從依報到正報，都有徹底的改變，這正是轉依的過程。要改變認識，就必須對我們已有的認識重新審查，理性透視存在的一切，並從名與實兩方面加以考量。名為名稱，實為實物，任何事物的存在都有名和義兩大內容。比如桌子的存在，既有桌子的名稱，也有桌子的實物，我們對事物的認識不外乎這兩方面。在學習佛法之前，我們對名、義的自性和差別充滿錯誤認識，認為它們是客觀真實的存在。

對名、義的錯誤認識和執著，就是遍計所執性，是凡夫心形成的基礎。凡夫因為不能正觀因緣假相，在依他起的見、相二分顯現中，不知名唯是假名，相是假相，從而生起能所及我法二執，引發內在煩惱。由煩惱而造業，形成種種雜染心理。凡夫的生命，正是在這些心理的推動下輪迴不息。

加行位的修行，是要解除凡夫心，引發空性正見。其修習內容主要是止觀，由此契入空性。通常的情況，是先修止。止，為止心一境，任何不會引發負面情緒的對象，都可作為修止的所緣。佛教中最常用的是專注呼吸，因為呼吸和生理、心念的關係很密切。呼吸調順了，便容易安住身心，引發輕安，對禪定的成就極為有利。

止的修習到成就，可分為九個步驟，稱為九住心。《瑜伽師地論》中，九住心分別為：內住、等住（又稱續住）、安住、近住、調順、寂靜、最極寂靜、專注一趣、等持。止的修習，需有相對清淨的環境，尤其要以持戒作為基礎。凡夫的特點是心隨境轉，通過持戒遠離不善境界，才能保有相對清淨的內心。定的作用，則是幫助我們簡化念頭，使心變得簡單、清淨、穩定，為契入空性奠定良好的心行基礎。

止並非佛教特有的修行，外道也修習四禪八定，為什麼他們不能成就解脫呢？這是因為缺乏正見指引，所以解脫還需要修觀。觀，又分觀想修、觀察修及觀照修。

觀想修的心理基礎，是想像。早期唯識學的建立，和瑜伽師的觀想修有密切關係。瑜伽行者在修習地、水、火、風等觀境時，一旦觀修成熟，所緣境界會隨著觀想自然顯現。正如《攝大乘論》所引頌文：「諸瑜伽師於一物，種種勝解各不同，種種所見皆成立，故知一切唯有識。」這是通過觀修境界體驗諸法唯識之理。觀想修其實並不難，因為這恰恰符合凡夫的心理習慣。我們時常對許多東西賦予想像，一廂情願地認為如此這般。且不論客觀結果如何，對我們的心情卻能產生極大影響。情人眼裡出西施，就是觀想修所致。我們所以是凡夫，也是長期以來不斷運用觀想修的成果。同樣，如果想要瓦解凡夫心，成就佛菩薩品質，也應以正確的思惟和想像進行對治。

觀察修的心理基礎是思惟，通過正思惟來調整心念。本論所說的四種尋思，便是觀察修的具體方法，也就是對名自性、名差別和義自性、義差別進行尋思。我們所緣的任何事物，都不外乎名與義兩方面。所謂名，只是一種意識的設定，乃假名安立；所謂義，則是內心迷惑的顯相，乃虛幻不實。名與義，都沒有離開我們的心，就如夢中所見一切事相，似乎真實獨立於心外，實際卻是自心顯現。進而認識心念是因緣所生，沒有離開境界而獨存。一旦妄境息滅，妄心也將隨之空去。通過四尋思，如實認識名與義的實質，從而生起如實的智慧。不過，在加行位的如實智仍屬有漏妄識，並非真正見道的智慧。

觀照修是運用覺察力來修行。我們的心本來具有自我認知的能力，每個念頭生起時，都能當下自我認知，只是這種功能一直被忽略了。因為我們過分關注境界，使自己深陷其中，成為不能自主的奴隸。如果想要掌握心靈主權，做生命的主人，就應從觀照修開始。學會觀照，將認識重點轉向對心念的觀照。看念頭的起落、來去，不拒不迎，不做任何判斷，只要保持最單純的觀照即可。不斷訓練觀照力，能夠逐步解除妄念，並從修習觀照的過程中，認識心靈內在沒有造作的遍知力。

加行位的修行，是通過止觀來掃除妄境和妄心的。那麼，這是否就意味著見道了呢？《唯識三十論》曰：

> 現前立少物，謂是唯識性，以有所得故，非實住唯識。

「現前立少物，謂是唯識性。」加行位雖然掃除了妄境、妄心，但無漏聖智尚未生起，生命仍處於無明狀態中。此時，雖然心空境寂，但仍有空無之相，心有所得。因此，並未真正證得唯識性。

三、通達位

通達位，即見道。在大乘佛法中，不僅唯識宗說到五位的內容，其他宗派也有類似說法。見道以前都是凡夫，其中又有內凡和外凡之分。只有在見道並親證宇宙人生的真相後，才能成為聖賢。而見道又以正見和禪定為基礎，兩者缺一不可。外道有禪定卻無正見，不能引發生命中的根本智慧，乃至沉溺定樂之中。即使引發種種神通，若知見不正，反會造作諸業。但是，僅有正見而無禪定也不行，因為開發智慧須以禪定為基礎。《唯識三十論》曰：

若時於所緣，智都無所得，爾時住唯識，離二取相故。

「若時於所緣，智都無所得。」在加行位中，通過暖、頂、忍、世第一位，尋思觀察諸法名、義的自性、差別，成就四如實智，認識到所緣外境是空，能緣妄心亦是空，即《心經》所說的「無智亦無得」。此時，於所緣境及能緣智都無所得。

「爾時住唯識」，即親證唯識實性，也就是見道。「離二取相故」的二取相，是為能取相執及所取相執。菩薩安住於空性，於依他起的見相分，不起二取之執。

通達位是建立在能所雙亡的基礎上。其次第是：（一）認識到一切所緣境界都是有情內心迷惑的顯現，都不離識。（二）認識到凡夫所執的我相、法相，客觀上根本不存在，通達所取相是空的。（三）認識到能取的心與境是相互依託的，境無故識無。（四）了知能、所執空，安住於無所得的廣大智中，於依他所起的見、相二分不起二執。

四、修道位

無始以來，我們都在無明大夢中，如今通過加行位的努力終於見道。但見道後還需進一步修道，因為無漏智慧雖已開發，但二執、二障還在，佛果功德也有待開發。這一過程，需要通過修道位完成。《唯識三十論》曰：

> 無得不思議，是出世間智，捨二粗重故，便證得轉依。

「無得」，是無所得的智慧，為根本智，無漏智。無漏智慧超越語言和思惟的範疇，無法以語言表達，也無法以思惟考量，故名「不思議」。又因其超越世間，亦名「出世間智」。

見道之後，並不意味著能永遠保有這一狀態。生命有兩大系統，一是有漏妄識的系統，一是無漏智慧的系統。雖然無漏系統在見道後就開始產生作用，但有漏系統的活動並未因此停止，仍在主導有情生命的延續。所以，見道後應不斷修行，使無漏系統的作用時間不斷延長，有漏系統的作用時間逐步遞減。到第五地、第六地，無漏系統的作用基本取代有漏系統。至第七地，尚為有功用地，還須繼續努力。而第八地則為無功用地，已不須進行任何努力，故此地又名不退轉地。當然徹底捨棄有漏的妄識還要到金剛道後。

「捨二粗重故」，二粗重即二障種子。在十地修行中，一方面要不斷修習空性，消融二障種子；一方面要修習六度四攝的利他行，成就慈悲品質。為利益無量眾生，菩薩還須從五明處學，成就種種差別智慧。二障中，煩惱障能障礙涅槃的證得，所知障將障礙菩提的成就。捨去二障種子，方能證得轉依。

「便證得轉依」，轉依的內容包含幾個方面：首先是**能轉道**，要以智慧的力量去轉變，包括加行智、根本智和後得智。其中，真正產生作用的是根本智和後得智，因為加行智是有漏的。其次是**所轉依**，包括持種依和迷悟依。持種依，就是轉變作為生命載體的阿賴耶識。迷悟依就是真如，迷了真如就流轉生死，悟了真如就解脫生死。所以，持種依是轉染成淨，迷悟依是轉迷為悟。第三是**所轉得**，即轉捨二障種子，將之從生命中清除乾淨。所轉得也有兩種，一是所顯得，一是所生得。所顯得即大涅槃，作為涅槃建立基礎的空性是本來存在的，開顯出來即可。所生得就是菩提，以無漏種子為因而修行成就。

菩薩道的修行主要有兩大內容：一是修慈悲，一是修智慧。佛陀品質是由悲、智兩大要素構成，所謂有智無悲是名二乘，有悲無智是曰凡夫，悲智雙運乃名菩薩。所以，菩薩道的修行應從慈悲和智慧兩方面著手。修慈悲是以發菩提心為基礎，修習利益一切眾生之行，在利他過程中成就並圓滿慈悲。菩薩行的內容，主要歸納為六度，前五度為方便，般若度為慧，兩者相輔相成。是故宗大師《菩提道次第略論》中明確指出：「方便與慧，隨學一分，不能成佛。」菩薩道的修行，正是通過不斷修習方便與慧，最終圓成佛果。

五、究竟位

《法華經》云：「唯佛與佛乃能究竟諸法實相。」菩薩登上初地後，還得通過修道位的努力，才能圓滿證得唯識性，徹底斷除生命中的二執、二障，轉變有漏生命，成就佛果的種種無漏功德，最終到達究竟位。《唯識三十論》曰：

> 此即無漏界，不思議善常，安樂解脫身，大牟尼名法。

「此」是指前面所說的兩種轉依果，也就是真涅槃和大菩提。

真涅槃為所顯得，涅槃之體為真如。真如本來清淨，但為客塵二障所遮蔽，不得顯現。菩薩在修道位的過程中，不斷作空性觀修，把二障斷除乾淨，清淨真如得以完全開顯，乃能證得大涅槃。

大菩提為所生得，菩提之體為無漏智，無漏智依無漏種子而生。無始以來，無漏種子法爾存在於第八識中，但為二障所礙不能生起。菩薩在修行過程中，通過聞思經教，勤修戒定慧，逐漸掃除二執、二障，引生無漏智。並在修道位不斷觀修空性，使無漏智力量日益增大，終成大菩提之果。大菩提有四智相應心品：

（一）**大圓鏡智相應心品**：是轉變有漏第八識聚而成。有漏第八識為現種依持，轉成無漏識後成就大圓鏡智，為無漏種和佛果功德生起所依，變現自受用身土影相，猶如大圓鏡中顯現種種色相。

（二）**平等性智相應心品**：轉變有漏第七識聚而成。此識在有漏位執第八見分為我，是分辨自他、製造不平等的根源。轉成無漏識後成就平等性智，消除我執，內證平等理性，視一切有情及諸法平等，起大慈悲，隨十地菩薩所樂，變現他受用身土，使他受用法樂。

（三）妙觀察智相應心品：轉變有漏第六識聚而成。此心轉成無漏識後成就妙觀察智，善能觀察諸法自相共相，能生無量總持定門，成就種種功德珍寶，於大法會能現無邊作用差別，說法斷疑，利樂無邊有情。

（四）成所作智相應心品：轉變有漏前五識聚而成。此心轉成無漏識後成就成所作智，為欲利樂地前菩薩、二乘凡夫等一切有情，示現種種身土變化三業，隨本願力成辦種種利他之事。

「無漏界」三轉依果無上菩提，性唯無漏，因此說「此即無漏界」。漏，是漏洩之義，為煩惱異名。無漏即沒有煩惱，沒有缺陷，清淨圓滿。

「善」，菩提涅槃之果遠離二執、二障，清淨無染，盡未來際饒益一切有情，成就無邊的利益和安樂，故名為善。

「常」，不是一般意義上的恆常，而是不生不滅，非有非無，超越二元對待的法性身，即佛陀證得的法身。又因悲願無盡，盡未來際利樂有情，故名曰常。

「安樂」，是遠離一切痛苦、煩惱、執著，不僅自己得大自在，同時也令一切眾生得大自在，所以佛陀是大解脫、大自在的聖者。

「解脫身」，唯解脫煩惱，未能成就無量功德，是聲聞成就的果位。

「大牟尼」，意為寂默，寂是寂滅煩惱，默是離言絕相，指佛陀淨除二障，圓證法性，成就無上的寂默。由此證得之身，不同於聲聞的解脫身，而是法身。

「法」，為諸功德法所依之身，為三身。

（一）**自性身**：即法身、法性身，是如來所證空性之理體，為受用、變化身生起所依，障無不盡，德無不圓，所居為法性土。

（二）**受用身**：有白受用身和他受用身兩種。自受用身，是佛陀三大阿僧祇劫修習無邊勝因所感，恆自受用廣大法樂，是白證圓滿的實智身，所居國土為自受用土。而他受用身則是佛陀為地上菩薩所現。

（三）**變化身**：是佛陀為地前菩薩、二乘凡夫等有情隨機示現的身相，成辦種種利生事業，所居土為變化土，通於淨穢，是成所作智所現。

圓滿的佛果就是三身四智，能斷除一切煩惱，成就一切智慧，具足一切功德。

二〇〇七年十一月修訂版

【附篇】

《解深密經》要義說

庚午（一九九〇年）春以來，筆者擔任《解深密經》的講授。在授課過程中，認真研讀了圓測的《解深密經疏》與其他瑜伽論典，對該經重要思想一一作了探討，寫下一些心得筆記。現將之整理出來，敬請大德不吝指教。

一、淨土莊嚴

淨土是佛教重要理論之一，不僅淨土宗專談淨土，其他宗派也談淨土，唯識宗即是一例。本經〈序品〉說到如來講經處所時，有十九句經文描述淨土的殊勝莊嚴，依親光《佛地經論》釋，為顯示淨土的十八種圓滿[1]。經曰：

最勝光曜七寶莊嚴，放大光明普照一切無邊世界（**顯色圓滿**），無量方所妙飾間列（**形色圓滿**），周圓無際其量難測（**分量圓滿**），超過三界所行之處（**方所圓滿**），勝出世間善根所起（**因圓滿**），最極自在淨識為相（**果圓滿**），如來所都（**主圓滿**），諸大菩薩眾所雲集（**輔翼圓滿**），無量天、龍、藥叉、健達縛、阿素洛、揭路荼、緊捺洛、莫呼洛迦、人非人等常所翼從（**眷屬圓滿**），廣大法味喜樂所持（**任持圓滿**），作諸眾生一切義利（**事業圓滿**），滅諸煩惱災橫纏垢（**攝益圓滿**），遠離眾魔（**無畏圓滿**），過諸莊嚴如來莊嚴之所依處（**住處圓滿**），大念慧行以為游路（**路圓滿**），大止妙觀以為所乘（**乘圓滿**），大空無相無願解脫為所入門（**門圓滿**），無量功德眾所莊嚴，大寶花王眾所建立大宮殿中（**依持圓滿**）。

十八圓滿體現了唯識經論的淨土觀。唯識宗的核心思想，是「三界唯心，萬法唯識」。凡夫眾生由於有漏妄識，而產生雜染三界。佛土的清淨莊嚴，則依殊勝的無漏種為因，如來淨識為體相，由如是因招感如是果。

以十八圓滿顯示淨土莊嚴，還見於《攝大乘論》，該論引自《菩薩藏百千契經》。論中又說明淨土四德：一向淨妙、一向安樂、一向無罪、一向自在[2]，體現淨土的功德殊勝。

本經又說到淨土與穢土的不同，如〈如來成所作事品〉說：

曼殊室利菩薩復白佛言：世尊，諸穢土中何事易得，何事難得？諸淨土中何事易得，何事難得？佛告曼殊室利菩薩曰：善男子！諸穢土中八事易得，二事難得。何等名為八事易得？一者外道，二者有苦眾生，三者種性家世興衰差別，四者行諸惡行，五者毀犯尸羅，六者惡趣，七者下乘，八者下劣意樂加行菩薩。何等名為二事難得？一者增上意樂加行菩薩之所游集，二者如來出現於世。曼殊室利，諸淨土中，與上相違。當知八事甚為難得，二事易得。

這是將淨土與穢土進行比較，以淨土與穢土截然相反的情況，顯示淨土之優越。

唯識家說到佛的身土，有法性身土、自受用身土、他受用身土及變化土四種差別。佛陀的自性身依法性土，自受用身依自受用土，他受用身依他受用土，變化身依變化土。而法性等三土唯淨無穢，變化土通淨及穢。法性土依真如理為體，具足恆沙功德；自受用土是大圓鏡智相應淨識，純淨無漏種子所現，此但自利；他受用土是平等性智大慈悲力，隨十地菩薩所變現為淨土；變化土是依成所作智，隨未登地有情所通化為佛土，或淨或穢。此土就佛所變唯是無漏，若就有情所變，通有漏及無漏[3]。

十八圓滿的淨土，是佛陀宣說本經的處所。它在四土中究屬何土所攝呢？真諦所譯《解節經》認為，是化身如來在穢土中說；本經及《深密解脫經》認為，是受用身在淨土中說。圓測《解深密經疏》引《佛地經論》釋說經身土：「一變化身住變化土說，二受用身住受用土說，三釋迦牟尼說此經時，地前大眾見變化身居穢土為其說法，地上大眾見受用身居淨土為其說法。所聞雖同，所見各別。」[4]圓測《解深密經疏》取第三說例同此經，這種解釋比較合理。

二、勝義諦相

世俗與勝義合稱二諦，一者為眾生的虛妄世界，一者為聖賢的真實世界。《中論・四諦品》說：「諸佛依二諦，為眾生說法，一以世俗諦，二第一義諦。若人不能知，分別於二諦，則於深佛法，不知真實義。」可見二諦在大乘佛法中的重要性。本經〈勝義諦相品〉專門闡述勝義諦的內容和特徵，並用種種譬喻，生動形象地顯示勝義諦，分四段說明。

一、離言無二相：勝義諦不是相待語言所能表示，必須超越語言概念才能證得。經云：「是中有為非有為非無為，無為亦非無為非有為。」正是說明此理，由事實上的有為或無為，不是概念上的有為無為。我們言有為無為，不過是佛陀為對遣愚夫執著，證得離言法性，方便假設的名言。言教是為顯發勝義，但言教本身不是勝義，這是學者應該知道的，否則難免執指為月。經中又舉幻師幻化喻，顯示凡夫依他妄心顯現種種形象及聖人方便施設的言教都是虛幻不實的。行者要證得勝義諦，必須超越凡夫情見及聖教。如果依言執義，二見不除，勢必無法證得勝義諦。

二、超尋思所行相：尋思具有推求、分別、思量義，勝義諦是不可思議、非思量處。因為勝義是聖者根本智親證，直接而不變影象。尋思認識事物要通過名言概念，名言是依影象而起，只能間接認識事物。勝義無相，尋思要依有相差別境界生起，緣有相差別境界。勝義是離言法性，不可言說，尋思要依賴名言概念。勝義離見聞覺知所得，尋思則緣見聞覺知境界。勝義斷絕是非煩惱，尋思則依是非煩惱生起。所以說，勝義超越尋思，不可通過尋思證得。

三、非一異性相：辯勝義諦與諸行相的關係。勝義諦與諸行相（依他有為相）非一非異。如果是一，則有凡夫見諦、證涅槃、成就無上菩提的過失；如果是異，聖者證得諸法實相，得安隱涅槃，則有不能除遣有為相，不能斷除相縛及粗重縛，乃至不能成就菩提的過失。又，勝義是清淨、無差別的，諸行相是雜染、有差別的，所以非一；勝義諦是諸行無我相、共相，所以非異。勝義諦與諸行相就如螺貝及其鮮白色性，鮮白色性不離螺貝，但又不即螺貝，非一非異。

四、遍一切一味相：說明勝義諦具有普遍、平等、無差別的特徵。由勝義諦是清淨所緣，遍五蘊、十二處、十八界、十二緣起、四食、四諦、四念住、四正勤、四神足、五根、五力、七覺支、八正道的一切法中，無有差別。修觀行比丘通達一蘊真如法無我性了，更不尋求餘蘊、處、界等真如法無我性。勝義諦如有差別，必然由因所生，有生則有滅，有生滅就不是勝義諦。勝義諦如虛空，無相、無分別、無變異、遍一切處。

勝義諦一名，在佛教各宗派中所指不一。圓測《解深密經疏》依其含義列有三說：或勝是勝智，義是義境，即真如為勝智所緣境界；或勝是殊勝，義是義利，即涅槃果為殊勝義利；或指聖道（無漏智），勝即是義。足見勝義諦一詞，包括境、行、果三，但在本經卻特指真如[5]，唯識宗核心典籍《唯識三十論》所說的「此諸法勝義，亦即是真如」，即淵源於此。將真如作為所緣境，是新譯唯識經論特有的說法。

三、論不可說

〈勝義諦相品〉第一段是離言無二相，顯示勝義是離開相待的語言概念。第二段超尋思所行相中，也說到「我說勝義不可言說」。不可說，是佛教表達真實相時常用的概念，應作何理解呢？

薩婆多部以名言離損益故不可說，《大毗婆沙論》說：

> 義為可說，為不可說耶？設爾何失，若可說者說火應燒舌，說刀應割舌，說不淨應汙舌，說飲應除渴，說食應除飢，如是等。若不可說者，云何所索不顛倒耶……答：劫初時人共於象等假名立想，輾轉傳來，故令所索而不顛倒[6]。

言說是言說，事實是事實，言說無損益於人，而事實有損益於人。至於人們能夠依名取物，是因長期習慣造成的，《大智度論》也有類似說法。

法相唯識經論以諸法自相不可說，《因明正理門論》說：

此中現量除分別者，謂若有智於色等境，遠離一切種類名言假立無異諸門分別，由不共緣，現現別轉，故名現量[7]。

《理門論》分所緣法為自相、共相，能緣智為現量、比量。自相是現量所得，不可言說；共相是比量所得，可以言說。但言說只能遮詮止濫，如言青遮非青等。

法相唯識又以名不稱體顯不可說。如《攝大乘論．所知相分》說：

云何得知如依他起自性、遍計所執自性顯現而非稱體？由名前覺無，稱體相違故。由名有眾多，多體相違故。由名不決定，雜體相違故[8]。

從三方面說明假名不能詮表實相。由先有實後立名，事物在未設名時，於某物並不能使人生起某名的感覺。又一物有多名，或多物共一名，充分說明名義不相稱，名義互為客的道理。

這就不免令人產生疑問：真理既然不能用語言表達，那佛陀一生施設種種教法，建立龐大的理論體系，有何意義呢？《瑜伽師地論．真實義品》說：

何因緣故於一切法離言自性而起言說？答：若不言說，則不能為他說一切法離言自性，他亦不能聞如是義。若無有聞，則不能知此一切法離言自性，為欲令他聞知諸法離言自性，是故於此離言自性而起言說[9]。

事物的真實相（離言自性）本是不可說的，但眾生無始以來由於錯誤習慣，生活在自我觀念中，虛妄分別，以至不能認識真實。聖人為扭轉凡夫眾生的錯誤思想，生如實見，在離言法性中起方便言說，使眾生通過言說認識離言法性，證得離言法性，從而轉凡成聖。

四、一切種子心識

佛教講緣起無我，又談生死輪迴，從表面看，二說似相違背。所以許多人提出疑難：既然無我，輪迴主體是什麼？在唯識經論中，對這一問題有著詳盡的解釋，那就是在意識之外建立一切種子心識。一切種子心識的提出，唯識經論中最早見於本經，如經中〈心意識相品〉說：

廣慧當知，於六趣生死，彼彼有情，墮彼彼有情眾中，或在卵生，或在胎生，或在濕生，或在化生，身分生起，於中最初一切種子心識成熟，輾轉和合，增長廣大。

六道眾生輪轉生死，不論用哪種形式受生，最初都須依賴一切種子心識作為生命主體，與父母精卵和合才構成生命。關於這一過程，《瑜伽師地論·意地》說：

爾時父母貪愛俱極，最後決定各出一滴濃厚精血，二滴和合住母胎中，合為一段，猶如熟乳凝結之時，當於此處，一切種子異熟所攝，執受所依，阿賴耶識和合依託。云何和合依託？謂此所出濃厚精血合成一段，與顛倒緣中有俱滅，與滅同時，即由一切種子識功能力故，有餘微細根及大種和合而生，及餘有根同分精血和合摶生，於此時中，說識已住，結生相續[10]。

這裡介紹了有情的投生情況，除了物質基礎，更要有承擔生命載體的意識。一切種子心識正是扮演這一角色，往來於五趣四生中。

在本經中，一切種子心識還安立了許多異名，曰阿陀那識，曰阿賴耶識，曰心。其中，對阿賴耶識的含義，本經〈心意識相品〉解釋說：

亦名阿賴耶識，何以故？由此識於身攝受、藏隱，同安危義故。

本識藏隱於身中，攝受身體，安危與共，這個定義與後來唯識家把阿賴耶識翻譯為藏，具能藏、所藏、執藏義，是大不相同的。

本經提出一切種子心識，成為唯識宗的特殊理論。從唯識學發展史來看，其時，此識還不能稱為第八識，因為八識思想要到第七末那識建立後才形成。在唯識學的重要論典中，對一切種子識都作了論證，如《瑜伽師地論》有八證[11]，《攝大乘論》從世出世間染淨生起五方面論證[12]，《成唯識論》則演化為著名的五教十證[13]，為建立第八識提供了充分的理論依據。

五、諸法唯識

諸法唯識是唯識宗的核心理論。最能反映這一思想的著作，是世親所造的《唯識三十論》、《唯識二十論》，玄奘糅譯的《成唯識論》，及窺基所著的《成唯識論述記》等，然其思想是來源於《解深密經》。

本經在〈心意識相品〉提出一切種子心識，作為宇宙人生一切法生起的所依。經曰：

> 最初一切種子心識成熟，輾轉和合，增長廣大。依二執受，一者有色諸根及所依執受，二者相名分別言說戲論習氣執受……亦名為心，何以故？由此識色聲香味觸等積集滋長故。廣慧，阿陀那識為依止為建立故。

一切種子心識為根本，一方面現起根身器界及相名分別言說習氣，一方面現起前六識，奠定了一能變的唯識思想。

本經又從瑜伽止觀的修習方面說明唯識，〈分別瑜伽品〉說：

慈氏菩薩復白佛言：世尊，諸毗鉢舍那三摩地所行影象，彼與此心當言有異，當言無異？佛告慈氏菩薩曰：善男子！當言無異，何以故？由彼影象唯是識故。善男子！我說識所緣，唯識所現故……然即此心如是生時，即有如是影象顯現。

修習瑜伽止觀者，在定中所見的種種影象，都是心的顯現，不離自心。本經接著說：

世尊，若諸有情自性而住，緣色等心所行影象，彼與此心亦無異耶？善男子，亦無有異，而諸愚夫由顛倒覺，於諸影象不能如實知唯是識，作顛倒解。

不但定中境界是唯心所現，常人散心所緣也不離識。只因凡夫顛倒虛妄，不能正確認識罷了。建立一切種子心識為能變的一能變思想，是彌勒、無著唯識學的特色，如彌勒《中邊分別論》說：

塵根我及識，本識生似彼[14]。

這是從一本識現起似根、似塵、似我、似識。根塵是本經的六根及根依處，為所取相。我指末那，識是前六識，為能取識。它與本經不同之處，是在能取識中多出末那識，所取相中少了習氣。彌勒在另一部論典《大乘莊嚴經論．述求品》說：

所取及能取，二相各三光[15]。

依釋論長行的分解是，由一本識現起能取及所取相。所取相中有句光是器世間，義光是六塵，身光是六根；能取相中有意光是染末那，受光是前五識，分別光是意識。《莊嚴論》的能取三光，與《中邊》全同，不過六識開為二類而已。所取三光中，身光是六根，義光是六塵，但多了一器世界的句光。

無著繼承彌勒思想，其代表作《攝大乘論》，與《中邊》、《莊嚴》觀點基本一樣，如《攝大乘論．所知相分》說：

若處安立阿賴耶識識為義識，應知此中餘一切識是其相識，若意識識及所依止是其見識，由彼相識是此見識生緣相故，似義現時能作見識生依止事，如是名為安立諸識成唯識性[16]。

《攝大乘論》把一切法歸納為十一種識，但後六種是差別，自性的只是身等五識。把它同這段論文配合起來是：阿賴耶識為依因，似義顯現相識中身識是根身，所受識是器界；似分別顯現見識中彼能受識是能取的六識，身者識是染汙意，受者識是無間滅意。

唯識學發展至世親，由一能變轉為三能變，再轉到陳那、護法之後，從原來有情世界的生成、建立唯識轉移到認識論。儘管有這樣大的變動，其思想淵源仍是本經，這就是經中「諸識所緣，唯識所現」的思想。

六、諸識生起情況

心識源於何處，如何產生？是古今哲人共同關心的問題。對此，本經認為是因緣所生。八識的緣生，本經只講到前五識為止，〈心意識相品〉說：

> 廣慧！阿陀那識為依止，為建立故，六識身轉，謂眼識，耳鼻舌身意識。此中有識，眼及色為緣生眼識，與眼識俱隨行，同時同境，有分別意識轉。有識耳鼻舌身及聲香味觸為緣，生耳鼻舌身識，與耳鼻舌身識俱隨行，同時同境，有分別意識轉……廣慧！譬如大瀑水流，若有一浪生緣現前，唯一浪轉，若二若多浪生緣現前，有多浪轉。然此瀑水自類恆流，無斷無盡。

前五識中任何一識的生起，皆須以阿陀那識為根本依止，第六意識為分別依，同時還要有根和色為緣。在一定時間內，如果眼識的條件具備了，只有眼識生起；五識條件都具備，則五識同時生起。這一道理，就像風緣大小能起水浪多少一樣。

到奘公所譯的《成唯識論》，對此理又有更為詳盡的說明。論中說到眼識九緣（空、明、根、境、作意、種子、根本依、染淨依、分別依），耳識八緣（眼識九緣中除去明），鼻舌身三識七緣（眼識九緣中除去空明二緣），第六意識五緣（意根、法境、作意、種子、根本依），第七末那識四緣（俱有依、所緣境、作意、種子），第八阿賴耶識四緣（俱有依、所緣境、作意、種子）[17]。《唯識三十論》的「五識隨緣起，或俱或不俱，如濤波依水」和《八識規矩頌》的「九緣八七好相鄰」，都是說明這種道理。

緣起法，顯示了佛教與神教的不同。其他宗教對輪迴進行解釋時，多提出永恆、不變、主宰義的我或靈魂。而佛教則以緣起說明一切，從緣起的立場看，我或靈魂根本就不存在。所以，佛教的三法印中有「諸法無我」印。

或許有人會提出異議，佛教雖不講靈魂或神我，但建立阿賴耶識，難道不是一樣嗎？其實不然，阿賴耶識是緣起的，它與靈魂截然不同。《成唯識論》說：

> 阿賴耶識為斷為常？非斷非常，以恆轉故。恆謂此識無始時來一類相續常無間斷，是界、趣、生施設本故。性堅持種令不失故，轉謂此識無始時來念念生滅，前後變異，因滅果生，非常一故，可為轉識薰成種故。恆言遮斷，轉表非常，猶如瀑流，因果法爾[18]。

阿賴耶識是剎那生滅、相似相續、不常不斷的，如流水一般，與靈魂或神我豈能同日而語。

七、三法相

三法相簡稱三相，又叫三性。相是相狀、體相義，性是體性，為唯識宗核心理論。

三相，是遍計所執相、依他起相、圓成實相。本經〈一切法相品〉說：

云何諸法遍計所執相？謂一切法名假安立自性差別，乃至為令隨起言說。云何諸法依他起相？謂一切法緣生自性，則此有故彼有，此生故彼生，謂無明緣行乃至招集純大苦蘊。云何諸法圓成實相？謂一切法平等真如。

遍計所執相是在一切有為、無為法上假立的種種自性差別及言說概念，依他起相是雜染的緣生現象，圓成實相是諸法的真實相。

自本經提出三相後，許多唯識論典中都有詳細論述。但內容與本經有一定出入。

有以所執雜染無倒建立三性，《楞伽經》說：

大慧，彼名及相是妄想自性。大慧，若依彼妄想生心、心法，名俱時生，如日光俱，種種相各別、分別持，是名緣起自性。大慧，正智如如者不可壞故，名成自性[19]。

隨主觀施設的名和相，是遍計所執性；依妄心緣起的有漏雜染法，是依他起相；一切有為無漏聖智及諸無為，是圓成實相。

有以所執緣生不變建立三性，《瑜伽師地論．攝抉擇分》說：

問：三種自性，相等五法，初自性五法中幾所攝？答：都非所攝。問：第二自性幾所攝？答：四所攝。問：第三自性幾所攝？答：一所攝。問：若依他起自性亦正智所攝，何故前說依他起自性緣遍計所執自性執應可了知？答：彼意唯說依他起自性雜染分，非清淨分。若清淨分，當知緣彼無執應可了知[20]。

依他起性具有雜淨兩方面，在五法中包括名、相、分別、正智四法。圓成實相在五法中唯指真如。有以所執緣生無倒建立三性，《成唯識論》說：

分別緣所生者，應知且說染分依他，淨分依他亦圓成故，或諸染淨心心所法皆名分別，能緣慮故，是則一切染淨依他皆是此中依他起攝[21]。

依他起相包括染淨二種，但淨分依他起相也可以攝在圓成實相中。以上幾種說法中，《深密》只從雜染說依他，依不變立圓成實；《楞伽》依雜染立依他，從無倒立圓成實；《瑜伽》從緣生說依他，依不變立圓成實；而《成唯識論》最全面，論依他則有染有淨，說圓成則攝無漏正智真如。

在佛法中，三相揭示了諸法空有問題，本經〈一切法相品〉說：

若諸菩薩能於諸法依他起相上如實了知遍計所執相，即能如實了知一切無相之法。若諸菩薩如實了知依他起相，即能如實了知一切雜染相法。若諸菩薩如實了知圓成實相，即能如實了知一切清淨相法。

三相中，遍計所執相是無體相法，依他起相是雜染相法，圓成實相是清淨相法。同經〈分別瑜伽品〉說：

若於依他起相及圓成實相中，一切品類雜染清淨，遍計所執相畢竟遠離性，及於此中都無所得，如是名為於大乘中總空性相。

大乘瑜伽所說空有，就是認識到三性中依他起相及圓成實相是有，遍計所執是空。三相理論對修證也有著重要的意義，〈一切法相品〉說：

若諸菩薩能於依他起相上，如實了知無相之法，即能斷滅雜染相法。若能斷滅雜染相法，即能證得清淨相法。

三相的修證次第，是先認識到遍計所執相的空無，於依他相不起遍計所執。進而斷除雜染的依他起相，由此證入清淨的圓成實相。

八、三無自性

唯識宗解釋諸法空有問題，除了依三性，就是從三無性說明。三無性，是相無性、生無性、勝義無性。

三無性依三性建立，本經〈無自性相品〉說：

善男子！云何諸法相無自性性，謂諸法遍計所執相，何以故？此由假名安立為相，非由自相安立為相，是故說名相無自性性。

依遍計所執建立相無性，由遍計所執但有假名，無實體相，故稱相無性。同經說：

云何諸法生無自性性，謂諸法依他起相，何以故？此由依他緣力故有，非自然有，是故說名生無自性性。

據依他起相建立生無性。依他起相說明一切法依因緣而有，非自然有，無自然性，故稱生無性。

同經說：

云何諸法勝義無自性性？謂諸法由生無自性性故，說名無自性性。即緣生法，亦名勝義無自性性。

何以故？於諸法中，若是清淨所緣境界。我顯示彼以為勝義無自性性，依他起相非是清淨所緣境界，是故亦說名為勝義無自性性。復有諸法圓成實相，亦名勝義無自性性。何以故？一切諸法法無我性，名為勝義，亦得名為無自性性，是一切法勝義諦故，無自性性之所顯故。

勝義無性或依依他起相施設，由雜染依他起相非是清淨勝義，故稱勝義無性。或依圓成實相建立，由諸法法無我性名為勝義，此勝義是法無我性所顯，名勝義無自性。

本經依三性建立三無性，而三無性並非說明三自性中一一都無自性。經云：

復次勝義生，非由有情界中諸有情類，別觀遍計所執自性為自性故，亦非由彼別觀依他起自性，及圓成實自性為自性故，我立三種無自性性。然由有情於依他起自性及圓成實自性上，增益遍計所執自性故，我立三種無自性性。

凡夫對依他起性及圓成實性不能正確認識，於中起增益執，所以建立三無性。其實，三無性但為空無遍計所執性。

三無性的提出，主要是解釋《般若經》中「一切諸法皆無自性，無生無滅，本來寂靜，自性涅槃」的道理。

一切諸法皆無自性，是《般若經》的思想精髓，龍樹、提婆曾依此建立大乘中觀體系，為初期大乘佛教。可是到深密會上，佛陀卻提出，般若會所說的一切法無自性空，是密意說。經云：

彼若聽聞如是法已（般若經教），於我甚深密意言說不能如實解了，於如是法雖生信解，然於其義隨言執著，謂一切法決定皆無自性，決定不生不滅，決定本來寂靜，決定自性涅槃，由此因緣於一切法獲得無見及無相見，由得無見無相見故，撥一切相皆是無相，誹撥諸法遍計所執相、依他起相、圓成實相。何以故，由有依他起相及圓成實相故，遍計所執相方可施設。

不知一切法無性空是密意，如言執義，就會墮入無見及無相見的惡趣空中。《瑜伽師地論》對本經的這種思想作了進一步闡述，該論〈真實義品〉云：

如有一類聞說難解大乘相應空性相應，未極顯了密意趣義甚深經典，不能如實解所說義，起不如理虛妄分別，由不巧便所引尋思，起如是見，立如是論：一切唯假，是為真實，若作是觀，名為正觀。彼於虛假所依處所實有唯事，撥為非有，是則一切虛假皆無，何當得有一切唯假是為真實。由此道理，彼於真實及以虛假二種俱謗都無所有，由謗真實及虛假故，當知是名最極無者[22]。

瑜伽唯識的觀點是假依實立，有空不空。如說色，色等名言但是遍計所執假施設有，為假有。然彼名言要依色等實有法性施設，為實有。如果否定實有唯事，於密意言教如言起執，認為一切都是假有，就墮入斷見了。

與惡取空相反的是善取空。善取空，是如實認識諸法空有實相，《瑜伽師地論》云：

云何復名善取空者？謂由於此彼無所有，即由彼故正觀為空。若復由於此餘實是有，即由餘故如實知有，如是名為悟入空性如實無倒[23]。

事實上沒有，就正觀為空；事實上有，則正觀為有。具備這一認識，才能稱為善取空。那麼，何空何有呢？《辯中邊論．真實義品》云：

許於三自性，唯一常非有，一有而不真，一有無真實[24]。

認識諸法空、有，當從三性中觀察。三性中遍計所執性非有，依他起性緣起假有，圓成實性真實有。所以，對佛陀的一切無性教，要依三性三無性去理解，不可一概遍執為空無。

本經認為，無生無滅、本來寂靜、自性涅槃是依相無性和勝義密意說的。由遍計所執施設的相無性，其自性都無所有則無生，無生即無滅，無生無滅則本來寂靜，本來寂靜則自性涅槃。依圓成實施設的勝義無自性，於常常時、恆恆時法性安住無為，無為則無生無滅。又一切雜染不相應故本來寂靜，自性涅槃。

三無性在修證上的意義，是為初發心修習資糧的有情說生無性，顯緣起無常無恆，從而相信因果，修習資糧。為加行位有情說相無性及勝義無性，使其於緣起因果能正厭，能正離欲，能正解脫，不起三種雜染，由此斷惑證真。

九、三乘真實，一乘方便

通往解脫涅槃之道曰乘。佛教經論中，有建立三乘，也有唯說一乘。一乘之與三乘，何為真實，何為方便呢？有兩種截然不同的觀點。

中國傳統的佛教思想，是說一乘真實、三乘方便。《法華經．方便品》云：

如來但以一佛乘故，為眾生說法，無有餘乘，若二若三[25]。

佛陀以一佛乘為眾生說法，在一乘之外，沒有獨立的三乘。同經又云：

十方佛土中，唯有一乘法，無二亦無三，除佛方便說，但以假名字，引導於眾生，說佛智慧故，諸佛出於世，唯此一事實，餘二則非真[26]。

十方佛土中，只有一乘法，但諸佛為度化眾生的需要，以方便力於一佛乘分別說三。三乘是權巧安立，三乘但是假名，這就是一乘真實、三乘方便的理論依據。

玄奘翻譯的瑜伽唯識經論，主張三乘真實、一乘方便。《解深密經．無自性相品》說：

復次勝義生，諸聲聞乘種性有情，亦由此道此行跡故，證得無上安隱涅槃。諸獨覺乘種性有情、諸如來乘種性有情，亦由此道此行跡故，證得無上安隱涅槃。一切聲聞、獨覺、菩薩，皆共此一妙清淨道，皆同此一究竟清淨，更無第二，我依此故密意說言唯有一乘。

一妙清淨道就是三無性的道理。三乘人都因通達這一真理而各證無餘涅槃，基於這個原理，佛陀方便說唯有一乘。同經〈地波羅蜜多品〉說：

如世尊說，若聲聞乘，若復大乘，唯是一乘，此何密意？佛告觀自在菩薩曰：善男子，如我於彼聲聞乘中，宣說種種諸法自性，所謂五蘊，或內六處，或外六處，如是等類，於大乘中即說彼法同一法界，同一理趣，故我不說乘差別性。於中或有如言於義妄起分別，一類增益，一類損減，又於諸乘差別道理謂互相違，如是輾轉遞與諍論。

大乘講一實相印。為對治聲聞乘的自性差別實有妄執，顯示真理的一味平等，遍一切一味相，世尊依一實相之理，密意說言唯有一乘。

施設一乘的意趣，在其他論典中也有解釋，《攝大乘論・彼果智分》說：

若此功德圓滿相應諸佛法身，不與聲聞、獨覺乘共，以何意趣佛說一乘？此中有二頌：為引攝一類，及任持所餘，由不定種性，諸佛說一乘。法無我解脫，等故性不同，得二意樂化，究竟說一乘[27]。

二頌出自《大乘莊嚴經論》，以十義說明一乘意趣。

一、為引導不定種性聲聞等趣向大乘。

二、為引導不定種性菩薩眾令住大乘。

三、法平等：三乘聖者雖有深淺不同，但所證法性平等。

四、無我平等：三乘有情補特伽羅同不可得，在無我中平等平等。

五、解脫平等：佛與羅漢同斷煩惱障，同證解脫，所謂「三乘同坐解脫床」。

六、種性不同：眾生根性不同，而不定種性大小乘都有一分，若迴小向大就可成佛。

七、攝取平等意樂，即攝他為自，自他平等，如是自既成佛，彼亦成佛。

八、法性平等意樂，所證平等法性。

九、約佛的變化身說，佛說我過去身中曾現聲聞緣覺身，入般涅槃，現在仍可成佛。

十、由佛乘為最究竟。因為這些理由，所以佛說一乘。此外，《顯揚聖教論》也有類似解釋。

《法華》、《涅槃》等經論依一實相建立一乘，又以能乘之人雖有三，但都必須依佛道般涅槃，所以說一乘真實，三乘方便。《深密》、《瑜伽》等經論，以為三乘所證法性雖一，而能證之人有三。三乘人種性不同，決定得果各異，因此說三乘真實、一乘方便。

十、五性各別與一性成佛

學佛的最高目標是成佛，是否一切眾生都有資格？這個問題在經典翻譯未全的南北朝時曾有過爭議。在法顯翻譯的六卷《泥洹經》中，有一切眾生皆有佛性、一闡提人不能成佛之說。當時的大德都認為一闡提決定不能成佛，唯道生大師孤明獨發，唱出闡提也有佛性，遭到當時教界的反對。後來，大本《涅槃經》譯出，果然說闡提也能成佛。此後，一切眾生皆能成佛幾乎成為教界定論，代表著中國傳統的佛教思想。沒想到，奘公所譯瑜伽唯識經論又出現五性各別，無性有情、定性二乘不能成佛的說法，在中國佛教史上掀起軒然大波。

關於一性成佛的觀點，主要見於《大般涅槃經》，經中〈如來性品〉說：

> 一切眾生皆有佛性，以是性故，斷無量億諸煩惱結，即得成於阿耨多羅三藐三菩提[28]。

明確指出，一切眾生都有佛性。正因為具有佛性，只要斷除無量煩惱，即能成就佛果。

同經又說：

> 善男子！我者即是如來藏，一切眾生悉有佛性，即是我義。如是我義從本以來常為無量煩惱所覆，是故眾生不能得見[29]。

眾生具有佛性，只是被煩惱所覆，不得顯現，就如貧女寶藏、烈士額珠，本自具足。《涅槃經》的思想，反映了眾生只有一性，就是都有佛性，都能成佛。

五性各別，無性有情不能成佛，是奘公所譯瑜伽唯識經論的特色。瑜伽一系經論把一切有情分為五種性：一、菩薩種性，二、緣覺種性，三、聲聞種性，四、不定種性，五、無種性。其中，無性有情及趣寂聲聞不能成佛。本經〈無自性相品〉說：

非於一切有情界中，無有種種有情種性，或鈍根性、或中根性、或利根性有情差別。善男子！若一向趣寂聲聞種性補特伽羅，雖蒙諸佛施設種種勇猛加行，方便化導，終不能令坐道場證得阿耨多羅三藐三菩提。何以故？由彼本來唯有下劣種性故。一向慈悲薄弱故，一向怖畏眾苦故。

《解深密經》提出有情種性差別，並說明趣寂聲聞不能成佛，但還沒有說到五性名目。唯識宗另一依據經典，魏譯《入楞伽經．集一切佛法品》說：

復次，大慧！我說五種乘性證法。何等為五：一者聲聞乘性證法，二者辟支佛乘性證法，三者如來乘性證法，四不定乘性證法，五者無性證法[30]。

這是五性的明證，顯示有情根機不同，有五種差別。

繼承種性思想的，還有《瑜伽師地論》。該論在聲聞地、緣覺地、菩薩地中建立三乘行果時，都強調種性的重要。如《瑜伽師地論・菩薩地》說：

云何種性？謂略有二種：一本性住種性，二習所成種性。本性住種性者，謂諸菩薩六處殊勝，有如是相，從無始世輾轉傳來，法爾所得，是名本性住種性。習所成種性者，謂先串習善根所得，是名習所成種性[31]。

種性又叫種子，或曰界。種性有二：一是本性住種性，無始以來法爾而有；一是習所成種性，後天薰習而成。種性的作用，如該論〈菩薩地〉說：

以諸菩薩自乘種性，為所依止故，為建立故，有所堪任，有大勢力，能證無上正等菩提，是故說彼自乘種性，為諸菩薩堪任性持……住無種性補特伽羅，無種性故，雖有發心，及行加行，為所依止，定不堪任圓滿無上正等菩提[32]。

《瑜伽》在聲聞地中說到聲聞行果時，也強調聲聞種性的作用，以為三乘行果的建立，必須有三乘種性為因。假如三乘行者不具有種性，即使修行也是枉然。

自《深密》、《瑜伽》提出五性各別說後，經十大論師提倡，並為中國唯識宗所繼承。傳說玄奘大師將唯識教授慈恩時，即告之曰：五性宗法，唯汝流通。慈恩果不負師托，力弘五性說。《觀心覺夢鈔》說：

若爾者，有無二性，俱聖所說，更有何故，乍許有性，不許無性？三乘眾生，皆乘所被，更有何由，乍許大乘定性，不許二乘定性？此等教理，皆如磐石，誰人得動。若以《法華》等皆成說，為其證者，我以《深密》等五性說為其誠證。若以《法華》開三顯一為其由者，我以《深密》會一立五為其所由。若以《法華》說相嚴重，為超過餘教之德者，《深密》華藏世界所說，教主即是盧舍那佛，正機即是觀音、彌勒等，諸八地以上大士，一部五卷正宗七品，文文悉盡性相奧府，品品自稱究竟了義，在於十八圓滿報土，說了義教，是何為耶？對於至極深位大士演淺近門，亦何用耶？何況《法華》雖會三乘，未會五性，《深密》分明和會一乘，《法華》未說大乘性相，《深密》說迴向菩薩，聲聞成佛，兩教隱顯，思可知之。

一性成佛依《涅槃》、《法華》立論，為三論、天台、華嚴諸宗所主張，代表傳統的佛教思想，在中國有廣泛的影響。五性各別的觀點與一性成佛的思想正相反，很難在當時教界立足，故祖師不厭其煩地進行說明。

兩個體系的思想本就不同，我們今天學習唯識，沒必要去會合它們。佛陀對機設教，教法豈能一概而論。學者根據任何一門修行，都能成就佛果。倘若對教法進行比較，在是非上下功夫，不但無功，反而有過。

十一、三時判教

判教，是對佛陀一代教法按其前後次第所作的分判。在漢傳佛教幾大宗派中，都有各自的判教，且所見各異。如天台判五時八教，賢首判五教，三論宗辯三種法輪。至於唯識宗，則依本經建立三時判教。

三時判教的提出，是勝義生菩薩聽聞佛陀顯了說明一切法無性（三無性）的道理後，回憶如來一生所說的言教，作了義、不了義的區分。〈無自性相品〉說：

爾時勝義生菩薩復白佛言：世尊初於一時在婆羅痆斯仙人墮處施鹿林中，唯為發趣聲聞乘者，以四諦相轉正法輪，雖是甚奇甚為稀有，一切世間諸天人等先無有能如法轉者，而於彼時所轉法輪有上有容，是未了義，是諸諍論安足處所。世尊在昔第二時中，唯為發趣修大乘者，依一切法皆無自性，無生無滅，本來寂靜，自性涅槃，以隱密相，轉正法輪，雖更甚奇甚為稀有，而於彼時所轉法輪亦是有上有所容受，猶未了義，是諸諍論安足處所。世尊於今第三時中，普為發趣一切乘者，依一切法皆無自性，無生無滅，本來寂靜，自性涅槃，無自性性，以顯了相，轉正法輪，第一甚奇，最為稀有，於今世尊所轉法輪無上無容，是真了義，非諸諍論安足處所。

三時教理的區別，就是隱密與顯了、了義與不了義的不同。在如來一代時教中，初時阿含偏說有，隱去遍計所執的空無；第二時般若教偏說空，隱去依他、圓成之有；唯第三時具顯空有，說三性、三無性。因此，第三時為顯了說，而前二時是隱密說。

又了不了義者，三時中前二為不了，第三時為了義。因為初轉法輪隱空說有，二轉法輪隱有說空，是為不了。三轉法輪顯示了空有中道，是為了義。這種了不了義的分別，是根據教法顯理的全面與否，並非說三時教理有淺有深。

十二、瑜伽止觀

從學習唯識理論到證得諸法唯識之理，有一個必要過程，就是修習瑜伽止觀。如何修習止觀？佛陀告訴慈氏菩薩，首先要發菩提大願，然後依十二分教，本經〈分別瑜伽品〉說：

> （十二分教）菩薩於此善聽善受，言善通利，意善尋思，見善通達。即於如所善思惟法獨處空閒，作意思惟，復即於此能思惟心，內心相續，作意思惟，如是正行多安住故，起身輕安及心輕安，是名奢摩他。

又說：

> 菩薩聽聞了十二分教，到寂靜處，專心一意，如理思惟，相續不斷，起身心輕安是名為止。經中

如是菩薩能求奢摩他，彼由獲得身心輕安為所依故。即於如所善思惟法內三摩地所行影象，觀察勝解，捨離心相，即於如是三摩地影象所知義中，能正思擇，最極思擇，周遍尋思，周遍伺察，若忍若樂若慧若見若觀，是名毗缽舍那。

菩薩依教理作意思惟，制心一處，獲得了止。同時，又對三摩地所緣境界進行觀察抉擇，則名為觀。

止觀種類很多，從對所緣境深淺觀察不同，建立三觀。即於三摩地中所緣似法、似義之相分境，生起觀察，為有相觀；為善解了此觀境故起思量推察，是尋求觀；於此觀察解了已，如實緣之，為伺察觀。依此三觀，施設三止。因眾生根機不同，止觀所獲處所各異。從十二分教的學習，依其義理修行，為依法止觀；從某善知識教誡教授修行，為不依法止觀。又對十二分教總緣、別緣的不同，建立總別止觀。緣個別契經或契經中個別含義修行止觀，是緣別法止觀；總緣一切法或緣諸法總相，作真如解，修行止觀，是緣總法止觀。又根據分別教法粗細有無，建立三種止觀。於法相粗顯分別領受，是有尋有伺止觀；微細憶念教法，領受觀察所有止觀，是無尋唯伺；於諸法相都無領受觀察，是無尋無伺止觀。

止觀所緣境事有四種：一者有分別影象所緣境事，是觀的境界，可以分別抉擇。二者無分別影象所緣境界，是止的境界，令心專注一處，不起分別。三者事邊際所緣境界，有盡所有性和如所有性，盡所有性從外延觀察諸法，如緣五蘊等，如所有性從內涵實質觀察諸法，如緣七真如等。四者所作成辦所緣境事，是修行成就時所緣境界。四種所緣在修行過程中，前二種通地前，進入地上則有三種，成就佛果後，四種都能具備。

修習止觀是依止十二分教，所以修止觀者必須知法知義。經中辯說了五相知法、十相知義、五相知義、四相知義、三相知義及三慧知義差別，幾乎概括一代時教義理。值得注意的是，修行止觀者不僅要掌握教理，還應在修習過程中逐漸遣除，由真如作意除遣法相及義相。又修空觀，依十七種空除去難遣之相，如是心境俱泯，能所雙亡，方能見道。

修行止觀的過程中，主要障礙有五繫、五蓋、五種散亂及地上十一障。

五繫，一、顧戀身，二、顧戀財，三、於諸聖教不得隨欲，四、樂相雜住，五、於少喜足。前二障止，第三障觀，後二俱障。

五蓋，一、貪欲蓋，二、嗔恚蓋，三、昏沉睡眠蓋，四、掉舉惡作蓋，五、疑蓋。掉舉惡作是奢摩他障，昏沉、睡眠、疑是毗鉢舍那障，貪欲、嗔恚是俱障。

五散動，一、作意散動，二、外心散動，三、內心散動，四、相散動，五、粗重散動。五種散動俱障止觀生起。

又，十一障是障十一地。

修行止觀是為了成就無上菩提，要先學習教理，樹立正知正見，積累資糧，到加行位修真如觀，逐漸除遣諸法粗細相，證入見道。見道後，地上菩薩依以楔出楔之法遣除內相。由遣相故，除去相縛。進而斷粗重縛，如煉金法，淘煉其心，乃至證得無上正等菩提。

十三、如來法身

依據唯識經論修證，能成就二轉依果，是斷果，即涅槃；一是智果，即菩提。二果的功德總稱法身，標誌著佛果殊勝。

法身又曰法性身，是如來依三大阿僧祇劫修行所成。本經〈如來成所作事品〉說：

若於諸地波羅蜜多，善修出離，轉依成滿，是名如來法身之相。當知此相二因緣故不可思議，無戲論故，無所為故，而諸眾生計著戲論有所為故。世尊，聲聞獨覺所得轉依名法身不？善男子，不名法身。世尊，當名何身？善男子，名解脫身。由解脫身故說一切聲聞獨覺與諸如來平等平等，由法身故說有差別。如來法身有差別故，無量功德最勝差別，算數譬喻所不能及。

法身是如來通過漫長時間修習六度、真如觀，斷除二障已，所成就的身相，它沒有生滅，遠離戲論，與聲聞獨覺所證解脫身截然不同。

如來依止法身能顯現無量化身，而解脫身不能。經云：

世尊，等無加行，何因緣故，如來法身為諸有情放大智光，及出無量化身影象，聲聞獨覺解脫之身無如是事？佛告曼殊室利菩薩曰：善男子，譬如等無加行，從日月輪，水火二種頗胝迦寶放大光明，非餘水火頗胝迦寶，謂大威德有情所住持故，諸有情業增上力故……如是緣於無量法界，方便般若，極善修習磨瑩，集成如來法身，從是能放大智光明，及出種種化身影象，非唯從彼解脫之身有如斯事。

如來法身是如來功德智慧所成，能顯現無量化身。聲聞解脫身但斷煩惱所顯，所以不能。化身依法身而起，但化身與法身又有區別，經云：

一切如來化身作業，如世界起一切種類，如來功德眾所莊嚴，住持為相，當知化身相有生起，法身之相無有生起。

化身有生滅，而法身沒有生滅。釋迦牟尼的八相成道就是化身相，化身作業與凡夫作業不同，它是無心的，如世界生起一切種類。

本經只說到法身、化身。後來，唯識論典在此基礎上，提出了三身說。《攝大乘論．彼果智分》說：

彼果智殊勝云何可見？謂由三種佛身，應知彼果智殊勝：一、由自性身，二、由受用身，三、由變化身。此中自性身者，謂諸如來法身，一切法自在轉所依止故。受用身者，謂依法身，種種諸佛眾會所顯清淨佛土，大乘法樂為所受故。變化身者，亦依法身，從睹史多天宮現沒、受生、受欲、逾城出家……[33]

三身是智果，故三身又攝四智。三身中，受用身、變化身皆依自性身而生起，這點與本經是一樣的。所不同者，經中沒有提到受用身的名稱。

唯識宗的核心論典《成唯識論》對三身有著更明確的說明。論中以佛果殊勝總稱法身，如是法身有三相別，即自性身、受用身、變化身。受用身又分兩種：

一、自受用身：是如來三大阿僧祇劫所修福智資糧、無邊真實功德生起的色身，圓滿清淨，周遍法界，湛然相續，盡未來際。

二、他受用身：是如來依平等智示現得淨微妙功德身，屬純淨土，為住十地菩薩，現神通，轉法輪，決疑網，令彼受用大乘法樂。《成唯識論》的三身，比《攝論》更詳盡了。

十四、結說

綜上所述，可知《解深密經》在唯識宗的重要地位。經中一切種子心識、諸法唯識、三性、三無性等明所觀境，瑜伽止觀辯能觀行，淨土莊嚴、如來法身顯所得果。唯識宗的教理行果盡攝其中。今天我們研究唯識，除學習歷代論典，更應探究本經，認識每種理論建立的背景和本義，才不至偏離佛陀設教的本懷。

【注釋】

1. 《佛地經論》卷一，《大正藏》第二十六卷，二九二頁中。
2. 《攝大乘論．彼果智分》卷三，《大正藏》第三十一卷，一五一頁中。
3. 《大乘法苑義林章．佛土章》卷七，《大正藏》第四十五卷，三六九頁中～三七四頁中。
4. 圓測《解深密經疏》卷三，金陵刻本一～三頁。
5. 圓測《解深密經疏》卷六，金陵刻本，二頁。

6. 《大毗婆沙論》卷十五，《大正藏》第二十七卷，七十三頁上。
7. 《因明正理門論》卷一，《大正藏》第三十二卷，八頁下。
8. 《攝大乘論》卷二，《大正藏》第三十一卷，一四〇頁上。
9. 《瑜伽師地論》卷三十六，《人正藏》第三十卷，四八九頁下。
10. 《瑜伽師地論》卷一，《大正藏》第三十卷，二八三頁上。
11. 《瑜伽師地論》卷五十一，《大正藏》第三十卷，五七九頁。
12. 《攝大乘論．所知依分》卷一，《大正藏》第三十一卷，三十五～三十六頁。
13. 《成唯識論》卷三。
14. 《中邊分別論》、《大正藏》卷三十一，四五一頁中。
15. 《大乘莊嚴經論》卷五，《大正藏》第三十一卷，六一三頁下。
16. 《攝大乘論》卷二，《大正藏》第三十一卷，一三九頁上。
17. 《成唯識論述記》卷四十。
18. 《成唯識論》卷三，《大正藏》第三十一卷，十二頁中。
19. 《楞伽阿跋多羅寶經》卷四，《大正藏》第十六卷，五一一頁中。
20. 《瑜伽師地論》卷七十四，《大正藏》第三十卷，七〇四頁下。
21. 《成唯識論》卷八，《大正藏》第三十一卷，十六頁中。
22. 《瑜伽師地論》卷三十六，《大正藏》第三十卷，四八八頁中。
23. 《瑜伽師地論》卷三十六，《大正藏》第三十卷，四八八頁中。
24. 《辯中邊論》卷二，《大正藏》第三十三卷，四六八頁下。
25. 《妙法蓮華經》卷一，《大正藏》第九卷，七～八頁。
26. 《妙法蓮華經》卷一，《大正藏》第九卷，七～八頁。
27. 《攝大乘論》卷三，《大正藏》第三十一卷，一五一頁中。
28. 《大般涅槃經》卷七，《大正藏》第十二卷，四〇四頁下。
29. 《大般涅槃經》卷七，《大正藏》第十二卷，四〇七頁中。
30. 《入楞伽經》卷二，《大正藏》第六卷，五二六頁下。
31. 《瑜伽師地論》卷三十五，《大正藏》第三十卷，四七八頁。
32. 《瑜伽師地論》卷三十五，《大正藏》第三十卷，四七八頁。
33. 《攝大乘論》卷三，《大正藏》第三十一卷，一四九頁上。

刊載於《內明》第二四三、二四四期
二〇〇七年十一月修訂版

《解深密經》與唯識思想

唯識宗的依據經典有六經十一論，《解深密經》是其中極為重要的典籍之一。在唯識學創立過程中，許多核心理論都淵源於此，所以說，《解深密經》是學習唯識宗的必讀經典。

《解深密經》在印度的梵本有廣略兩種：一、廣本，有十萬頌；二、略本，有一千五百頌（見圓測《解深密經疏》卷二）。漢地但傳略本，先後有四譯：

一、劉宋元嘉年中，求那跋陀羅（功德賢）在潤州江寧（今鎮江）東安寺譯出。一名《相續解脫經》，有一至二卷，相當於唐譯《解深密經》後二品；一名《第一義五相略集經》（見嘉祥大師《法華玄論》），此經已散佚，從經題看當為唐本〈勝義諦相品〉的異譯，因為第一義是勝義諦。至於五相，《瑜伽師地論》所引《解深密經》在辯勝義諦相的部分，正是由五相說明（見《瑜伽師地論》卷七十五）。

二、北魏武帝延昌年間，菩提流支在嵩山少林寺所譯，名《深密解脫經》，有五卷，分十一品，為唐本全經的異譯。唐本〈勝義諦相品〉的四段，在此分為四品，所以唐譯本八品，在此則為十一品。

三、南朝陳文帝天嘉二年，拘那陀羅（真諦）在梁安郡（今廣東惠陽一帶）譯《解節經》，有一卷四品，相當唐譯〈勝義諦相品〉。

四、唐太宗貞觀年間，玄奘三藏在西京弘福寺所譯《解深密經》，共五卷八品。是四譯中內容最完善的本子。

本經的內容，主要由序分（教起因緣）和聖教正說兩大部分組成（見圓測《解深密經疏》卷二）。

序分為序品，本經但有通序（證信序），敘述聞、時、主、處、眾五事（依親光《佛地經論》判）。教主說經時，住光曜無比的七寶宮殿，法會莊嚴無比，具十八種圓滿，佛身有二十一種功德，以大悲心普為發趣一切乘者說法。其中，有具足十三種功德的聲聞眾和具足十大功德的菩薩眾，更得觀自在、曼殊室利等極位菩薩為當機者，益顯法會之隆重。

聖教正說分共有七品。初四品（勝義諦相品、心意識相品、一切法相品、無自性相品）明所觀境；次二品（分別瑜伽品、地波羅蜜多品）辯能觀行；後一品（如來成所作事品）顯所得果。

勝義諦相品：辯勝義諦相。全品分四段說明：第一段，由解甚深密意菩薩解答如理請問菩薩所提出的勝義諦離言無二的道理。第二段，佛陀正式為法湧菩薩說勝義諦是聖者內自所證、無相所行、不可言說、絕諸表示、絕諸諍論，不是凡夫眾生所能尋思的。第三段，佛陀為善清淨慧等說勝義諦與諸行相非一非異的關係。第四段，佛陀為善現（須菩提）等說勝義諦是遍一切一味的平等相。

心意識相品：由廣慧菩薩請問心意識祕密善巧道理。世尊在此宣說了第八識甚深大法。此識名一切種子心識，往來於五趣四生之中，投胎受報，執受根身、種子；又名阿陀那識，隨逐執持根身；又名阿賴耶識，與根身共安危故；又名為心，能積集滋長色聲香味觸，有情由此識作為根本依止，前六識隨緣顯現，前五識現行必有分別意識與之俱轉。這是依止法住智建立心意識祕密善巧。若能透過諸識差別，不見諸識差別相，則名心意識勝義諦善巧。

一切法相品：由德本菩薩請問諸法相善巧道理，世尊宣說三相：一者遍計所執相，二者依他起相，三者圓成實相。遍計所執相是假名安立自性差別，乃至所有言說，如眩翳人眼中所有眩翳過患；依他起相是一切依因待緣所生自性，如眩翳人眩翳眾相；圓成實相是一切法平等真如，如淨眼人所緣境界。又遍計所執相是無相法，依他起相是雜染相法，圓成實相是清淨相法。菩薩如實了知無相法，就能滅除雜染相法，證得清淨相法；菩薩通達這些道理，就可以稱為於諸法相善巧。

無自性相品：辯三無性（一、相無性，二、生無性，三、勝義無性）。全品由五大部分組成：

一、菩薩請問分：由勝義生菩薩回顧世尊初轉法輪時，曾說蘊、處、界等自性差別的有性教，至般若會上又說諸法皆空無自性，以為前後矛盾，不知世尊依何密意而說？二、如來正釋分：正顯無性教的施設，用三無性顯了解釋一切法無性及一切諸法無生無滅、本來寂靜、自性涅槃的道理。三無性依三性安立：依遍計所執相立相無性，由相本無，但有假名安立；依依他起相立生無性，由緣生法無自然性，又緣生非勝義為勝義無性；依圓成實相立勝義無性，由勝義是無我法性所顯。由此所謂一切法無性，但無凡夫所執我法性及外道之自然性，非謂一切都無性也。又一切諸法無生無滅、本來寂靜、自性涅槃，是依相無性及勝義無性而說：由遍計所執相本無所有，而圓成實相法爾如是。三無性中，為初發心有情說生無性，顯緣起諸法無常無恆，從而相信因果，修習資糧。為資糧、加行位有情說相無性及勝義無性，使其於緣起因果不生遍計所執相，能正厭離，能正離欲，能正解脫，不起煩惱、業、生三種雜染。又依無性教釋一乘義：由三乘有情都依三無性妙理而得解脫，所以世尊密意說言唯有一乘，非諸有情無聲聞、緣覺、菩薩種性的不同，尤其是趣寂聲聞永不成佛。又辯五事具足不具足的四種人，對無性教取解不同，升沉各異。三、菩薩領解分：是勝義生菩薩對世尊昔日所說的五蘊等法門，一一用三性、三無性分別解釋，並舉喻顯示佛陀的無性教，或隱或顯地遍一切大小乘經中。四、校量歎德分：勝義生菩薩進一步對佛陀一生所說教理，依三無性教的隱顯不同，用三時判攝。以阿含的有教及般若的空教，具為佛陀隱密不了義說，唯今所說三性、三無性為顯了了義說，又辯弘揚此經功德。五、依教奉持分：說信受奉行的利益。

分別瑜伽品：佛陀為慈氏菩薩開示瑜伽止觀。主要內容包括修習止觀的依住，止觀所緣四種境事，獲得止觀的方法，隨順止觀的作意，止觀二道的一異，止觀的單修與雙修，止觀的種類差別，止觀中的止相、舉相、捨相，修習止觀菩薩如何知法知義，修止觀中遣除法相的方法，止觀所攝諸定，止觀的因果作業，止觀諸障差別，止觀能證菩提的過程，修習止觀菩薩善知六處能引發廣大威德，無餘依滅受等，全面介紹了大乘瑜伽止觀法門。

地波羅蜜多品：佛陀為觀自在菩薩宣說十一地及六度。全品大分為四：一、廣明諸地：解釋十一地的名義，闡述諸地所攝功德，如四種清淨、十一分、八種殊勝，及地上菩薩投生、願力的優越性，分別十一地中所對治的二十二愚、十一種粗重。二、詳釋六度：由六度出名，六度與三學，六度與福智資糧，五相修學六度，施設諸度數無增減的所由，六度次第安排依據，六度品類差別，波羅蜜多得名理由，六度總別清淨相，波羅蜜多五相有五種業，六度具最廣大等五相，六度因果無盡，菩薩愛度不愛度果的原因，諸度各有四種威德，諸度因果利益，眾生自業過失，般若取法無性，三種波羅蜜多等十八門組成。三、分別地中隨眠等障：說明害伴隨眠、羸劣隨眠、微細隨眠三種在地上斷的情況、斷的時間，及菩薩煩惱的得失。四、辯如來說一乘意：如來依諸法法性是一，說唯有一乘，非諸有情無種性差別。最後是依教奉行分。

如來成所作事品：世尊為曼殊室利菩薩解說如來成辦的種種事業。全品內容有十二部分：一、分別法身相；二、如來化身生起相；三、如來言音差別；四、如來心（受用身之心）生起相；五、如來化身有心無心；六、如來所行與如來境界區別；七、如來成佛、轉法輪、涅槃相；八、如來為諸有情作緣之差別；九、如來法身與二乘解脫身的不同；十、如來威德住持有情相；十一、淨土與穢土何事易得、何事難得；十二、依教奉持功德，顯示了佛果三身的不同作用。

本經是唯識宗重要的依據經典，為唯識宗的建立提供了理論根據。

一、**一切種子心識**：本經〈心意識相品〉提出一切種子心識，又曰阿陀那識，又曰阿賴耶識，又曰心。經中以之為有情生命載體，輪迴生死，往來於五趣四生中，執受根身、器界、種子，成為諸法生起所依及精神活動的依賴，屬於唯識宗的特殊理論。

二、**諸法唯識**：唯識宗的核心典籍《成唯識論》，建立了諸法唯識的理論體系，從因能變和果能變兩方面進行說明。因能變，指萬有之因的種子阿賴耶識，集起生成宇宙人生的一切現象，這一思想是根據本經〈心意識相品〉中「一切種子心識又名曰心，以能積集滋長色聲香味觸」的含義而來。果能變，是自證分變現見相二分，從認識論角度建立唯識，這種思想淵源於本經的〈分別瑜伽品〉，世尊對彌勒菩薩說：「我說識所緣，唯識所現故……然即此心如是生時，即有如是影象顯現。」

三、**三性三無性**：此是唯識宗的核心理論，也可以說包括了唯識全體。唯識家談空說有，顯示中道，都是根據三性三無性。在三性中，遍計所執性說明了凡夫的我執與法執；依他起性顯示了世界中依因待緣所生的假有現象；圓成實性告訴我們，聖人以如實智所認識的宇宙人生實質。凡夫由無知產生的心外實有我法的境界是不存在的，所以依遍計所執立相無性，相即無性，了不可得。依因待緣所生現象雖有，但不是自然有，有而不真，所以依依他起立生無性，蓋無自然性也。宇宙人生的實質真實不虛，但必須遠離凡夫的錯誤觀念，空去遍計所執才能證得，所以依圓成實立勝義無性。由此勝義是依無性所顯，修道人遣除遍計所執性後才能證入。三性三無性的思想，見本經〈一切法相品〉和〈無自性相品〉。

四、五性各別，無性不能成佛：在中國佛教史上，曾有過闡提能否成佛之爭，「生公說法、頑石點頭」的著名典故即由此而來。最後，以大本《涅槃經》的傳入方結束諍論。因此，在隋唐之前的教界，一切眾生都有佛性，都能成佛，幾乎已成定論。沒想到唯識思想的傳入，將一切有情分為五種性，即聲聞種性、菩薩種性、緣覺種性、不定種性、無種性。其中，定性聲聞不能迴小向大，無性有情不能成佛，這與傳統的佛教思想形成了截然不同的說法。五性各別的思想，雖詳見於《瑜伽師地論》，但來源卻是本經〈無自性相品〉。

五、一乘方便，三乘真實：與五性各別、無性不能成佛一樣，一乘方便、三乘真實是唯識家的又一特殊理論。因為傳統佛教都是說一乘真實、三乘方便，而這種思想又是出自於權威經典《法華經》中。因此，在隋唐以前的漢傳佛教界，一向都主張三乘方便、一乘真實。而唯識宗則提出三乘真實、一乘方便，實在令中國人感到震驚。好在一想到《大智度論》所說的，佛陀依四悉檀設教，眾生根機不同，佛陀說教各異，也就沒有什麼好奇怪了。唯識家的這種思想，主要也還是依據本經〈無自性相品〉。

此外，還有三時判教、瑜伽止觀、十度、十一地、佛陀三身、諸障差別等，無不源於本經。這都說明，對唯識學人而言，研習《解深密經》是何等重要。

本經最早為《瑜伽師地論》引用，該論在「攝抉擇分」中引用《解深密經》正宗分全文作為教證，顯示了瑜伽法相教理出自金口。其次，由無著菩薩撰疏弘揚，西藏大藏經的丹珠藏中，有無著菩薩所撰《解深密經釋》，文約義豐，是印度中期大乘佛教的權威性代表作。無著在《攝大乘論．所知相分》中，也引用《解深密經．分別瑜伽品》心境一異門成立唯識。世親釋《攝大乘論．所知依分》時，本經的〈心意識相品〉被全文引用。此外，真諦三藏譯出《解節經》後，也撰有《解節經義疏》弘揚本經。

在漢地翻譯的《解深密經》中，流傳最廣、注疏最豐的當屬唐譯本。奘公留學印度十七載，從戒賢論師聽授《瑜伽師地論》三遍，當然學過本經。歸來後主持譯場，隨譯隨講，由弟子們記錄成書。奘公門下，最著名的有窺基、圓測二師。《大正藏》中，現存圓測的《解深密經疏》四十卷，書中旁徵博引大小乘經論，深刻分析經文奧義，是後世研究本經的重要資料。又有遁倫所著《瑜伽師地論記》二十四卷，其中關於本經的注解有八卷。歐陽竟無居士曾將這一部分內容單獨摘錄出來，列入經中各品文下，成八卷，又從親光《佛地經論》的序文引來補足序品，成前二卷，合為十卷，稱曰《解深密經注》。唐代關於《解深密經》及《瑜伽師地論》的注解，從史籍記載看還有很多，可惜大多散佚，此不贅述。

近代，太虛大師撰有《解深密經綱要》，概論經史及全經大意，又著《解深密經．如來成所作事品講錄》，闡述佛果功德。又有韓清淨居士撰《瑜伽師地論披尋記》，並為論中所引的《解深密經》作了注疏。現代則有演培法師所撰《解深密經語體釋》，用現代語言寫成，通俗易懂，是學習本經的入門典籍。

一九九二年九月刊載於《內明》第二四六期

《瑜伽師地論》提要

《瑜伽師地論》，一百卷，彌勒菩薩造，是唯識宗的根本論典。

一、本論的創作和傳譯

彌勒，唯識宗初祖，其生平事蹟大小乘經典記載頗多。《上生兜率天經》記載，彌勒誕生於波羅捺國劫波利村波婆利大婆羅門家。《華嚴經．入法界品》中，將彌勒作為善財童子所參的第五十二位善知識。大小乘經典共同認為：彌勒將繼釋迦牟尼佛之後，在娑婆世界成佛，現居兜率內院，為一生補處菩薩。《大唐西域記》卷七云：

> 昔者如來在王舍城鷲峰山告諸比丘：當來之世，此贍部洲土地平正，人壽八萬歲，有婆羅門子慈氏者……當捨家成正覺，廣為眾生三會說法……度我遺法之徒，然後乃化同緣善友。是時慈氏菩薩聞佛此說，從座而起白佛言：願我作彼慈氏世尊。如來告曰：如汝所言，當證此果。如上所說，皆汝教化之儀也。

彌勒，梵言梅呾利耶的訛譯。梵言梅呾利耶，此翻慈氏，婆羅門十八姓之一。

依《無著傳》記載：無著因不滿足於所證的小乘空觀，入定上升兜率，從彌勒學習大乘空觀，終於徹悟，冰釋多年疑竇。此後，無著決心弘揚大乘。為取信於人，又請彌勒下降於印度阿逾陀國，演說《瑜伽師地論》，每夜開講，連續四月。在講說時，唯無著可以親見菩薩，他人只能聽聞音聲。由於彌勒的親自演說，瑜伽思想很快在印度流傳開來。

關於彌勒的著作，漢地傳說有五部，除《瑜伽師地論》外，還有《大乘莊嚴經論頌》、《辯中邊論頌》、《分別瑜伽論》、《金剛般若論》。其中，以《瑜伽師地論》最為重要。

《瑜伽師地論》是玄奘法師於貞觀二十一年至二十二年（六四七～六四八）間，在東都弘福寺翻譯。在玄奘以前，翻譯此論的主要有三家：

1．北涼曇無讖，於西元四一四年到四二一年譯出《菩薩地持經》八卷，《菩薩戒本》一卷。

2．劉宋求那跋摩，於西元四三一年，譯有《菩薩善戒經》九卷。

這兩種譯本，都沒有出乎唐譯菩薩地的範圍。

3．梁真諦，於西元五五七年至五六九年譯有《決定藏論》三卷，是唐譯五識身相應地、意地的異譯。

與奘譯相比，這幾種譯本非但內容不完整，且文字晦澀難讀。

二、內容提要

本論的組織，共有五分：

1．本地分，一卷至五十卷。

2．攝抉擇分，五十一卷至八十卷。

3．攝釋分，八十一卷至八十二卷。

4．攝異門分，八十三卷至八十四卷。

5．攝事分，八十五卷至一百卷。

五分的內容及相互關係。歐陽竟無在《瑜伽師地論敘》中說：

> 云何《瑜伽》五分耶？三乘根本，有十七地以為宗要。攝文義盡曰本地分，釋地中不盡要義曰抉擇分，釋地中諸經說解儀則曰釋分，釋地中諸經名義別異曰異門分，釋地中三藏眾要事義曰事分。初一是論，故稱地論。後四為釋，釋不名地，攝故名分，曰《瑜伽》五分。

《瑜伽師地論》的五分，以本地分為此論中心所在，其餘四分只是本地分的補充說明。下面根據內容排列順序，依次提要如下。

（一）本地分

本地分共十七地。內容可歸納為境、行、果三相。歐陽竟無認為：

「境攝九地，五識及意曰境體，一切皆以識為體故；尋伺三地曰境相，上下粗細別故；等引及非、有心無心曰境用，定散隱顯別故。行攝六地，聞思修三曰通行，三慧修行被一切故；聲聞、緣覺、菩薩曰別行，隨機修法成自乘故。果攝二地，有餘、無餘是曰通果，自性、無住別惟被大，此不詮別，

惟普被故。」（見《瑜伽師地論敘》）

歐陽氏以境概括九地，值得商榷。在九地中，五識身相應地、意地、有尋有伺等三地，可以說是境體和境相。然而，三摩呬多地及非三摩呬多地，是辨別修學禪定的差別，怎能說是境呢？因此，我覺得攝在行中較妥。

．境攝七地

謂五識身相應地、意地、有尋有伺等三地、有心地、無心地。

五識身相應地、意地：各從自性（各自體性）、所依（生起的依賴條件）、所緣（所緣的境界）、助伴（各各相應的心所）、作業（業用）五方面來辨別眼識、耳識、鼻識、身識、意識、末那識（恆行意）、阿賴耶識。其中，意地包括意識、末那識、阿賴耶識，因為它們都以意根為生起所依。五識身相應地、意地反映了初期的唯識思想。其理論特點是：一、諸識及心所各有自體，論中建立了八識五十三心所。二、以第七識為恆行意，尚未提到末那一詞。三、種子本有。四、一切色境雖由種子所生，但各有相對獨立的自體，未達到唯識為體的程度。此外，這二地還詳說有情生死、世界成壞及法相差別等問題。

有尋有伺等三地，分為五門敘說：

1．界施設建立：由數（三界）、處（三界處在）、有情量（有情身量高低）、有情壽（壽命長短）、有情受用（苦樂、飲食、淫欲之受用）、生（三種欲生及三種樂生）、自體（四種不同的所得自體）、因緣果八相組成。

2．相施設建立：由尋伺體性、行相、等起、差別、抉擇、流轉七相組成。

3．如理作意施設建立：由如理作意相應尋伺依處、事、求、受用、正行、聲聞乘資糧方便、獨覺乘資糧方便、波羅蜜多引發方便八相組成。

4．不如理作意施設建立：廣辯十六種外道的思想差別，是研究古代印度哲學的重要資料。

5．雜施設建立：此明三種雜染，謂煩惱雜染、業雜染、生雜染。

有心地和無心地：從五方面辨別有心與無心的不同。

行法八地

從三摩呬多地到菩薩地，這八地的內容是說明行法。

三摩呬多地：三摩呬多，漢譯等引，指行者靜坐時遠離昏沉、掉舉所引發的勝定，並說明靜慮的種種差別、安心、作意及修習靜慮的注意事項、方法等。

非三摩呬多地：本論列舉十二種相說明它的特徵。

聞所成地：廣辯五明，一、內明處，二、醫方明處，三、因明處，四、聲明處，五、工巧明處。五明概括了世、出世間一切知識，作為菩薩必須學習並精通，才能廣濟群生。

思所成地：如何如理思惟、觀察諸法。

修所成地：敘述修行的條件及所得果實。由四處七支說明：一、修處所，為投生的處所及根身沒有缺陷。二、修因緣，包括說法、聞法及正確的發心動機。三、修瑜伽，指出修習瑜伽種種能治、所治法。四、修果，由修習瑜伽得世、出世間的定慧果實。

聲聞地：廣明聲聞種性發心、修行、得果的一切。

獨覺地：由五相說明，一、獨覺種性，二、獨覺道（修行的方法），三、獨覺習（證果的方法），四、獨覺住（身心安住處），五、獨覺行（自利利他的行為）。

菩薩地：廣明菩薩種性發心、修行、得果的種種。論中用持、相、分、增上意樂、住、生、攝受、地、行、建立十法予以概括說明。

十法又歸納為四處：初持瑜伽處，有「種性」等十八品。第二隨法瑜伽處，有〈相品〉、〈分品〉、〈增上意樂品〉、〈住品〉。第三持究竟瑜伽處，有〈生品〉、〈攝受品〉、〈地品〉、〈行品〉、〈建立品〉。第四持次第瑜伽處，有〈發正等菩提心品〉。

初持瑜伽處：說明菩薩的種性（為成就佛果的依因，在五種性中最為殊勝），菩薩的發心（發心的自性、行相、所緣、功德、最勝），菩薩應該具備的六種知識（自利、利他的途徑，世、出世間的真理，請佛菩薩的威力，成就有情的方法，自我圓成佛果的道路，無上佛果的妙境），菩薩的修學法門（六度、四攝、供養三寶、親近善知識、修四無量、大乘三十七菩提分法等種種利樂有情功德事）。

第二持法瑜伽處：

〈相品〉說明菩薩具備的五大特徵，一、哀憫，二、愛語，三、勇猛，四、舒手惠施，五、能解甚深入理密意。

〈處分品〉：說明速證佛果的四種法門，一、善修事業（六度行門），二、方便善巧（於十二處具足方便善巧，能作自他義利），三、饒益於他（依四攝法門），四、無倒迴向（所修法門能迴向無上菩提）。

〈增上意樂品〉：指出菩薩對有情應有的態度，如七相憐憫，十五種增上意樂，十事應知。

〈住品〉：菩薩發心行菩薩道的十二種住，及其特徵、修習時間和所斷惑障等。

第三持究竟瑜伽處：

〈生品〉辨別菩薩受生形式及動機，有五種不同，一、為除眾生災患而生，二、隨著有情種類受生，三、所感殊勝正報生，四、所感殊勝依報生，五、最後生。

〈攝受品〉：攝受有情的六種方法。

〈地品〉：隨前十三住建立七地，一、種性地（種性住），二、勝解行地（勝解行住），三、淨勝意樂地（極歡喜住），四、行正行地（增上戒住、增上心住、三種增上慧住、有加行有功用無相住），五、決定地（無加行無功用無相住），六、決定行地（無礙解住），七、究竟住（最上成滿菩薩住、如來住）。上述七地反映了菩薩修行的過程。

〈行品〉：總括一切菩薩地的行門為四種，一、十波羅蜜多行，二、菩提分法行，三、神通行，四、成熟有情行。

〈建立品〉：敘述諸佛具有一百四十種不共法，謂三十二大丈夫相、八十隨好、四一切種清淨、十力、四無畏、三念住三不護、大悲、無忘失法、永害習氣及一切種妙智等。同時說明諸佛感得一百四十不共法的因緣。

第四持次第瑜伽處：〈發正等菩提心品〉，闡述菩薩修學次第。

果攝二地，**有餘依地**和**無餘依地**，論中各以三相施設建立。

本地分十七地內容，到此已經介紹完了。

（二）攝抉擇分

攝抉擇分，抉擇本地分的深隱要義。此分共有十六地（除緣覺地），十六地的名稱同本地分，下面依次提要。

五識身相應地、意地（卷五十一至五十七）：在八識中，著重談了阿賴耶識，從八方面證明阿賴耶識的存在，謂依止執受、最初生起、有明瞭性、有種子性、業用差別、身受差別、處無心定、命終時識。假如離開阿賴耶識，這八方面都無法成立。又以四相建立流轉，謂阿賴耶識的所緣境界、相應心所與轉識的依賴關係，諸識的同時俱起。一相建立還滅，謂阿賴耶識的轉依。在法相方面，廣辯種種不相應行法、五十一心所及六種善巧（蘊善巧、界善巧、處善巧、緣起善巧、處非處善巧、相善巧）。

有尋有伺等三地（卷五十八至六十一）：在本地分的五門施設建立中，提出雜染施設建立，作進一步的說明。雜染有三，一、煩惱雜染：即煩惱的自體、煩惱的種類、煩惱的修斷、煩惱的對治。二、業雜染：廣明十不善業。三、生雜染：敘述三界有情及出世聖者種種受生差別，招感生死的原因，有情界中的種種痛苦，並指出做好國王的道理，和上中下士的不同。

三摩呬多地（卷六十二至六十三上）：指出眾生不能證得心一境性的原因，解釋《隨身念經》，二解脫（心解脫、慧解脫），眠纏，五種與定相違法（犯戒、無無間加行、無殷重加行、有沉沒、他所擾惱），修定人有三種遠離（住處遠離、見遠離、聞遠離），五種厚重過失能為定障（忿、慢、欲貪、薩迦耶見、不能堪忍）等。

非三摩呬多地（卷六十三中）：說明不能入定的原因及對治方法。

有心地（卷六十三中）：用五相說明諸心差別，一、依世俗道理建立諸心差別，如前意地所說。二、依勝義道理建立諸心差別，概括諸識為阿賴耶識和轉識兩類。三、勝義道理建立能依差別，以阿賴耶識為所依，末那識為能依，並說明阿賴耶識、末那識、意識的含義和作用。四、勝義道理俱有差別，八識的俱不俱起。五、勝義道理建立染淨差別，阿賴耶識、末那識在三性中的性質，與煩惱相應不相應，諸煩惱種的對治。

無心地（卷六十三下）：闡明在緣缺、作意缺（心不在焉），未得（下界人未得上界定心）、相違（苦樂受不同時），斷故（修道者已斷的貪心），滅故（無想定、滅盡定），已生故，七種情況下心不得生。

聞所成地（卷六十四）：內容有三，一是廣辯皈依：考察皈依的對象、皈依的種類、能皈依者的資格、皈依者應具的正行、皈依者所能獲得功德。二是由六種理門略釋聖教：一、真義理門，二、證得理門，三、教導理門，四、遠離三邊理門，五、不可思議理門，六、意趣理門。三是造論六因：一、欲令法義當廣流布，二、欲令種種信解有情，由此因緣能入正法，三、為令失設種種義門重開顯故，四、為欲略攝廣散義故，五、為欲顯發甚深義故，六、欲以種種美妙言詞生淨信故。

思所成地（卷六十五至六十六）：說有四種思議，一、事思議，二、有非有思議，三、因果思議，四、乘思議，特別說明如何如理思議諸法的假實有無。又各以五相建立有見、有漏、有染、世間、有為、所緣諸法差別。

修所成地（卷六十七上）：十六種修行方式。

聲聞地（卷六十七至七十一）：以五難成立無種性，辯十種聲聞。引《月喻經》論證聲聞人四種淨妙法（具戒、具德、柔和、善法），指出比丘往信徒家要斷除三種煩惱（結親友家隨煩惱、家慳隨煩惱、有染心而行法施隨煩惱）。解釋《伐地迦經》所說的聲聞人要對染淨諸法善巧，應遍了知染淨所依、雜染、清淨三處。略說四諦法門，用攝等十三門抉擇本地分律儀相應相，又以六十四門雜說境行果相。

菩薩地（卷七十二至八十上）：本地分〈發心品〉、〈自利利他品〉都有抉擇，敘述菩薩的十種發心，四種恆常隨護心，九種正行，對五種有情眾起邪行名無哀愍，五種無堪任性有情。〈真實義品〉，抉擇諸法真實義，有五法三自性。五法：謂相、名、分別、真如、正智。先釋辯體，再以諸門分別。三自性：一、遍計所執性，二、依他起性，三、圓成實性。論中以釋名、辯體、差別、三性與五法關係，三性與三無性，依止、作用、有無、染淨等方面分別三性。〈威力品〉、〈成熟品〉、〈菩提品〉、〈力種性品〉，以五因緣說明菩薩威德不可思議，有十法行能令菩薩成熟有情，大菩提五種相（自性、功能、加行、轉、還），六相略攝如來功德（圓滿、無垢、不動、無等、能作有情利益事業、功能）。〈布施品〉，以施、戒、見、心、語、智、垢七種清淨，說明菩薩惠施乃能清淨。〈持戒品〉，抉擇三聚淨戒等。〈菩薩功德品〉，指出有十種無顛倒道能證得一百四十種不共佛法，引《解深密經》除序品外的所有內容，論證大乘境行果的理論依據，證明大乘佛教是佛所說。

有餘依地及無餘依地（卷八十下）：有離繫等十四門，回答住有餘依及無餘依涅槃聲聞人的境界。

（三）攝釋分

攝釋分（卷八十一至八十二）：解說諸經的儀則。分為十三門：一、契經體有二（文、義）；二、釋經方法有五（法、等起、義、釋難、次第）；三、契經文有六（名身、句身、字身、語、行相、機請）；四、契經義有十（地義、相義、作意等義、依處義、過患義、勝利義、所治義、能治義、略義、廣義）；五、經教的形式有十二（契經、應頌、記別、諷頌、自說、緣起、譬喻、本事、本生、方廣、未曾有、論議）；六、等起有三（事、時、補特伽羅依處）；七、義有二（總義、別義）；八、釋難有二（自設難、他設難）；九、次第有三（圓滿次第、解釋次第、能成次第）；十、法師十相（善於法義、能廣宣說、具足無畏、言詞善巧、善方便說、具足成就法隨法行、威儀具足、勇猛精進、無有厭倦、具足忍力）；十一、說者與聽眾（處五眾中宣說八種言）；十二、安住聽者，令住恭敬，無倒聽聞；十三、略廣讚佛，謂講經前必先稱揚佛德。以上為說法者條件、說法時注意事項及經教知識，作為法師，如能具足通達這些道理，則能成就種種勝利。

（四）攝異門分

攝異門分（卷八十三至八十四）：解釋經典中名義差別，分為白品與黑品。白品（善法）用四偈說明，第一偈有師等八門，第二偈有智等十五門，第三偈有如來等十門，第四偈有欲等九門。黑品（不善法）用一偈說明，有生老死等十一門。

（五）攝事分

攝事分（卷八十五至一百下）：抉擇三藏眾要義，一、契經事，二、毗奈耶事，三、摩怛理迦事。契經眾要事義擇攝（卷八十五至九十八），論曰：

事契經者，謂四阿笈摩：一者雜阿笈摩，二者中阿笈摩，三者長阿笈摩，四者增一阿笈摩。雜阿笈摩者，謂於是中世尊觀待彼彼所化宣說，如來及諸弟子所說相應，蘊、界、處相應，緣起、食、諦相應，念住、正斷、神足、根、力、覺支、道支、出入息念、學、證淨等相應。

此中蘊等及其排列次序，正是這部分所闡述的內容，下面依次說明。

1．行：行即是蘊，用十一偈說明。第一偈有界等十一門，第二偈有略教等十一門，第三偈有想行等十一門，第四偈有速通等十門，第五偈有因等六門，第六偈有斷支等七門，第七偈有二品等十一門，第八偈有二智等四門，第九偈有諍等七門，第十偈有無厭等八門，第十一偈有少欲等十七門。

2．處（十二處）：用八偈說明。第一偈有安立等八門，第二偈有無智等十門，第三偈有道等八門，第四偈有離欲、未離欲等八門，第五偈有因同分等九門，第六偈有作緣等十二門，第七偈有上貪等十二門，第八偈有一住等十二門。

3．緣起：用四偈說明。第一偈有立等九門，第二偈有異等七門，第三偈有觸緣等八門，第四偈有有有滅等六門。

4．食（四食）：有一偈，以安立等五門說明。

5．諦（四諦）：有一偈，以如理等十二門說明。

6．界（十八界）：以四偈說明。第一偈有總義等四門，第二偈有三七界等八門，第三偈有諸受自性等八門，第四偈有受生起等六門。

7．四念住：以四偈說明：第一偈有沙門等八門，第二偈有安立等九門，第三偈有先諸根等五門，第四偈有邪師等九門。

8．四正斷。

9．四神足：共有半偈，以勇等五門說明。

10．五根：有一偈，以安立等四門說明。

11．五力：有一偈，以思擇等六門說明。

12．七覺支：有一偈，以立等七門說明。

13．八正道：有一偈，以初內、外力等五門說明。

14．出入息念：有一偈，以障隨惑等九門說明。

15．三增上學：有一偈，以尊重尸羅等五門說明。

16．證淨等：有一偈，以安立等五門說明。

毗奈耶（律）事要義擇攝（卷九十九至一百上）：有一偈，以利聚等十門說明。

摩怛理迦（論）事要義擇攝（卷一百下）用二偈說明：第一偈指出造論釋名的方法。先略序事，敘述流轉、雜染二十二事，還滅清淨十九事。後廣辯，以異門等四門廣辯其相。第二偈有聚等六門，又十八門，略述摩怛理迦所有宗要。以上諸門攝盡三藏眾要事義，故稱攝事分。

今人呂澂先生的《雜阿含經刊定記》，認為抉擇契經的摩怛理迦（本母），是依《雜阿含經》的次第而造的。印順法師有《雜阿含經論合編》，將攝事分與《雜阿含經》作了對照合刊，可知，攝事分與《雜阿含經》淵源有自。

從以上提要，可以發現《瑜伽師地論》五分內容的組織關係。本地分通說十七地，攝抉擇分進一步抉擇十七地的深奧道理。此二分是所說，使人明瞭諸法事理。攝釋分辨明講經方法和諸經儀則，是能說的方式。連同前二分共為所說內容及能說方法，是一般的通說。攝異門分解釋諸法名義，會通各種異說。上面四分闡明所詮教法，攝事分特明能詮的三藏，顯示能詮與所詮的不同。

三、本論的地位和流傳

《瑜伽師地論》問世後，許多論師紛紛造論弘揚。如《唯識了義燈》第一卷說：瑜伽有十支末論，都是依據本論撰寫。後人稱為一本十支。其關係，歐陽竟無在《瑜伽師地論敘》指出：《百法明門論》略錄本地分中名數，以一切法無我為宗。《五蘊論》略攝本地分中境事，而以無我唯法為宗。《攝大乘論》括瑜伽、深密法門，詮《阿毗達磨攝大乘》一品宗要，而以簡小入大為宗。《雜集論》括《瑜伽師地論》一切法門，集《阿毗達磨經》所有宗要，而以蘊處界三科為宗。《分別瑜伽論》弘文未譯，然無分別一心為止，有分別多心為觀，《深密經》中〈分別瑜伽品〉說止觀義，《攝論》第六教授二頌引論所說，皆止觀事，是為《分別瑜伽論》以止觀為宗義。《辯中邊論》敘七品以成瑜伽法相，而以中道為宗；《二十唯識論》釋七難以成瑜伽唯識，而以唯識無境為宗；《成唯識論》廣詮瑜伽境體，而以識外無別實有為宗；《莊嚴論》括瑜伽菩薩一地法門，而以莊嚴大乘為宗。《顯揚論》錯綜瑜伽地要，而以顯教為宗。由此可知，十支末論並非本論的全部注釋，而是部分闡述。此外，在當時印度也有一些人對本論作了全面注釋，如最勝子的《瑜伽釋論》便是，其中列舉眾多異說，說明有不少注釋。

《瑜伽師地論》自奘公譯出，門人窺基作《瑜伽師地論略纂》十六卷，遁倫撰《瑜伽論記》二十四卷。此外，令因、圓測、玄範、元曉、璟興作有《解深密經疏》。其中，唯圓測疏仍存，其他都佚失不傳了。《瑜伽師地論》第七十五卷至第七十八卷全文引用此經。所以，對此經的注釋，也可視為對本論的研究及弘揚。在唯識家的注疏中，像《成唯識論述記》等書，處處引用《瑜伽師地論》的文句，為唯識理論尋找根據，足見本論在唯識宗的地位之高，是無以復加的。

近代，隨著唯識學研究的興起，《瑜伽師地論》的研習也得到重視。歐陽竟無撰有《瑜伽師地論敘》，對本論作了概略敘述。韓清淨對本論詳加校訂，撰成《瑜伽論科句》四十萬言，又融會本論前後文義，綜考所有相關論著疏釋，用數十年功夫，撰成《瑜伽師地論披尋記》七十萬言，以闡發《瑜伽師地論》的微言大義。至於本論的部分注釋，有太虛大師撰寫的《瑜伽真實義品講要》、《瑜伽師地論菩薩地真實義品親聞記》，這些專著都為我們研習本論提供了重要資料。

今之學唯識者，往往對瑜伽大論望洋興嘆，不敢染指知味。如此，學修自然難以深入。有鑑於此，我在研習斯論之餘，撰此提要，供初學者按圖索驥，祈有志於是學者進一步抵達唯識之堂奧。

刊載於《內明》第二一〇期
二〇〇七年十一月修訂版

《辯中邊論》述義

《辯中邊論》三卷，是彌勒五大論典之一。本論包含頌文與長行兩部分。頌文為彌勒菩薩造，長行由世親菩薩釋。在漢地先後翻譯了兩次：一是陳永定二年（西元五五八年），真諦三藏在臨川譯出，名《中邊分別論》；一是唐龍朔元年（西元年）五月，玄奘三藏在玉華宮譯出。奘公在翻譯《辯中邊論》之後，又從論中取出頌文單行流通，名《辯中邊論頌》。此外，在西藏也有譯本，日本山口益博士曾撰漢藏對照《辯中邊論》，以資比較研究。

本論最初和最後的頌文（即歸敬頌、結頌），由世親所作。第二頌為彌勒菩薩所作總序，敘述此論由辯相品、辯障品、辯真實品、辯修對治品、辯修分位品、辯修得果品、辯無上乘品等七品組成。倒數第二頌，則說明何以名此論為《辯中邊》的緣由，亦為彌勒所造。除前後數頌，尚餘一百十一頌，分七品，內容大體如下。

第一辯相品：相即三相，此品闡明三相差別有無，顯示唯識中道實相之理。全品內容大致分為兩部分：前十二頌以虛妄分別（依他起相）為核心，施設三相（依他起相、遍計所執相、圓成實相）。說明三相何有何無，虛妄分別與三相的關係，虛妄分別相證入無相的方便，虛妄分別識的差別，虛妄分別識的生起，及虛妄分別識顯現的十二緣起生死雜染相。後十一頌辯遠離虛妄分別所顯的空性圓成實相。由空性相、空性異名、空性二種差別及成立空性差別四門組成，是研究初期瑜伽大乘不共法的重要資料。

第二辯障品：說障的種類差別。論中列舉三乘行者發心修行過程中的種種障礙，有能障聲聞入涅槃及菩薩成就佛果的具分等五障，能障厭離身見、違境不能棄捨的愛恚等九障，能障善等十法生起的無加行等三十障，能障三十七覺分的不善巧等七種障，能障十度的富貴自在等十障，能障十地的不染無知等十種障，最後以煩惱障、所知障二種攝諸障盡。長行又以廣大等十一種障概括諸障。唯識家通常說到障，只說二障，或依十一地說十一種障，這裡卻從三乘境行果施設種種障，令人大開視野，對佛法實踐有著極其重要的指導意義。

第三辯真實品：依三性觀察諸法，辯真實相，說十種真實。一、根本真實，三自性。二、相真實，於三自性相如實了知，遠離增益、損減二邊之見。三、無倒真實，依三性辯苦、空、無常、無我，如實觀察，顯真實相。四、因果真實，依三性辯四諦因果，顯其真實。五、粗細真實，依三性顯二諦真實。六、極成真實，依三性辯世間極成真實和道理極成真實。七、淨行真實，依圓成實性辯淨所行二種真實。八、攝受真實，依三性辯五法真實。九、差別真實，依三性辯七真如。十、善巧真實，依三性辯蘊等十種。於此十法方便善巧，便能破除由蘊等十法所起的十種我見。最後歸納真實為二類：根本真實為能顯真實，餘九真實為所顯真實。佛法修證是以正見為首，正見者，見真實相也。如何認識諸法真實相呢？本論告訴我們，從三性中去觀察。

第四辯修對治品：辯三乘行者修習的基本法門三十七道品，即四念住、四正勤、四神足、五根、五力、七覺支、八正道。論中又從三個方面說明這些法門的安立及修習。一、聲聞獨覺以自相續身等為境而修對治，菩薩以自他相續身等為境而修對治；二、聲聞獨覺於身等境以無常等行相思惟而修對治，菩薩於身等境以無所得行相思惟而修對治；三、聲聞獨覺修念住等但為身等速得離繫，菩薩修念住則不為身等速得離繫，但為證得無住涅槃。由此顯示三乘行者雖同修三十七菩提分法，實質卻有很大的區別。

第五辯修分位品：說明三乘行者發心修行過程中經歷的位次。論中根據修治差別分十八位：一、因位，二、入位，三、加行位，四、果位，五、有所作位，六、無所作位，七、殊勝位，八、有上位，九、無上位，十、勝解行位，十一、證入位，十二、出離位，十三、受記位，十四、辯說位，十五、灌頂位，十六、證得位，十七、勝利位，十八、成所作位。此十八位又以不淨位、淨不淨位、淨位的三種攝之，最後歸納為堪能等十位。在佛法中，說到修證位次，一般都是大小乘分別說明，以顯示聲聞乘與菩薩乘的不同，而本論卻將三乘綜合說明，反映了初期瑜伽大乘的特色。

第六辯修得果品：辯世、出世間果報。先總說，即異熟果、增上果、等流果、士用果、離繫果。再依修道過程略說餘果差別十種：後後果、最初果、數習果、究竟果、隨順果、障滅果、離繫果、殊勝果、有上果、無上果。這十種果也是通約三乘修證而論的。

第七辯無上乘品：從正行無上、所緣無上、修證無上三方面凸顯大乘殊勝。正行無上有六種（最勝正行、作意正行、隨法正行、離二邊正行、差別正行、無差別正行），所緣無上辯十二種（安立法施設所緣、法界所緣、所立所緣、能立所緣、任持所緣、印持所緣、內持所緣、通達所緣、增長所緣、分證所緣、等運所緣、最勝所緣），修證無上總有十種（種性修證、信解修證、發心修證、正行修證、入離生修證、成熟有情修證、淨土修證、得不退地受記修證、佛地修證、示現菩提修證）。寫到這裡，使我聯想到唯識的另一部論典《攝大乘論》，這部論由十種殊勝構成，也反映大乘殊勝於小乘。為什麼唯識師們要做如此強調呢？因為瑜伽唯識思想是建立在三乘共法的基礎上，又獨具自身特色。為使學人認識到這一點，所以在初期的唯識經典中，反覆顯示大乘的殊勝。

《辯中邊論》作為初期瑜伽論典，首先關心的是諸法真實相，即「空、有」問題。所以，歐陽漸居士在《瑜伽師地論敘》中，稱此論以中道為宗。諸法的空有是大乘佛教討論的核心，大乘般若經典以一切法無自性空及緣起假有，展示了自己的觀點。瑜伽經論又怎麼認為的呢？《瑜伽師地論》立二種自性：一、假說自性，二、離言自性。假說自性是世間共了的色、香、聲、涅槃等一切法，依世俗說是有的，但沒有言說所詮表的自性。於假說自性的一切法，離實有及非有所顯的，是離言自性，是真實有。如以假說自性為真實自性，那是妄執；如說沒有真實的離言自性，則是惡趣空。假說自性是空，離言自性是有，就近乎二諦立教了[1]。

本論依三性有無顯示唯識中道，如論中所說：

> 虛妄分別有，於此二都無，此中唯有空，於彼亦有此。
> 故說一切法，非空非不空，有無及有故，是則契中道[2]。

這是唯識著名的中道偈。「虛妄分別有」，是說依他起的能取、所取分別相是有的；「於此二都無」，二指二取執，即遍計所執的我法相是空的；「此中唯有空」，空是空性，即圓成實相，透過依他起相所顯，是真實有的；「於彼亦有此」，即於二空性中亦有虛妄分別。第二頌是對前頌內容的總結，在一切法中，由是空性（圓成實相）、虛妄分別（依他起相），故說非空；由無所取、能取二執性（遍計所執），故說非不空。有者，有依他起相及圓成實相，由依他起相的虛妄分別識，儘管在勝義中非真實有，但在客觀上不能說沒有。因為有情依虛妄分別識起煩惱造業，流轉生死，修行者只有滅去此妄識才能解脫。圓成實相更是法爾如是，真實不虛。無者，即遍計所執相，此相但是有情主觀錯誤妄執，其實沒有。如實認識三性的有無，就是妙契中道。

同論〈真實義品〉又以三性全面考察諸法，顯真實義，如「辯無倒真實」中：

論曰：無常三者，一無性無常，謂遍計所執，此常無故。二生滅無常，謂依他起，有起盡故。三垢淨無常，謂圓成實，位轉變故。苦三種者，一所取苦，謂遍計所執，是補特伽羅法執所取故。二事相苦，謂依他起，三苦相故。三和合苦，謂圓成實，苦相合故。空有三者，一無性空，謂遍計所執，此無理趣可說為有，由此非有說為空故；二異性空，謂依他起，如妄所執不如是有，非一切性全無故；三自性空，謂圓成實，二空所顯為自性故[3]。

本論對於二諦、四諦、七真如、四種真實、五法等，也像「辯無倒真實」那樣，一一以三性考察，說明三性貫穿一切法，一切法都可以用三性觀察，顯真實義。

其次要談的是諸法唯識。在唯識理論的發展過程中，有一能變和三能變兩個階段。一能變唯以一切種子心識為能變體，如《解深密經》建立一切種子心識為根本：一方面現起有色諸根及所依執受，相名分別言說戲論習氣執受；另一方面，阿陀那識為依止、為建立故，六識身轉[4]。彌勒的《大乘莊嚴經論頌》和無著的《攝大乘論》，基本都是這種思想。從一本識轉起色心諸法，奠定了初期的唯識思想體系。三能變見於世親論典《唯識三十論》，論中以阿賴耶識為初能變，末那識為第二能變，前六識為第三能變，顯示了八識都是能變[5]，是唯識學成熟時期的思想。

一能變與三能變，反映了唯識學前後兩個不同時期的思想特色。這兩種思想，我們可以在《辯中邊論》中同時看到。在真諦譯的《中邊分別論》中，有頌文曰「塵根我及識，本識生似彼」，這一內容與玄奘譯的「識生變似義，有情我及了」還大體相近。可是，兩家所譯長行釋文則大不一樣。真諦譯的長行論文為：

> 似塵者，謂本識顯現相似色等。似根者，謂識似五根於自他相續中顯現。似我者，謂意識與我見無明等相應故。似識者，謂六種識。本識者，謂阿賴耶識。生似彼者，謂似塵等四物[6]。

這是以一本識為因，現起所取的根塵相識，及能取的我識和前六識的見識，是以一本識為能變的一能變思想。

再看玄奘譯、世親所造論文，則曰：

> 變似義者，謂似色等諸境性現。變似有情者，謂似自他身五根性現。變似我者，謂染末那與我癡等恆相應故。變似了者，謂餘六識了相粗故……謂所取義等四境無故，能取諸識亦非實有[7]。

對於這段論文，我們再結合窺基大師的《辯中邊論述記》來理解，意思就很清楚了。「似義」、「似有情」，是本識所變所緣境，「似我」是末那所變所緣境，這顯然是三能變思想，與《成唯識論》

是同一路子。

關於《辯中邊論》注釋，從現有資料可以了解到，最早，有安慧為世親《辯中邊論》作過復注，西藏大藏經中有該注的全譯。法國烈維教授曾在尼泊爾發現《安慧釋疏》的梵文斷片，並委託日本的山口益博士校訂，一九三四年刊行，是了解《辯中邊論》及安慧思想的重要資料。其次，是真諦譯出《中邊分別論》後，自撰論疏三卷，反映了真諦所理解的瑜伽唯識思想。

在漢地，關於此論最著名的注釋，是窺基的《辯中邊論述記》。所謂「述記」，說明此書乃窺基親承玄奘所述而記，並非個人著作，其內容多是奘公從印度聽聞得來，不乏重要見解。另外，《述記》在解釋頌文、釋文之時，屢屢駁斥真諦所譯《中邊分別論》之說，以顯唯識正宗思想。近代，則有太虛大師撰寫的《辯中邊論頌釋》，簡明扼要，通俗易懂，可作為學習本論的入門方便。

刊載於《閩南佛學院學報》

二〇〇七年十一月修訂版

【注釋】

1.《瑜伽師地論．真實義品》卷三十六，《大正藏》第三十卷，四八六頁下。
2.《辯中邊論．相品》卷上，《大正藏》第三十一卷，四六四頁中。
3.《辯中邊論．辯真實品》，《大正藏》第三十一卷，四六九頁中。
4.《解深密經．心意識相品》卷一，《大正藏》第十六卷，六九二頁上。
5.《唯識三十論》，《大正藏》第三十一卷，六十～六十一頁。
6.《中邊分別論》，《大正藏》第三十一卷，四五一頁中。
7.《辯中邊論》卷上，《大正藏》第三十一卷，四六四頁下。

#《攝大乘論》發微

《攝大乘論》三卷，無著菩薩造，是唯識宗的依據論典之一。

一、作者和本論的撰作目的

無著，是大乘唯識學的實際創始人，西元四世紀出生在北印度犍陀羅國富婁沙富羅（譯云丈夫）城的一個婆羅門家庭。有兄弟三人（無著、世親、獅子覺），無著為長子。據《無著傳》記載，無著兄弟都依有部出家。但《大唐西域記》第五卷、《慈恩傳》卷三卻說，無著從化地部出家，世親從有部出家。依無著後來的思想看，後說或許更接近事實。無著出家後，修習禪定，曾反覆思惟空義，但總不能通達，一度曾想自殺，遂感賓頭羅尊者指點，證入小乘空觀，仍有不少疑團未能解決。一日，於定中上升兜率內院面見彌勒菩薩，虔誠乞求開示。彌勒為其宣說大乘空理，頓消多年疑竇。因此，自取名為阿僧伽，漢譯「無著」。

無著從彌勒處學習大乘義理後，深感大乘瑜伽法門的殊勝，決心弘揚大乘。但作為一種新思想的產生，不易為人們接受，甚至被人懷疑是自編自造。因此，他再次於定中上升兜率天，力懇菩薩下界宣講。彌勒菩薩為開導眾生，應其請求，歷時四月，每晚講授《瑜伽師地論》。由於彌勒菩薩的親自弘揚，大乘瑜伽思想逐漸為廣大學者接受。從此，無著畢生弘揚大乘瑜伽學說。

大乘包括空有二宗，空宗之有文殊，猶有宗之有彌勒。就經論來源而言，也頗有相似之處。空宗的《般若經》，龍樹得自龍宮；有宗的《瑜伽師地論》，為彌勒下臨人間而說。以常情觀之，似乎有點離奇，故很多學者認為是神話。其實，從宗教修持的經驗看，無著上升兜率或彌勒下臨人間，並非不可能。一個禪修有成就的人，可以做到常人所不能做的事。再者，上升兜率天的例子也非無著一人。《大唐西域記》卷三記載：末田底迦（阿難的弟子）曾以神力攜匠人上升兜率禮拜彌勒，回來造其肖像。同書卷四記載：德光、天軍二論師上天請益彌勒。同書卷十，又記述了清辯對彌勒的信仰及提婆受彌勒教示等。足見彌勒信仰在當時印度是很普遍的，而入定到兜率天的事例也屢見不鮮。

無著的著作，重要的有如下數種：

1.《顯揚聖教論》二十卷，玄奘譯。

2.《攝大乘論》三卷，有佛陀扇多、真諦、玄奘三種譯本，西藏也有譯本。

3.《大乘阿毗達磨集論》七卷，玄奘譯，西藏也有譯本。

4.《金剛般若波羅蜜經論》三卷，達磨笈多譯，西藏也有譯本。

5.《順中論》二卷，龍樹造，無著釋，般若流支譯。

6.《大乘莊嚴經論》十三卷，波羅頗迦羅密多羅譯，另有梵文及藏文本。

此外，無著以彌勒名義傳出的論著也有不少，此處不一一列出了。

以上列舉的論著中，代表無著在瑜伽唯識學成就的，當推《攝大乘論》。在此之前，瑜伽唯識學尚未形成完整的理論體系，在教界也未取得相應地位，小乘人曾斥之為非佛說，不承認六識以外還有阿賴耶識。在彌勒和無著的其他著作中，對這些問題都有論述。如《瑜伽師地論．攝抉擇分》從八方面論證實有阿賴耶識，《大乘莊嚴經論．緣起品》舉出八種理由證明大乘是佛說。關於這些問題，本論有更為圓滿的說明。綜合前期經論思想，作了一番補充和整理，建立起較為系統的唯識思想體系，顯示出大乘確是佛說，而且殊勝於小乘。

二、本論的所依經論

本論主要依據經典是《阿毗達磨大乘經》。如論的開頭說：

《阿毗達磨大乘經》中，薄伽梵前，已能善入大乘菩薩，為顯大乘體大故說，謂依大乘，諸佛世尊有十相殊勝殊勝語：一者、所知依殊勝殊勝語……由此所說諸佛世尊契經諸句，顯於大乘真是佛語。

又在論末結說：

《阿毗達磨大乘經》中《攝大乘品》，我阿僧伽略釋究竟。

可以看出，《阿毗達磨大乘經》中有「攝大乘品」，此品有十種殊勝教說，無著正是根據這十種殊勝撰寫本論，故稱《攝大乘論》。

本論在講述十種殊勝時，也經常引證《阿毗達磨大乘經》。在「所知依分」，為證明阿賴耶識實有，曾引：

無始時來界，一切法等依，由此有諸趣，及涅槃證得。由攝藏諸法，一切種子識，故名阿賴耶，勝者我開示。

為說明阿賴耶識與前七轉識互為因果關係，曾引：

諸法於識藏，識於法亦爾，更互為果性，亦常為因性。

「所知相分」中，為成立諸法唯識，曾引：

若諸菩薩成就四法，能隨悟入一切唯識都無有義……

為說明染淨諸法的生起，及斷染取淨的過程，曾引：

法有三種：一、雜染分，二、清淨分，三、彼二分。依何密意作如是說。

此外，還有一些未注明出處的偈頌，或許也是引用該經的。

可惜，此經漢地沒有傳譯，我們無從查考，只能從本論內容想像其大概了。

本論還引證其他經論，作為理論根據：

1．引《解深密經．心意識品》「阿陀那識甚深細」一頌，證明實有阿陀那識（見「所知依分」）。

2．引《增一阿含經》、《如來出現功德經》等，說明阿賴耶識在小乘經典中，已經用異門密意說了（見「所知依分」）。

3．引《華嚴經．十地品》「如是三界，皆唯有心」的思想，說明諸法唯識所現之理（見「所知相分」）。

4．引《解深密經．分別瑜伽品》「慈氏菩薩問世尊」一節，說明諸法唯識之理（見「所知相分」）。

5．引《般若經》義，對治菩薩的十種散亂（見「所知相分」）。

6．引《毗奈耶瞿沙廣經》、《梵天問經》等經，以三性觀點通釋其深義（見「所知相分」）。

7．引《菩薩藏百千契經》的十八種圓滿，闡明佛果種種功德（見「彼果智分」）。

8．引《辯中邊論》「一則名緣識」一頌，說明第八與前七識的作用不同（見「所知依分」）。

9．引《分別瑜伽論》「菩薩於定位」二頌，說明修唯識觀的內容和次第（見「入所知相分」）。

10．引《大乘莊嚴經論》「福德智慧二資糧」五頌，說明修道的過程（見「入所知相分」）。

從以上所引經論看，本論雖以《阿毗達磨大乘經．攝大乘品》的十種殊勝為綱領，但絕不僅僅是此經的注疏或釋論，而是大乘唯識學的概論。

三、本論的注釋和翻譯

本論從印度譯來的注釋有二：一、世親釋；二、無性釋。本論及其二釋在中國共有七種譯本：

1．《攝大乘論》二卷，佛陀扇多於北魏普泰元年（五三一）在洛陽翻譯。這是《攝論》最早的譯本，分上下二卷而不分品。

2．《攝大乘論》三卷（分上、中、下），真諦三藏於陳天嘉四年（五六三），在廣州制旨寺譯出，門人慧愷筆受。

3．《攝大乘論世親釋》十五卷，真諦三藏於陳天嘉四年（五六三），在廣州制旨寺譯出，門人慧愷筆受。論首有道基和慧愷的序文，慧愷序略述真諦的生平、業績及本論翻譯情形。全論共分十品，每品又別為數章。當時成立的攝論宗，正是以這一譯本為依據。

4．《攝大乘論世親釋》十卷，隋天竺三藏笈多共行矩等，於隋大業五年（六〇九）在東都定林寺翻譯。全論分十品，各品又別為數章，殆與真諦所譯相同，只是卷首沒有世親的歸仰序。

5．《攝大乘論》三卷。

6．《攝大乘論世親釋》十卷。

7．《攝大乘論無性釋》十卷。

後三種，是玄奘三藏於貞觀二十二年（六四八）至二十三（六四九）在長安翻譯。

世親釋和無性釋，有如本論之二翼。世親是無著胞弟，又是瑜伽唯識學的集大成者，其注釋較為忠實可靠。無性是世親以後的人，想必研究過《世親釋論》。在其釋論中，與世親的基本觀點大體相同，且對世親未著筆之處有詳細解釋，只在某些具體問題，與世親稍有分歧。今天我們研究本論，應以世親釋為依據，以無性釋為參考。

在以上列舉的七種譯本中，前四種為舊譯，後三種為新譯。舊譯中，又以真諦譯本影響為大。真諦與玄奘兩種譯本的區別，主要有如下幾點：

1．對「界」的不同解釋。《攝論》引《阿毗達磨大乘經》偈，證明有阿賴耶識。對偈中「無始時來界」的「界」字。真諦所譯《釋論》云：此阿賴耶識界，以解為性，具有體、因、生、真實、藏五義，即是如來藏，為眾生流轉還滅的依止。玄奘所譯《釋論》云：謂界為因，即是一切有漏種子，為生起雜染諸法根本。由此止息，才能證得涅槃。

2．阿陀那識為七、為八。真諦所譯《釋論》，在引經教論證阿賴耶識實有時，認為阿陀那識為阿賴耶識異名；在說明染汙意時，又以阿陀那識為染汙意。在真諦翻譯的其他論中，亦有此意，如《顯識論》云：

又梨耶識是凡夫所計我處，由陀那執梨耶識作我境，能執正是陀那故，七識是我見體故。[1]

說明真諦以阿陀那識為第七識。玄奘所譯《釋論》，以阿陀那識為第八識的異名，在他翻譯的其他經論中，也以阿陀那識為第八識。

3．三性名義區別。真諦所譯《釋論》云：一、依他性相，二、分別性相，三、真實性相。釋曰：

虛妄義永不有顯現因，由顯現體不有故，亦不可得。譬如我等塵顯現似實有，由此顯現，依證比聖言三量，尋求其體實不可得。如我塵法塵亦爾，永無有體，故人法皆無我。如此無我實有不無，由此二種塵無有體故，依他起性不可得，亦實有不無，是名真實性相。[2]

這裡，真諦以虛妄分別為體的依他性相及由虛妄分別顯現的分別性相，同是了不可得，唯真實相實有不無。玄奘所譯《釋論》云：一、依他起相，二、遍計所執相，三、圓成實相。三性中唯遍計所執相無所有，依他起有依因待緣所生的自體，圓成實相有二空所顯的真實自體。

4．依他起相的染淨。《攝論》對於依他起相有兩種見解：一、依他起相是雜染的；二、依他起相具染淨二分。真諦所譯《釋論》偏取第二種見解，認為阿賴耶識由雜染的取性和清淨的解性二方面組成。有情未得無分別智時，虛妄雜染性顯現；得無分別智時，真實清淨性顯現。玄奘所譯《釋論》特別發揮第一種見解，以為阿賴耶識但是虛妄雜染性，成就菩提的無漏種是由後天薰習，寄在阿賴耶識中，與之不一不異。

5．定性二乘是否可以迴小向大。真諦所譯《釋論》云：

佛化作舍利弗等聲聞為其授記，欲令已定根性聲聞，更練根為菩薩；未定根性聲聞，令直修佛道。由佛道般涅槃，如佛言曰：我今覺了過去世中，已經無量無數劫依聲聞乘般涅槃，欲顯小乘非究竟處，令其舍小求大故，現為此事，由如此義故說一乘。[3]

真諦譯本認為：定性二乘可以迴小向大，最終必由佛道而般涅槃。玄奘所譯《釋論》云：

佛化作聲聞等，如世尊言：我憶往昔無量百返，依聲聞乘而般涅槃，由此意趣故說一乘。以聲聞乘所化有情，由見此故得般涅槃，故現此化，究竟故者，唯此一乘最為究竟，過此更無餘勝乘故，聲聞乘有餘勝乘，所謂佛乘。由此意趣，諸佛世尊宣說一乘。[4]

玄奘譯本認為：定性二乘不能迴小向大，彼由二乘道而般涅槃。

本文只列出真諦與玄奘所譯《釋論》分歧最突出的幾點。在玄奘與真諦翻譯的其他經論中，對於法相唯識學的一些根本問題，也有著不同觀點。為什麼會產生如此差別呢？考唯識學自世親大成後，就出現分流時期，十大論師異說紛起，各盡其美。真諦來中國，是梁大同元年（五四六）；玄奘往印度，是唐貞觀三年（六二六），其間相距八十多年。如是，由不同人物在不同時期傳入中國，自然會存在差異。此外，真諦離開印度時，約十大論師研習唯識最鼎盛時期，而護法釋論尚未問世。玄奘師事戒賢，戒賢師事護法，故玄奘偏承護法學說。因此，新舊譯本的不同就不足為奇了。

今人呂澂根據藏傳本將本論初分譯為漢文，分解題和譯文兩部分。在解題中，呂氏考各種譯本的同異關係，認為唐譯二釋滅定段、共相段皆二誦合本，其源流自極相近。陳隋二譯滅定段皆不舉一因，又相類似，而俱屬先出者。至於魏譯本與藏譯本，共相段皆無第二頌，滅定段或無多因或有而不全，又大致相類也。至於立名釋義，則藏本與隋陳諸譯又時見一致焉。以藏本之最晚出，乃與數百年前魏、陳等本有相同處，可證西土之傳無著學說有以章句分判者。唯識古今學各傳無著、世親之說，而各異文，如奘師今傳今學亦依無著、世親，而其引據則已殊於舊文。凡古學之所特異，皆可於藏本《攝論》得其確詁，此藏本最為珍貴之處。呂氏又說，唐譯每每雜用無擇，在藏譯皆一一有別焉。至於唐譯文句限以四句，時有遊詞損字曲就軌式以至害意費解，則又遠遜藏譯之造句自然能盡原意也，故欲通文字之障礙論本意，當對勘藏本。

在譯文中，呂氏仿直譯之例，凡可以存原文面目處皆存之。如用字，則求其前後一律，如句讀章段，則求與原文區劃相當。至與唐譯相異可資參考之處，皆注出於後，令讀者由此推見原文形式及特質之一斑。

根據現有資料考察，《攝論》在漢地的注疏有如下數種：

1．慧愷撰《攝大乘論疏》，二十五卷。
2．法常撰《攝大乘論疏》，十六卷。
3．智儼撰《攝大乘論疏》，四卷。
4．普寂撰《攝大乘論略疏》，五卷。
5．道基撰《攝大乘論章》，十五卷。
6．毗跋羅撰《攝大乘論疏》，十卷。
7．靜嵩撰《攝大乘論疏》，六卷。
8．智凝撰《攝大乘論疏》。
9．僧辯撰《攝大乘論疏》。
10．慧休撰《攝大乘論疏》。

以上十種為真諦譯本的注解。

11．窺基撰《攝大乘論抄》，十卷。

12．神廓撰《攝大乘論疏》，十一卷。

13．玄範撰《攝大乘論疏》，七卷。

14．神泰撰《攝大乘論疏》，十卷。

以上四種是玄奘譯本的注解。這些都是唐朝以前的注疏，可惜都散佚不傳了。

現代人關於《攝論》的注疏，具有代表性的主要有兩種：

1．印順法師所撰《攝大乘論講記》。

印順，浙江海寧人，出自太虛大師門下，學問自成體系。他對佛學所作的研究深而且廣。《攝論講記》是作者對《攝大乘論》的講解紀錄，記錄者演培、妙欽、文慧諸師，收錄於《妙雲集》中。

本書分科文、懸論、正釋三部分。科文是對《攝大乘論》的分段科判；懸論是對本論外延問題所作的敘述，包括本論釋題、注釋、翻譯、組織、依據、地位等問題的說明；正釋是本書的主要部分，逐句解說論文，對於某些重要問題還專設附論說明。

從義理的闡釋上看，印順法師對法相唯識學的闡釋很有特色。他是站在瑜伽唯識發展演變的立場認識《攝大乘論》，不受宗派觀念影響，同時聯繫各個時期的不同思想，對唯識學的一些主要問題作了客觀分析，不落前人窠臼，觀點新穎，文字通俗，除極少數語意模糊外，大體都能緊扣論文而直逼義理核心。

2．王恩洋居士所撰《攝大乘論疏》。

王恩洋，四川人，從歐陽竟無居士學，專攻法相唯識學，擔任內學院唯識研究導師。主要著作有《唯識通論》、《成立唯識義》、《佛學概論》等，在內學院享有一定地位。

《攝大乘論疏》是王恩洋根據多年研究所作注釋。作者站在唯識宗的正統立場，對《攝大乘論》逐句解釋，疏中也常引世親、無性的釋文，說理透徹，是學習《攝大乘論》的重要參考書。

四、本論的內容

本論共有十一分，在此，以「所知依分」和「所知相分」為重點，依次介紹如下：

「總標綱要分」第一

此是本論的總論。引《阿毗達磨大乘經》，舉出所知依等十種殊勝為全論大綱，顯示大乘是佛說且殊勝於小乘為本論撰作目的。以下依十殊勝相次第分別論說。

「所知依分」第二

所知，即所認識的對象，所謂染淨諸法。依是因義，為諸法生起的正因，此指阿賴耶識。此分論述阿賴耶識，可分兩部分：一、論證實有阿賴耶識，二、說明阿賴耶識差別。

論證阿賴耶識實有，是唯識學在形成時期的主要任務。在彌勒所造《瑜伽師地論‧攝抉擇分》及無著所造《顯揚聖教論》中，曾從依止執受、最初生起、有明瞭性、有種子性、業用差別、身受差別、處無心定、命終時識八個方面，論證實有阿賴耶識。但由於文字比較晦澀，後人又缺乏詳細解釋，以至意思模糊，令人費解。

本論由教證、理證兩方面，證明實有阿賴耶識。

教證

引《阿毗達磨大乘經》「無始時來界」一頌及「由攝藏諸法」一頌。

引《解深密經．心意識品》「阿陀那識甚深細」一頌。

又引小乘《阿笈摩》，如《增一阿笈摩》所說的世間眾生愛阿賴耶、樂阿賴耶、欣阿賴耶、喜阿賴耶，大眾部《阿笈摩》所說的「根本識」，化地部所說的「窮生死蘊」，說明阿賴耶識在小乘教中已經用不同的名稱出現了。

理證

主要依染淨諸法生起的角度，從煩惱雜染、業雜染、生雜染、世間清淨、出世間清淨五相說明。這些內容可歸納為以下七個方面。

1．持種證：染淨諸法的生起，從無想天沒至欲界受生，非等引地沒上升到等引地，初地根本智生時，一切世間餘識皆滅，然而有漏諸識隨後還得生起。這些情況的共同點，都要有種子作為親因緣才能成立。可是，種子的形成必有其受薰者和相繼不斷的含藏識。在八識中，前六識都有間斷，不能承擔此任。所以，必須有阿賴耶識。

2．結生相續證：有情的結生相續，不論是從下界升到上界，還是上界墮到下界，皆須有一相續不斷的載體，在死有與生有之間過渡，來往五趣四生之中。這個過渡載體必定不是意識，原因有三：

一、如果意識投胎後於母胎中又有意識生起，豈不成為兩個意識？二、投胎識依染汙，無間斷；而意識不定，染汙又有間斷。三、投胎識所緣不可得，而意識所緣可得。由此可見，去投胎的識不是意識，而是阿賴耶識。

3．執受證：有情的一期色身能生存不壞，是因為識在執受。在八識中，前六識各別依，有間斷故，不能執受，能夠執受的只有阿賴耶識。

4．識與名色互為緣證：名，指受、想、行、識；色，是根身。名色包括前七轉識和根身。論云，識與名色更互相依。假如不承認有阿賴耶識，此識又指的是什麼呢？

5．四食證：經云，一切有情皆依食住。食有四種，謂段食、觸食、思食、識食。此中識食，即有情一期根身的維持者，而能維持根身的只有阿賴耶識。如果不承認有阿賴耶識，識食便不能成立。

6．死時證：有情將死時，由於業力不同，或由下而上所依漸冷（造善者），或由上而下所依漸冷（造惡者），體現了識漸次離開身體的過程。有情將死時，身心極為昏昧，六識皆不現行，故必有阿賴耶識。

7．滅盡定證：滅盡定識不離身，是經教中所說，這識是指什麼呢？假如認為是意識，必有與之相應的心所，既有意識和心所，怎能稱為滅盡定呢？再者，滅盡定所滅的一定不是五識，因為在一切定中五識都不起現行。只有承認阿賴耶識，才能釋通經教。

對阿賴耶識的論證，《瑜伽師地論》僅用很少篇幅作了簡略敘述。本論在此基礎上，刪去意思不明及重複部分，結合經教和現實的需要，加以補充說明。為後來《成唯識論》的五教十證奠定了理論基礎。

關於阿賴耶識的差別，著重談種子，有如下特徵：

1．漏、無漏種都由薰習。有漏種，是由阿賴耶識與諸轉識同時同處、俱生俱滅，賴耶帶彼薰習而生；無漏種，則從善知識聽聞正法，如理作意薰習而成。

2．有漏種的分類，或分三種（名言習氣、我執、有支習氣），或分二種（共相種、不共相種；有受盡相種、無受盡相種；粗重相種、輕安相種；具足相種、不具足相種）。此中，共相種是現起器世間的依報種子，不共相種是現起根身的正報種子。修行人對治道生起時，只能斷除不共相種，共相種但能轉為清淨。因為共相種所現行的共相，即器世間相，是由眾多有情共業所感，不因一人對治道起，而整個器世間滅去，只能不同於一般人所見。這與《成唯識論》所說的，有情各變一器界，對治道生起時，自變器界隨之消失，是大不一樣的。

3．無漏種寄阿賴耶識中，雖與阿賴耶識融合而性質不同，是清淨無漏的，是法身、解脫身攝。未現行時已能對治煩惱，不再造業，對治已造業力，又能因此奉事無量諸佛菩薩。現行後能生長法身、解脫身，能斷惑證真。

「所知相分」第三

所知如前所說。所知即是相，故稱所知相。所知相千差萬別，此分歸納為三相：一、依他起相，二、遍計所執相，三、圓成實相。三相在《解深密經．一切法相品》、《瑜伽師地論．攝抉擇分》等都有比較詳細的說明。本論除繼承前期經論所說的三性內容外，突出成立諸法唯識，分四方面說明：

1．由經教證明

引《華嚴經．十地品》：

三界所有，唯是一心。

引《解深密經．分別瑜伽品》：

慈氏菩薩問世尊言：諸三摩地所行影象，彼與此心當言有異？當言無異？佛告慈氏：當言無異。何以故？由彼影象唯是識故，我說識所緣，唯識所現故。世尊，若三摩地所行影象，即與此心無有異者，云何此心還取此心？慈氏，無有少法能取少法，然即此心如是生時，即有如是影象顯現，如質為緣還見本質，而謂我今見於影象。及謂離質別有所見影象顯現。此心亦爾，如是生時，相似有異所見影現。

引《阿毗達磨大乘經》：

若諸菩薩成就四法，能隨悟入一切唯識都無有義。一者成就相違識相智，如餓鬼傍生及諸天人，同於一事，見彼所識有差別故。二者成就無所緣識現可得智，如過去未來夢影緣中有所得故。三者成就應離功用無顛倒智，如有義中能緣義識應無顛倒，不由功用知真實故。四者成就三種勝智隨轉妙智，何等為三？一、得心自在一切菩薩，得靜慮者，隨勝解力諸義顯現。二、得奢摩他修法觀者，才作意時諸義顯現。三、已得無分別智者，無分別智現在前時，一切諸義皆不顯現。由此所說三種勝智隨轉妙智，及前所說三種因緣，諸義無義道理成就。

2・依修定者的經驗說明

「所知依分」說到共不共相時，曾引頌曰：

諸瑜伽師於一物，種種勝解各不同，種種所見皆得成，故知所取唯有識。

「所知相分」又說：

（諸瑜伽師）於定心中，隨所觀見諸青瘀等所知影象，一切無別青瘀等事，但見自心。由此道理，菩薩於一切時中應可比知，皆唯有識無有境界。

3・從理論上成立

本分開頭說明依他起相狀態時，將宇宙間色心諸法接納為十一識，謂身（五色根）、身者（染汙意根）、受者識（無間滅意）、彼所受識（六塵）、彼能受識（六識）、世識（時間）、數識（一、二、三等數目）、處識（器界）、言說識（語言）、自他差別識（有情自他的差別）、善趣惡趣死生識（善惡趣的業果差別）。這些識都以阿賴耶識含藏的種子為因，虛妄分別為自體，待緣顯現。論中又進一步說，由阿賴耶識為依因，生起眼色等所緣相分，及意識了別能力和染汙意的能緣見分，相分又作為見分生起的增上緣，由此說明一切法皆由阿賴耶識所變。這是一能變的唯識思想，與後來《成唯識論》的三能變思想，有著很大的區別。

4．以譬喻顯示

舉出夢、幻、陽焰、翳，偏明夢喻。夢中境界唯心所變，這是大眾都清楚的。正在做夢的人，見到顯現在眼前的種種色、香、味、觸，及房舍、樹木、大地、高山等差別境相時，往往以為離心實有。事實上，夢中絕對沒有見到離心境相。這一譬喻，說明一切法皆唯識所變。我們之所以感覺不到，是因為處在無明大夢中。無始以來的錯誤認識，已形成根深柢固的習慣，就像夢中人感覺不出夢境不實一樣。世親在後期作品《二十唯識論》中，通四難以成唯識時，也引夢喻來說明唯識無境之理。

「入所知相分」第四

入是悟入，此分敘說悟入三相中道之理的方法和過程。由悟入者的資格、處所、次第、方便、方法、狀況、功德、依止，及修道情況等方面組成。

「彼入因果分」第五

彼是唯識性。彼入因果，為悟入唯識性的因行和果德。悟入唯識性的因行，是加行時所修的六度，屬於世間的有漏行；悟入唯識性的果德，是地上所修的六度，屬於出世的無漏行。此分廣明六度。由六度的因果、建立、優越特徵、次第安排、名稱解釋、修習、差別、攝受、所治、所得的勝利、相互抉擇十一部分組成。

「彼修差別分」第六

探討菩薩道的修學次第及內容。主要闡述菩薩道修學的重要地位十地，以及菩薩修學的止觀、十度的修行項目。

三增上學

論中是「增上戒學分」第七、「增上心學分」第八、「增上慧學分」第九。

所以稱增上者，由戒學為增上引生心學，心學為增上引生慧學，慧學為增上引證涅槃。因為前後順益，前為後因，故名增上。三增上學，主要闡明大乘三無漏學的殊勝。其中，戒學由四門說明，定學由六門說明，慧學亦由六門說明。

「彼果斷分」第十

彼果，即佛果位。佛果上滅除了煩惱、所知二障，故稱斷果，意即涅槃。涅槃有四（自性涅槃、有餘依涅槃、無餘依涅槃、無住涅槃），這裡偏明無住涅槃。由無住涅槃的體相、轉依的種類、各種轉依的優劣等方面說明。

「彼果智分」第十一

智是佛果位具足的三身，即自性身、受用身、變化身。此分廣明三身，偏從法身說明。由出體性、十門分別、釋妨難三部分組成。在此我們可以了解到，佛果位上正報的種種功德，及依報淨土的種種莊嚴。

五、本論的組織結構

本論在組織上，魏譯沒有分品分章。陳譯和隋譯分為十品，每品又分若干章。唐譯分為十一品，未另外分章。十一品的內容，大致可分三部分：一、序論：是總標綱要分。二、本論：從所知依分第二乃至彼果智分第十一前多分。三、結論：是論的最後一句。為便於初學閱讀，列表如下：

全論組織

- 序論：總標綱要分
- 本論
  - 境
    - 所知依分
    - 所知相分
  - 行
    - 入所知相分
    - 彼入因果分
    - 彼修差別分
    - 三增上學分
      - 增上戒學分
      - 增上心學分
      - 增上慧學分
  - 果
    - 彼果斷分
    - 彼果智分
- 結論：《阿毗達磨大乘經》中《攝大乘品》，我阿僧祇略釋究竟。

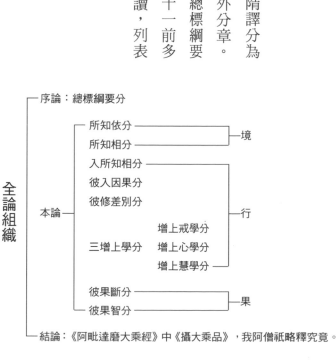

六、本論的地位和流傳

《攝大乘論》是瑜伽唯識學組織時期的成熟作品，代表著無著的唯識思想。歐陽竟無在《瑜伽師地論敘》說：

> 復次十支之中，《攝論》最勝。《百法》、《五蘊》略不及詳；《雜集》法相博不及要故；《分別瑜伽》但釋止觀，六度三學此獨詳故；《辯中邊論》明中道義，對惡趣空，此明十地，正詮所修故；二種《唯識》立破推廣，提綱挈領此最宜故；《莊嚴》詮大意在莊嚴，此論詮大意獨在入故；《顯揚》詮教意重聞思，此詮入地意重修慧故。

將《攝論》與其他九論相比，其殊勝躍然紙上。正因如此，《攝論》問世之後，就成為唯識學的主要著作，受到學者們的普遍重視。當時就有世親、無性等為之作釋，使唯識學漸趨完整，形成完整的理論體系，為大乘時期的唯識思想打下基礎。

《攝論》翻譯到中國，真諦三藏極力提倡並親自造疏弘揚。《續高僧傳．真諦傳》記載：「真諦來東夏，雖廣進眾經，偏宗《攝論》。」陳光大二年八月，其高足慧愷病逝，遂與法准、道尼、智敫等十二人發誓弘揚《攝論》與《俱舍論》，使無斷絕。在其弟子中，傳《攝論》學的，有慧愷、智敫、道尼、法泰、曹毗、僧宗、慧曠等人。其後，又有北方到南方避難的高僧曇遷、靖嵩，將本論帶回北地弘揚。曇遷初於彭城慕聖寺講說《攝論》。此時，真諦門下道尼亦應文帝詔，在洛陽講《攝論》。

又有道嶽、慧休、智光等當時名僧，跟從道尼學習，從而使《攝論》與《地論》並行於北方。

攝論宗的衰微，是在玄奘三藏翻譯的唯識典籍出現後。其主要原因有二：一、玄奘大量翻譯瑜伽唯識典籍，成立唯識宗。以六經十一論作為理論依據，偏弘《成唯識論》。《攝論》只是諸論之一，就不能特尊了。二、玄奘重新翻譯《攝論》，內容忠實於原文，語言流暢。對照之下，自然影響舊譯《攝論》的地位。因此，攝論宗的衰微乃至絕傳，亦屬情理之中。

近代，隨著唯識研究的興起，《攝論》的研習也得到重視。不論是太虛大師創辦的武昌佛學院，還是歐陽竟無居士的支那內學院等，都以此論為必修典籍。近年所恢復的佛學院，如中國佛學院、福建佛學院、閩南佛學院等，也都很重視此論的講授。筆者多年講授本論，現將一些粗淺體會撰寫於此，敬希海內外學者不吝賜教。

一九九一年刊載於《內明》二二五期

二〇〇七年十一月修訂版

【注釋】

1. 《顯識論》卷一，《大正藏》第三十一卷，八七九頁中。
2. 《攝大乘論釋》卷五，《大正藏》第三十一卷，一八二頁上。
3. 《攝大乘論釋》卷十五，《大正藏》第三十一卷，二六六頁上。
4. 《攝大乘論釋》卷十，《大正藏》第三十一卷，三七八頁上。

《唯識二十論》的唯識思想

唯識學在印度發展過程中，由彌勒而無著，再到世親正式完成唯識理論體系的建構。世親關於唯識方面的著作很多，但代表其思想的，主要是《唯識三十論》和《唯識二十論》。《唯識三十論》提出三能變的觀點，從正面成立唯識；《唯識二十論》則針對外人的疑問，釋難以成立唯識。這兩部論一正一反，從不同角度建立諸法唯識，其思想體系盡在其中。

《唯識二十論》在漢地有三個譯本：一、北魏菩提流支譯，曰《唯識論》；二、陳真諦譯，曰《大乘唯識論》；三、唐玄奘譯，曰《唯識二十論》。三個譯本不論在內容或頌文數量上，都有一定出入：魏本二十三頌，陳本二十四頌，唐本二十一頌。魏譯、陳譯有標宗頌，唐譯則無。最後一頌是結讚頌，三本都有。唐本二十一頌，最後一頌是造論者自謙兼讚頌佛德，非關論旨，顯示唯識宗旨的只有二十頌，故仍用原論名為《唯識二十論》。魏本在原本二十二頌外，在第二十頌之後，又增添「諸法心為本，諸法心為勝，離心無諸法，唯心身口名」，共二十三頌。陳本除原有二十二頌，在前面增加兩個禮讚頌，成二十四頌。

本論在組織上，遠較《唯識三十論》簡單，因為它沒有唯識相、性、位構成的、理論結合實踐的完整體系，只是以破為立，釋外人提出的種種疑難。主要由以下十個方面，成立諸法唯識的思想體系。

一、釋四事成立唯識

經部學者提出，如果境隨心變，則現實中有四事（現見世間事物處所一定、時間一定、眾多有情同見一境、外境有作用）都不能成立。

論主用三個譬喻回答。一、以夢喻釋三難：夢境唯心所現是大家公認的，夢中所緣境界也有一定的時間、處所，在夢中遇到恐怖景象或男女交會，也能產生驚怖或滑精等，可見所緣境界雖然有處、有時、有作用，並不違背唯識。二、以餓鬼、膿河喻釋第三難：膿河是不實的，然在共業同感的餓鬼卻同見膿河，說明處境雖然不實，不妨所見相同。三、以獄卒喻釋四難：唯識家認為獄卒非實有情，但犯罪者共業所感，因而舉出以解四事。作為非實有情的獄卒，只出現在地獄中，不出現在任何處；只在地獄時出現，不在其他時間出現；眾多犯者所見相同，共為逼害。由此可見，心變境界也是有處、有時，所緣不異，作用得成。

唯識所變的道理，非如幻師魔術，說變就變，說有就有。必待名言種為因，其餘種識為緣，因緣和合，方能顯現。所以，唯識所變的境界自然有處、有時。至於眾多有情共見一事，是因為能一起生到這個世界的凡夫眾生，都是由某種共業招感，之後又在共同的文化薰陶下成長，形成相似的認識，故作用得成。外人原舉夢境、病眼空花問難，其實，夢境、病眼空花與平常所緣境，豈能同日而語？夢境心力弱，病眼境是病態，作用不大，或者說根本不起作用，而平常心緣境心力強，所現境界作用當然也就大了。

二、否定獄卒實有成立唯識

唯識家舉出獄卒以釋四難，其根據是獄卒非實有情，而是犯罪者諸識共變。這種思想只是唯識家的主張，因此，小乘大眾部、犢子部就提出，為什麼不許獄卒是實有情呢？

論主答曰：獄卒不應是地獄趣，也不應是餘趣。不是地獄趣的原因有四：一、獄卒與犯者感受不同；二、不互相逼害，而是一方逼害另一方；三、形量相等，不應該存在害怕；四、報身相同，應不能忍受炎熱猛焰，也不是餘趣者，因是餘趣不能生彼。

大眾部救曰：餘趣可以相生，如天上有傍生，地獄中為何不能有獄卒呢？

論主答曰：天上傍生在天趣受樂，地獄獄卒也應在獄中受苦，既然獄卒在同樣殘酷的環境中不受苦，故不可相例。

薩婆多師救曰：我們也承認獄卒非有情，但他是犯罪者共業所感，應為心外實境？

論主答曰：既然同意獄卒是共業招感，那麼，獄卒在識內有何不可？

經部救曰：獄卒固然是非情，是有情過去造業時薰成種子，保存在內識中，待因緣成熟感得大種獄卒差別。只是，他們是在識外而非識內。

論主答曰：既認為業種薰習在識中，而是識外感果，不許在識內感果，是何道理？

雖然唯識與有部、經部同主張獄卒為獄中有情共業所感，但有識內和識外的不同。唯識道理是成立不離識，承認識內之境，而不同意識外有境。所以，有部、經部的主張，為唯識家所反對。

用獄卒為證成立唯識，在科學發達的今天，似乎難以令人生信。不過，真正了解科學的人都知道，目前，科學考察能力也有限，從十八至十九世紀以來，科學一直偏重物質世界的探討，對精神領域的認識相對薄弱。近幾年來，由於特異功能的發現，科學研究已經逐漸重視到精神方面，相信隨著研究的深入，我們的認識會更為全面。因此，對於不能現見的鬼神，如果本著科學態度，不應輕易否定為無。

三、從十色處教顯唯識義

針對唯識家的反駁，經部師舉出十色處為證，即世尊在經中說有色等十處，提出離心實有色等的疑問。

論主答曰：說色等十處，並非說色等十處為實有，此是世尊密意說。所謂密意者，即內界的五識，由於各自種子現行時，在那些識上，變現色等相分，色等雖似在心外，因是識所變，故沒有離識。十處的建立，是依著五識的能生種子及所變相分，乃說內五處和外五處。這種密意言教，顯示有情是根塵識的和合，沒有常一、主宰的我，令聲聞人悟入人無我。進而，根據唯識教理，證入法無我。

依唯識正理識種非根，但因外人不知有八識內變根身以為識依，外變器界色聲等境，為識疏所緣緣，故方便說依五識立內外十色處，成唯識義。其實，五識的生起，內藉自種以為因緣，及依八識所變五淨色根，為俱有依增上緣，以八識所變器界諸色，為疏所緣緣，自識所變相分為親所緣緣，自見分為能緣，自證分為自體，雖有根境內外十處，仍不違背唯識。

四、破外境實有成立唯識

對於十色處是密意教之說，有些人很不以為然，覺得實有外境，極微所成，作五識所緣境。如勝論執有極微構成的有分色是一體，古薩婆多師執極微構成外境有多體，經部執實有眾多極微和合為色境，新薩婆多師正理執實有眾多極微和集為色境。

論主對這些說法一一駁斥。破外道一體說：有分色體由分色構成，離開分色，就沒有另外單一、實在的有分色；又有分色體是一不能成立，因為有分色由眾多分色構成，如許多分色。破古薩婆師多體說：前五識所緣緣應具二義：一、有形相可見，二、有實體。如其所言，多體極微雖具有實體，然無形相可見，五識不能緣彼。破經部和合說：色等和合相有形相可見，但無實體，也不能作為五識所緣。破新薩婆多師正理派和集說：和集相雖是實有，然五識上無彼相，如堅濕等，眼識不能見彼，也不能成為前五識緣境。

論主接著破斥極微構成聚色，以為極微有合無合都不能成立。就有合來說，有部許七極微合成一阿耨色。七極微合中，中間一微，六方六微，此中間微能與四方上下六微合，則應有六方，既有六方可得，極微形相就可分為六分，如果可以分析，怎能稱為極微呢？假如極微沒有形相，不占空間，那麼聚色也應不可見，因為無形相的極微聚在一起，還是無形相。再說無合，薩婆多師因為極微無形質，不能合成聚色，又提出極微無合，能合成聚色的是阿耨色以上的聚色。論主破曰：極微是聚色的基本元素，既無合義，所成的聚色又是什麼合成的呢？如果說有方分的聚色相望也無合義，可見不能成立相合，並不是因為無方分，那麼以無方分證成極微沒有合義也是不合理的。如是，一實極微構成聚色，根本不存在了。

對於極微有方分無方分，論主也作了破斥，以為極微如果有方分，必然還可以分析，不應該是獨立的一體。如果無方分，應無影、無障，不能構成有形質的聚色。所以，極微只是意識分別假名安之，並無實質，識外極微是沒有的。

印度古代的極微說、西方古代的原子說，都是作為物質的根本元素而提出，具有不可分、常恆不變的特徵。隨著科學的進步，科學家利用各種精密儀器觀察，發現原子並非最小的單位，其中還能分出質子、中子、電子，它們都是有形相的，進一步剖析，還能分出粒子、微子等等，但這些是沒有形相的。唯識家否定極微，與現代科學不謀而合。所以，外境無實的主張不是迷信。

五、破現量證成立唯識

外人從能緣方面，舉出三量中的現量，五塵色境是現量所得分明顯現，大小乘皆共極成，怎麼能說沒有呢？

論主答曰：現覺如夢，夢中雖無外境而有現覺，可見現覺五塵不必外境（注：破經部）。又，五識現量緣五塵境得法自相，不帶名言，無籌度心，不執為外。等到起名言分別為外時，已不是現量，而是意識虛妄分別，妄執為外（破正量部）。又，能緣心及所緣境念念生滅，起外境執時，能緣現量心及所緣自相境界早已滅去（答剎那論者）。如是，怎麼能說有現量呢？

外人又難曰：儘管色等現境已滅，但後念意識回憶其境相，由意識能憶，可證明五識現量緣心外境。

論主答曰：所憶現境還是不離識，是識的顯現。依《成唯識論》說，五識各有四分，五塵境為五識相分，是識自證分變現的，不離自證分，故曰唯識。

六、釋夢覺難成立唯識

前面有以夢境釋現量，外人又從夢覺的不同設疑：以為夢覺既然同是唯心，為何我們只知夢境不實，卻不知道清醒境界呢？

論主答曰：夢中未覺不知夢境非有，待覺醒後方知。同樣，眾生被無明所障，處生死大夢中，不知外境非有，待真覺位，真智現前，才知外境是無。

外人欲以夢例覺成證明外境實有，卻不知我們正在夢中。眾生無始以來虛妄分別，執內為外，認假為真，顛倒黑白，造種種業，流轉生死，苦不堪言。倘若我們現在所緣是真實境，就不應有無知、迷茫，而應是解脫聖人了。

七、辯二識輾轉決定成立唯識

外人難曰：假如不承認有心外實境，那麼，親近善友聽聞正法而生起正見，與親近惡友聽聞邪法而產生邪見，應該如何理解呢？

論主答曰：說法、聞法是由能教與受教二者心識的增上緣力構成，由受教者為增上緣，能教者自識上法義相現，形成說法；反之，因能教者說法為增上緣，受教者識上法義相現，成為聞法，由所聞正法邪法都是聞者自識變現，是為唯識。

唯識以十方世界無量有情，各各皆有自己受用根身器界，以自所變為自親所緣緣，他所變者為疏所緣緣，彼此所現境界但能相互影響，絕不外緣。

八、顯睡眠心壞成立唯識

外人難曰：既然說睡夢與覺時同緣唯心所變境界，為何所造善惡感果不同，可見覺時所緣實有外境。

論主答曰：人在夢中時，由於睡眠的力量，心力羸劣昏昧，所造善惡無力感果。覺時則緣境明瞭，心力強大，造善、造惡都能招感果報，這是睡時與覺時心力不同，不能證明覺時有外境。

九、引意罰為重成立唯識

外人難曰：如果唯心無外境，世間怎麼會有殺生業和殺生罪呢？

論主答曰：殺生業罪的構成，是因為能殺者起殺業為增上緣，產生一股強大力量，令所殺者有殺害已斷命事成，所以能殺者得殺生罪。這一道理，就像鬼神以意念力量令他有情失念發狂得夢一樣。具神通者的意念勢力，也能令他在夢中見種種事，如大迦多衍那以意願勢力，令娑婆刺拏王等夢見異事；阿練若仙人以意憤勢力令吠摩質利王夢見異事。又如世尊在經中說，意罰是大罪，舉出彈宅迦、末蹬伽林、羯陵伽林等繁華城市的荒蕪，都是仙人的意憤力量所毀。意念力量可以構成殺業和殺罪，意念能令他有情自變境界，自取滅亡，可見殺業形成不必是外境。

十、示他心智不如實知成立唯識

外人難曰：若不承認外境，他心智緣他心為境，豈不是外境？

論主答曰：他心智者緣他心並不是真實的，只是以他心為本質，自變他心為親所緣緣，就像自心智緣色自不能親緣一樣，變影而緣。又，有情無始以來被無知法執所覆障，他心智與自心智於境都不能如實知。

在唯識學形成過程中，《唯識二十論》具有承前啟後的作用。如在「識從自種生」一頌的長行提出似色現識及似觸現識，這種以一切法都是識、都是識為自性的思想，恰與《攝大乘論．所知相分》將一切有為法歸納為十一種識，與六根識六塵識的思想是一致的，都反映了無境唯識，與後來陳那、護法等建立三分、四分，承認相分境有體，是不太一樣的。又論中多處引用夢喻，破現量證中的憶持識境不離識，及否定外色成立唯識，都是受到《攝大乘論．所知相分》的影響。

繼承本論思想最明顯的，乃《成唯識論》，在釋九難以成立唯識的部分中，第二世事乖宗難、第三聖教相違難、第六現量為宗難、第七夢覺相違難和第八外取他心難，與本論內容幾乎一樣。另外，第一唯識所因難、第四唯識成空難、第五色相非心難和第九異境非唯難，則可視為對本論的補充。所以，學習本論應以《攝大乘論》及《成唯識論》為參考。

一九九二年刊載於《法音》第四期
二〇〇七年十一月修訂版

唯識學上的唯識義

在人類歷史中，古今中外的哲人都在關心一個問題：宇宙人生的差別現象如何生起，其本根為何？對於這個問題，中外哲學史上異說紛呈，茲歸納為四類：

一曰**唯物**：以物質為世界本根。古希臘泰勒斯以「水」為不變本體，能生萬物。德謨克里特以「原子」為物質的最小單位，不可分，不生不滅，由此原子構成萬物。印度順世外道以「四大極微」是實，是常，不可分，能生粗色。

二曰**唯心**：以精神為世界本根。如德國萊布尼茲的「單子論」，以單子為充滿宇宙的客觀精神，由單子有貴賤不同，分別形成上帝、人及動物的靈魂。貝克萊的主觀唯心經驗論，以為物是觀念的集合，觀念是被人的心靈感知的，於心外並無獨立存在的物質。黑格爾以「絕對精神」為客觀存在的宇宙精神，在最初階段，絕對精神作為純粹思惟、純粹概念存在，然後把自己外在化為自然界，建立自己的認識對象，後來又揚棄自然界，回復到自身，作為精神、思惟而存在。叔本華的「世界是意志表象」，以為世界一切都是意志的表現和產物。

三曰**唯神**：是以神為世界本根。如印度婆羅門教的「大梵天」，以為由「梵天」等創造一切，主宰一切。

四曰**唯理**：是以理體為世界本根。如柏拉圖以「理念」為客觀永恆的真實世界，由此派生現象世界，現象世界是真實世界的幻影、模仿、分有。老子的「道」以為，道無形無相，先天地生，由道生一、生二、生三、生萬物。佛家的「真如緣起」，由離言絕相的真如，從體起用，產生萬物。

這四種觀點，按一般說法可概括為兩類：一曰唯物，一曰唯心。其中，唯神、唯理都屬唯心範疇。哲學分類中，唯識學屬於唯心一系。在唯識經論中，唯識有時也稱唯心，但與西哲所說的唯心，不論在內容、範圍或說明方法上都有著很大不同。本文將依唯識各種經論，看看唯識學是怎樣說明唯心義的。

一、什麼叫唯識

唯識，梵語摩怛剌多，漢譯曰唯，是簡別義。梵語毗若底，漢譯曰「識」，是了別義。《成唯識論》卷七說：

> 識言總顯一切有情各有八識，六位心所，所變相見，分位差別，及彼空理所顯真如，識自相故，識相應故，二所變故，三分位故，四實性故，如是諸法皆不離識，總立識名。唯言但遮愚夫所執，定離諸識實有色等[1]。

「識」之一詞，包含八識心王、五十一心所、十一種色法、二十四種不相應行法、六種無為法。八識是識的自體，五十一心所與識相應，十一種色法是識所變現，二十四不相應行法在心、心所、色法上分位假立，六種無為是識的實性。這一切都不離識，總立識名。唯是遮遣愚夫所執識外實有色等，所以唯識並不否定依因待緣生起的宇宙差別現象、色心諸法，但不離心而已。唯心，心是集起義。《法苑義林・唯識章》說：

識者心也，由心集起彩畫為主之根本，故經曰唯心。分別了達之根本，故論稱唯識，或經義通因果[2]。

論說唯在因，但稱唯識。識為了別義，在因位中，識用強故，說識為唯，其義無二。《二十論》云：

心意識，了名之差別[3]。

經中多稱唯心，論中多稱唯識。識與心同是一體，只是從作用的不同，約通因果與唯在因的區別，建立識與心的異名。

二、從經教證明唯識

唯識理論的建立，依據大小乘經典。從佛陀設教的動機來看，佛教既不能說是唯心，也不能說是唯物，佛陀只是隨著眾生根機，針對眾生弊病，無思普應，演說種種教法，自然不同於哲學家為建立唯心或唯物而著書立說。然而佛教畢竟是以有情為中心，有情所以異於無情者，蓋有無心識耳。因此在佛陀教義中，唯心之文隨處可見。下面列舉幾種，以證明唯識的理論。

1．《華嚴經．十地品》第六地說：

三界虛妄，但是一心作[4]。

三界都是一心造作，不離一心。由心有染淨、為善為惡，招感三界參差不齊的果報。這是從業感緣起的立場，說明三界唯心。

2．《解深密經．心意識品》說：

一切種子心識成熟輾轉和合增長廣大依二執受：一者有色諸根及所依執受，二者相名分別言說戲論習氣執受……阿陀那識為依止為建立故，六識身轉[5]。

由一切種子心識為根本，一方面現起有色諸根及依止器界、名言習氣，一方面生起六識。這是從宇宙人生的生成顯示諸法唯識。同書〈分別瑜伽品〉又說：

我說識所緣，唯識所現……此中無有少法能見少法，然即此心如是生時，即有如是影象顯現[6]。

我們所認識的一切，由於無始以來的錯誤習慣，往往以為離心而有。其實，客觀、獨存的境相是沒有的。我們所見到的一切，是自心現起的影子。這是從認識論的角度，就能知、所知的關係，顯示唯心所現的道理。

3．《阿毗達磨大乘經》說：

菩薩成就四法，能隨悟入一切唯識都無有義。一者成就相違識相智，如餓鬼傍生及諸天人，同於一事見彼所識有差別故。二者成就無所緣識現可得智，如過去未來夢影緣中有所得故。三者成就應離功用無顛倒智，如有義中能緣義識應無顛倒，不由功用知真實故。四者成就三種勝智隨轉妙智。何等為三？一、得心自在一切菩薩得靜慮者，隨勝解力諸義顯現。二、得奢摩他修法觀者，才作意時諸義顯現。三、已得無分別智者，無分別智現在前時，一切諸義皆不顯現[7]。

這是基於現實觀察及行者實踐經驗證明唯心無境的道理，補充了《解深密經》未涉及之處。其後，唯識論典中對於唯心無境的論證，大多淵源於此。

4．《增一阿含經》（《四教義》轉引）說：

佛告比丘，謂一切法者，只是一法，心是一法，出一切法也。

以心法包括一切法，出生一切法，顯示了諸法唯心之理。而《維摩詰經》的「心垢故眾生垢，心淨故眾生淨」，《華嚴經》的「一切諸法皆不離心」，《雜阿含經》的「心種種故色種種」等，無不闡述了諸法唯心的真義。

三、從理論建立唯識

依據以上經典，唯識家從兩方面建立唯識理論：一、宇宙人生的生成，二、有情的認識，這就是《成唯識論》所說的因能變和果能變。

因能變，又曰生變，轉變義，是從宇宙人生的生成建立唯識。宇宙人生的生成以阿賴那識中含藏的等流、異熟二種子為依因。等流種子具漏、無漏二性，是前七轉識現行時薰成的種子，能為八識三性諸法生起的親因緣。等流種子又稱名言種子，名言有二：一曰表義名言，是形成語言、文字、觀念的種子。二曰顯境名言，為能顯現色法的心、心所的種子，這類種子現行時，在能緣識上呈現出所緣相分，恰如名言能顯義理，故曰顯境名言。異熟種子具有漏善、不善性，是前六識有漏善惡業薰成的種子，為招感異熟果的增上緣種。異熟種子又稱業種子，有善惡、共不共的不同。由此兩類種子，因緣成熟時展現宇宙人生千差萬別的現象。那麼，這些種子又是如何轉變宇宙人生差別現象的呢？根據種子的性質和定義，可以看出，名言種子是思想、觀念，是構成諸法的質料因、親因；業種子是動力、目的，是形成事物的助緣。在人類文明史上，任何一物的產生，無不由人的思想、觀念及實際需要（動力）、生存目的的促發才能誕生。從原始人的鑽木取火，製造簡單勞動工具，到今天的科學文明、人造衛星，一切都是由心為創造動力。假如離開心的作用，歷史將是一片空白，故說一切唯心造。

難曰：人類文明固然可以說是人心所造，根身器界、山河大地又該怎麼理解呢？

答曰：山河大地、根身器界主要由我人的業種所感。業種子有共不共二種：由共相種成熟變似器世間相，不共相種成熟變似根身。又有情所緣的器世間，是有情各自變現，以自所變為自所緣，譬如一室千燈，一一燈光皆遍照全室，光光相映，互相涉入而不相障礙。

果能變，又曰緣變，變現義，是從認識論的角度說明唯識。八識自體現行時，各各變現相見二分，見分為能緣之心，相分為所緣之境，這是繼承《解深密經》諸識所緣、隨心所現的思想。體現在日常生活中，是境隨心異。如《大智度論》譬喻說：有個美麗女郎，貪欲者見了，覺得如天使般美妙，心生染著；修不淨觀者見了，認為是一具穢器，毫不清淨可愛；其他婦女見了，可能妒火中燒，嗔心現前；漠不相關者見了，猶如見到普通人一樣，沒什麼特殊感覺。如果這個女郎確實美麗，那麼無論什麼人見了之後，都應感覺是淨妙的；反之，則應認為醜惡不淨。事實卻不然，足見好惡、美醜都是隨心識所現，沒有實在外境。

《列子．說符》也記述了一個故事：有人丟失了斧子，懷疑鄰人之子偷去，察看那人的言行，處處有偷斧之嫌。不久，又從山谷撿回斧子，再看鄰人的動作言語，卻一點都沒有偷斧之相了。這也說明了唯心所現之理。面對同一位鄰人，失去斧子時，心中所現鄰人是竊斧相；得到斧子後，所現鄰人則不似竊斧之人了。

又如我們適意時所見到的一切，無不美妙圓滿，充滿生機；而心境不快時，所見景象都顯得暗淡無光，不期然產生淒涼感。歷代詩詞中，同是歌詠秋天，卻情感各異。在隱士眼中，秋天是那樣恬靜自然，如陶淵明的「采菊東籬下，悠然見南山。山氣日夕佳，飛鳥相與還」。在奮發者心中，秋天卻顯得生氣勃勃，如劉禹錫的「自古逢秋悲寂寥，我言秋日勝春朝；晴空一鶴排雲上，便引詩情到碧霄」。在失意者看來，秋天又是蕭瑟淒涼、清冷孤獨的，如李煜的「無言獨上西樓，月如鉤，寂寞梧桐，深院鎖清秋。剪不斷，理還亂，是離愁。別是一般滋味在心頭」；又如杜甫的「風急天高猿嘯哀，渚清沙白鳥飛回。無邊落木蕭蕭下，不盡長江滾滾來。萬里悲秋常作客，百年多病獨登台。艱難苦恨繁霜鬢，潦倒新停濁酒杯」。同是秋天，各人心情不同，所現各異，足見外境不實，唯心所現。

我們對同一部書也往往所見不一，如魯迅研究《紅樓夢》時說：經學家見《易》，道學家見淫，才子看見纏綿，革命者看見排滿，流言家看見宮闈祕事。同樣是佛教經典，佛弟子認為是真理，是準則；無神論者看來，是迷信，是鴉片。由認識不同，所見各異，說明各人所緣境界是自心所現。

四、從實踐體驗唯識

唯識學又稱瑜伽學，根本論典稱為《瑜伽師地論》。瑜伽，漢譯相應，是智與境、行與理的契合。瑜伽師，是三乘行者由聞思次第修習如是瑜伽，隨分滿足，輾轉調化諸眾生者之稱。因此，印度的瑜伽師也就是中國所說的禪師，《瑜伽師地論》則是三乘瑜伽師修行所依的論典。

唯識學之所以又稱瑜伽學，主要因為諸法唯識理論的建立，不但出自如來親口宣說的經典，更來自瑜伽師的親身體驗。正如《阿毗達磨大乘經》所說的三種勝智隨轉妙智：一、得心自在菩薩，即八地以上菩薩能隨其增上勝解力，使諸境顯現，變大地為黃金，攪長河為酥酪，變火為水，變水為火，隨心所想，所變皆成；二、得奢摩他修法觀者，隨其所觀，苦、空、無常、青、白、赤、黃、不淨、清淨都能顯現；三、得無分別智者，無分別智現在前時，一切境相都不顯現，由此說明外境不實，唯心所變。《攝大乘論》在論證唯心無境時引用偈頌以說明類似的道理。如《攝大乘論．所知依分》說：「難斷難遍知，應知名共結，瑜伽者心異，由外相大故，淨者雖不滅，而於中見淨，又清淨佛土，由佛見清淨。」是說外界不實，於同一處，染者見染，淨者見淨。同論又引頌說：「諸瑜伽師於一物，種種勝解各不同。種種所見皆得成，故知所取唯有識。」瑜伽師隨著種種不同勝解，顯現種種不同境像，從實踐經驗中體驗到諸法唯識，這是促成唯識理論建立的主要原因。

五、從業力說明唯識

外境雖然不實，但在業力相似的人類看來，是大致相同的。如果依業力不同的各類有情所見，則大相徑庭了。在唯識家的經論中，往往引用此例作為唯識無境的論證。如《攝大乘論．增上慧分》：「鬼、傍生、人、天，各隨類所應，等事心異故，許義非真實。」此頌古人稱為一心應四境，是說在同一處所，我們所見的江河流水，在具足福報的天人看來，是青色的琉璃世界；在罪業深重的餓鬼看來，是一團猛烈的火球或一汪穢濁的膿血；在傍生界的魚蝦見了，則是安身立命的水晶宮殿。這就說明客觀上沒有獨立境界。我們所見的一切都是隨業識變現的，故各類有情所見不同。

莊子在《齊物論》中也有類似說明。論中說：人睡在潮濕地方就會腰痛或半身不遂，泥鰍也會這樣嗎？人爬在大樹上會驚懼不安，猿猴也會這樣嗎？人、泥鰍和猿猴的生活習慣，究竟誰最合理？世人認為西施極其美麗，但魚見了要沉入水底，鳥見了要飛向高空，麋鹿見了要急速奔跑，美色標準究竟如何確定呢？業力不同，所見各異，足見境隨心變。

六、從譬喻顯示唯識

唯識無境的道理，不但在理論、實踐方面可以論證，在我們每個人的日常生活中，也可以體驗到，因為任何人都要做夢。

人們都知道夢境不實，可對於進入夢鄉的人，卻會將之當作真實境界。譬如有人在夢中去春遊，迎著明媚的陽光、和煦的春風，聽著小鳥歡叫，踏在鬱鬱青青的草坪上，一路心曠神怡，醒來時依然充滿喜悅；而夢到戰爭場面，聽到隆隆的炮聲，飛機的轟鳴，人馬的嘶叫，甚至敵人迎面撲來，在這種情況下往往會被驚嚇，覺醒後猶惶惶不安。不實的夢境，在夢中卻是那樣逼真，醒後才知虛幻不實。可以推知，我們現在所緣的一切境界也和夢境一樣，唯心所現。

難曰：夢中人固然不知夢境虛幻，待覺醒後才知。那我們處在覺醒時，為何不知現前境界不實呢？

答曰：我們現在處在無明大夢中，無始以來從未醒悟，對所見一切都錯誤地執為實有。若從無明夢中醒來，證得無分別智時，自然知道外境虛假。正像人在夢中不知夢境虛幻，同樣，眾生處在無明大夢，不知外境不實，一旦通達無分別智，才知外境不實。

七、釋難以成立唯識

唯識理論的成立，在小乘學者或世俗外道看來，不但同現實違背，就佛教自身的教義去看，也是自相矛盾的，因此紛紛提出疑難，攻擊唯識無境的思想。論主為回答這些問題，撰寫了《唯識二十頌》。此外，《成唯識論》卷七也將外人疑問歸納為九難，釋九難以成唯識。現綜合二論，敘述大意如下。

1．難云：如果心外無境，現見世間事物處所一定，時間一定，眾多有情同見一境，又該怎麼理解呢？

答云：唯識所變之理非如幻師魔術，說變就變，說有就有，必待名言種為因，共不共種為緣，因緣和合，方能顯現，所以唯識之境有處、有時、共見一事，作用得成，並以二喻顯示。以夢喻釋三難：境隨心變亦有處、有時、有作用，如夢境。夢中所緣境界也有一定的時間、處所，如遇恐怖境相也能產生驚嚇作用。可知所緣境界雖然定處、定時、有作用，也是識所變現的。用餓鬼、膿河喻釋三難：膿河是不實的，然在共業所感的餓鬼卻同見膿河，故知外境雖然不實，不妨所見相同。

2．難云：如果唯識無境，為什麼經教說有色等十處呢？

答云：世尊設教有密意說和顯了說，十色處是密意說。如來為使聲聞人悟入生無我，乃於五識之能生種子及所變相分，施設內五處和外五處，這十處實際也不離識。又因心外無實色，如來復說唯識教，希望有情由此而悟入法無我。

3．難云：色等外境是極微所成，現量證知，怎能說沒有呢？

答云：所言極微實有不成，以彼如有形相、質礙，還可分析，何以稱為極微？如果沒有形相、質礙，不能集成眾色。又前五識緣色等境時，並未執為心外實境，執以為心外實境的是意識虛妄分別，不是現量。

4．難云：得他心智者緣他心為境，而他心在自心之外，如此豈非緣心外境界？

答云：他心智者緣他心不是親緣，而是在自心現起他心影象為親所緣緣，尚不出自心範圍，所以他心智並未緣心外之境。

5．難云：雖不是親緣外境，但若在自心之外有其他的異境，怎能說是唯識呢？

答云：唯識並非單指某個人的心識，而是包括十方世界、無量無邊的聖者凡夫，他們在緣境時各各緣取心內之境，即甲者所緣不離甲者識，乙者所緣不離乙者識，故曰唯識。唯是簡別心外實色，顯示諸法皆不離心。此外，還有許多對疑難的解釋，詳見《成唯識論》、《唯識二十論》，此不贅述。

八、結束語

以上，從經教、理論、實踐、譬喻、釋難六個方面，充分說明一切諸法皆唯心所現，離心之外沒有實境。

那麼，經論為什麼要成立唯識呢？因為凡夫無始以來執有心外的實我、實法，由我執起煩惱障，依法執起所知障，由二障造作諸業，招感生死輪迴苦果。今說唯識，正顯唯心所現的緣起道理，由通達緣起而證得我空、法空，斷除煩惱障、所知障，從而圓證菩提、涅槃之果。唯識學建立唯心，正是為了幫助我們轉迷成悟、轉識成智、離苦得樂的方便。

【注釋】

1.《成唯識論》卷七，《大正藏》第三十一卷，三十九頁下。

2.《法苑義林．唯識章》，《大正藏》第四十五卷，二六〇頁上。

3.《唯識二十論》卷一，《大正藏》第三十一卷，七十四頁中。
4.《華嚴經．十地品》，《大正藏》第九卷，五五八頁下。
5.《解深密經》卷一，《大正藏》第十六卷，六九二頁中。
6.《解深密經》卷三，《大正藏》第十六卷，六九八頁中。
7.《攝大乘論》卷二，《大正藏》第三十一卷，一三九頁上。

一九九五年刊載於《法音》
二〇〇七年十一月修訂版

太虛大師的唯識思想

一、前言

在近代佛教史上，太虛大師以唯識大家著稱於世。他出家不久，便從道階老法師學《相宗八要》。隨後，專研《楞伽》、《深密》、《瑜伽》、《攝論》、《成唯識論》等，尤對《成唯識論述記》、《法苑義林唯識章》用力最多，歷時兩年之久。曾經讀《述記》至釋「假智不得自相」一段，「朗然玄悟，冥會諸法離言自相，真覺無量情器，一一塵相識法，皆別別徹見始終條理，精微嚴密。森然秩然，有萬非昔悟的空靈幻化堪及者。」（見《太虛大師年譜》八十六頁）大師一生開悟三次，依《大般若經》悟入空智，閱《述記》又悟入假智，從此真俗交徹，妙義湧泉，講經釋論，如數家珍。

大師在《相宗新舊兩譯不同書後》說：「整僧之在律，而攝化學者世間需以法相，奉以為能令正法久住、饒益有情之圭臬。」因此，大師一生的弘法生涯中，經常演說法相唯識教理。《太虛大師全書》中，關於唯識方面的典籍有《深密綱要》、《瑜伽真實義品講要》、《辯法法性論講記》、《辯中邊論頌釋》、《攝大乘論初分講義》、《新的唯識論》、《唯識三十論講要》、《唯識二十頌講要》、《八識規矩頌講錄》、《大乘法苑義林．唯識章》、《因明概論》、《法相唯識學概論》等近五十種，為我們今天學習唯識提供了寶貴資料。現根據這些內容，試述大師的唯識思想。

二、成立諸法唯識

諸法唯識是唯識宗的核心理論，欲令唯識宗立足於社會，得到學術界認可，首先必須成立諸法唯識。本著這一觀點，大師像唯識宗古德先賢一樣，應時代的學術思潮，撰寫了《法相唯識學概論》、《新的唯識論》，將古老的唯識學說以嶄新面貌呈現於世人面前。在《法相唯識學概論》中，大師首先對容易與唯識學說混淆的西方唯心論進行了考察。主觀唯心論，如貝克萊的存在就是被感知；客觀唯心論，以黑格爾為代表的共同意識；意志唯心論，如叔本華的生存意志；經驗唯心論，如詹姆士的心理經驗；直覺唯心論，如柏格森的生之衝動等。大師對此一一予以分析批判，並結合這些思想，將唯識理論體系進行重新組織，共分十四個問題進行說明：

1．**獨頭意識與同時意識——虛實問題**。唯識家分意識為二：一、獨頭意識，二、同時意識。獨頭意識乃離開前五識單獨活動的意識。此有三種：一、夢位意識，二、散位意識，三、定位意識。散位意識是我們通常的心理活動，主觀唯心論只講到獨頭意識的一部分，定位獨頭則非彼所能望見，以此為立足點，解釋宇宙萬有，自難成立。較唯識學所言八識，領域大小不可同日而語。同時意識現量取境，相當於柏格森的直覺，所取性境與新實在論的客觀實在略同。但同時六識所緣境界，非單依主觀可以轉變，要靠六識外存在的境界刺激，正如實驗主義的純粹經驗，須由境相刺激才能產生。從唯識學說，這就需要進一步推究同時六識與第八識變。

2．**同時六識與第八識變——象質問題**。第八識曰阿賴耶識，此為梵語，漢譯為藏，具有保存經驗、變現根身器界的功能。此所變現的根身器界，為同時六識境象所緣的本質。此境雖在同時六識以外，卻在第八識中，不離第八識，仍是唯識所現。

3．**自識所變與他識所變——自共問題**。宇宙人生即諸識所變，是自變，抑或共變？有共、不共二義：由有情共業變現宇宙山河大地，由不共業變現人生種種差別。其他宗教不明此理，誤以為世界為上帝或神所創。

4．**第八識見與第七識見——自他問題**。這是研究有情自他區別的核心所在。八識各有相見二分，第八識相分為器界根身，見分是能緣的作用，此見分被末那識恆審思量，執以為我，遂成有情的自我觀念、自我意識及自他區別，分辨彼此。

5．**八心王法與諸心所法——總別問題**。八識心王，統率五十一種心所。在緣境時，八心王法取總相，諸心所法取境別相。現代心理學所講的潛意識，已稍涉及第七、八二識，然缺乏定慧修證，不能全面明瞭地觀察。

6．**能緣二分與所緣三分——心境問題**。識有三分：一、自體分，二、見分，三、相分。自體分為渾然不分的自體，由此自體起見相二分；見分是識體分別覺知的作用；相分是見分所緣的現象。此三分中，自體分、見分能知為心，三分皆所知為境。唯所知境非離識有，與新實在論執有所知境為客觀存在不同。

7．**第八識種與第七識現——因果問題**。前講第八識變，其實是指第八識含藏的各類種子待緣現行，以種子為因，前七現行識為果，構成種子生現行一重因果。又以現行為因，薰成種子為果，形成現行薰種子一重因果。宇宙萬有的差別現象，正是無量無邊種子生現行、現行薰種子的結果，非上帝或客觀心等由一因生萬物。

8．**第八識現與一切法種——存滅問題**。從現象上看，個人幾十年乃至人類幾萬年的歷史，在形式上終要消失，但並非斷滅。現行薰在賴耶中的種子，遇緣仍可現行。而保存種子的現行識，剎那生滅，相似相續，直到窮生死際，轉識成智，轉染成淨。

9．**一切法種與一切法現——同異問題**。世間萬物之所以有同有異，乃因能生的種子具有千差萬別，不同唯心論以一心生萬有，一多相違，故難成立。

10．**前六識業與八六識報——生死問題**。前論現象差別，此究生命差別。有情生命差別種種，是由有情過去所造引滿二業，引業招感總報，滿業招感別報，由於業力無窮，所以有情生死無盡，所謂前異熟既盡，復生餘異熟。

11．**諸法無性與諸法自性——空有問題**。前面所講的唯識諸法，為有自性抑或無自性？可分三重觀之：一、遍計所執性：是意識於依他起法上周遍計度，不能如實觀察，錯誤執著有實我實法。此所執自性，絕無實體。二、依他起性：是依因待緣所生的現象，雖無絕對實體，而有相對事用。三、圓成實性：在依他起性上掃除主觀妄執，如實通達諸法真實性相。由此可知依他起性、圓成實性為有，遍計執性為空。大乘空宗是對遍計執而說，只有空去妄執，才能親證實相。

12．**唯識法相與唯識法性——真幻問題**。唯識法相即依他起，唯識法性即圓成實性。依他起相眾緣所成，如幻如化；圓成實性是諸法實相，真實不虛。

13．**染唯識界與淨唯識界——凡聖問題**。染唯識界與淨唯識界是由染淨種子的不同，而形成兩個世界。凡夫充滿雜染種子，形成雜染界；聖人轉捨雜染種子，轉得清淨種子，導致淨唯識界。

14．**淨唯識行與淨唯識果——修證問題**。此為唯識理論的實踐與結果，由修四尋思、四如實智和五重唯識觀，證得大般涅槃和四種菩提的無上佛果。

唯識宗的整個理論體系，不外乎境、行、果。談到境時，唯識論典多先講第八識，再講七識、六識，如《唯識三十頌》等。這種次第是由深至淺，由難至易，非上根者往往被拒之門外。大師所講唯識，是根據人們的認識規律，由淺至深，由易至難，從六識到八識，從共不共變到自他形成，從現行果到種子因，從現象差別到生命差別，從染唯識界到淨唯識界，層次分明，引人入勝，這種安排為研習唯識學者提供了極大方便。

三、捍衛唯識思想

唯識注疏自楊仁山從日本取回，在近代學術界興起一股研究唯識的思潮。楊老門下的歐陽竟無，創支那內學院專研法相唯識。當時，梁啟超、熊十力、梁漱溟、湯用彤等海內名流學者均從其受學。然而，他們多是站在世間學者的立場，以哲學眼光作學術研究，以至對傳統的唯識思想不能正確認識，甚至持有輕視貶低的態度。對這些說法，太虛大師毫不客氣地予以反駁，如法相、唯識分宗的問題，就是其中典型的一例。

唯識與法相分宗，最早是歐陽竟無提出的。歐陽氏在研究無著、世親的論典時發現，雖然都是在談一切法，卻有兩種形式：一是以五蘊、十二處、十八界統攝一切法；一是以心、心所、色、不相應行及無為統攝一切法。因方法的差異，他們覺得《集論》、《五蘊論》等闡明法相，《百法論》和《攝大乘論》等闡明唯識，這兩類不同思想的典籍應分開研究，別立法相、唯識二宗。

太虛大師則以為，法相、唯識都是無著、世親一系，法相紛繁，必歸於唯識以統攝之，否則如群龍無首。於是，撰寫《竟無居士學說質疑》、《法相必宗唯識》、《再論法相必宗唯識》等，對法相與唯識分宗的理由逐一進行駁斥。

1．**判分一本十支為二宗**：歐氏在《百法五蘊論敘》中，將《攝論》、《分別瑜伽論》、《二十唯識論》、《三十唯識論》、《百法明門論》列為唯識宗；又將《集論》、《辯中邊論》、《雜集論》、《五蘊論》列為法相宗。大師覺得這種分法是錯誤的，如十支中的《攝論》，《世親攝論敘》說：「《攝論》宗唯識，則以一切法唯識以立言，所有一切顯現，虛妄分別，唯識為性故，攝三性以歸一識。」根據這段話，可以判《攝論》明法相、唯識為宗，卻不能說《攝論》是唯識而非法相。因為十支諸論，或先立宗後顯法，或先顯法後立宗，無不以唯識為宗。假如依立顯先後的不同，強判為唯識與法相二宗。那麼，不僅十支可判為二宗，即使一支、一品也應分為二宗，乃至識之與唯，也可分為二宗，以能唯為唯、所唯為法故。如是，唯識典籍豈不支離破碎！

2．**判法相、唯識分宗的理論依據**：《百法五蘊論序》云，相宗六經十一論分為二宗。在理論方面，約緣起理建立唯識宗，以根本智攝後得智，唯有識為觀心，四尋思為入道；約緣生理建立法相宗，以後得攝根本，如幻有詮法相，六善巧為入道。大師對此說分四點進行駁斥：

甲、緣起理對緣生理：緣起是因、是種；緣生是果、是現。種現因果不即不離，由唯識理顯現的緣起，生起一切法的法相，正顯法相必宗唯識，不應離唯識另立法相。

乙、根本攝後得對後得攝根本：根本智屬唯識，後得智屬法相。由根本攝後得，則法相宗乎唯識；

依後得顯根本，即法相而彰唯識，據此也只能見其宗一，不可別立為二。丙、四尋思入道對六善巧入道：四尋思引四如實智，四如實智可分三類：一、加行智，二、根本智、三、後得智。六善巧的蘊、處、界、食、諦、緣起諸法，都是後得智分別的幻有法相。但是依教入理的道理，不依唯識的四尋思觀，就不能從行證果入真見道，所以法相必宗唯識。丁、唯有識觀心對如幻有詮教：唯識為唯有識以觀心，是觀即行，行必證果；法相以如幻有而詮教，由法相教理以詮教，起唯識行果，所以法相依唯識為宗。否則，法相如童戲哉，不能趨行證果。

3．**判引《攝大乘論．所知相分》論文**：歐陽氏在《攝論大意》中引《攝大乘論》欲造大乘法釋，略有三相的論文，以為第一相（由緣起說）是唯識宗；第二相（從緣所生法）是法相宗。大師以為這種論據不能成立，緣起與緣生只能一宗，緣起為有法之宗，是所宗；緣生為有宗之法，是能宗，離開緣起則緣所生法無法起緣，離開緣生則能起緣無所生法，所以法相與唯識不能分宗。

4．**判畫龍點睛喻**：《攝論大意》進一步喻法相如龍之身，唯識如龍之睛，而分法相與唯識不同。大師的看法恰恰相反，以為點睛義即宗義，法相畫龍，必須唯識點睛，說明法相必宗唯識。

太虛大師還撰有《讀梁漱溟君唯識學與佛學》、《略評新唯識論》等，本著大乘各宗平等無二，但建言與制行門徑不同的觀點，反擊梁氏以為唯識學高小乘一等而遜於般若的說法。同時，也破斥了熊十力對唯識的錯誤看法，為伸張唯識正義，恢復唯識在佛教中應有的地位作出了極大貢獻。

四、以三性抉擇一切佛法

歐陽竟無撰《唯識抉擇談》，站在唯識宗的立場，斥賢首，非《起信》。大師認為，這是對一味平等的佛法未能融會貫通的結果，遂依唯識宗的三性思想，撰《佛法總抉擇談》，批判竟無的錯誤觀點。

三性，不僅是唯識宗的基本理論，也是佛法的全體。大師以三性抉擇一切佛法，認為在三性中，唯略說依他起的淺相而未遣遍計執相，是人天乘的罪福因果教；依據遍計的我法執，以破遍計之人的人我執而棄捨依他起相，是聲聞乘的四諦教；至於不共大乘佛法，都圓說三性無不周盡，但施設言教，不無遍於三性。一、偏依遍計所執性施設言教，唯破無立，以掃蕩一切遍計執盡，證圓成實而了依他起。此以《十二門論》、《中論》、《百論》為代表，所宗尚在一切法智都無得，其教以能起行趣證為最勝用。二、偏依依他起性施設言教，有破有立，以能將依他起法如實明瞭，則遍計執自遣而圓成實自證。此以《成唯識論》等為代表，所宗尚在一切法皆唯識變，其教以建理發行為最勝用。三、偏依圓成實性施言教，唯立無破，以開示果地證得圓成實令起信，通達圓成即時，則遍計所執自然遠離，依他起自然了達。此以《華嚴》、《法華》等經，《起信》、《寶性》等論為代表，所宗尚在一切法皆真如，其教以能起信求證為最勝用。

三宗各統攝一切法無遺，然在方便施設言教方面，對於三性各有擴大縮小。般若宗最擴大遍計執性而縮小餘二性，凡名想所及都攝入遍計執，唯以絕言無得為依他起、圓成實性。故此宗說三性，遍計固為遍計，依他、圓成也是遍計。唯識宗最擴大依他起性而縮小餘二性，以佛果有無為漏及遍計執之所遍計都攝入依他起，唯以能遍計而起的能所執為遍計執，無為體為真如。故此宗說三性，依他固為依他，遍計、圓成也是依他。真如宗最擴大圓成實性而縮小餘二性，以有為無漏及離執遍計攝入圓成實，歸真如無為之主，唯以無明雜染為依他、遍計執相。故此宗說三性，圓成固為圓成，遍計、依他也是圓成。

三宗在作用方面也各有所長。從策發觀行伏斷妄執言之，以般若宗為最適宜，譬建都要塞便於攘外安內。從建立學理印持勝解言之，以唯識宗為最適宜，譬建都中部便於交通照應。從決定信願直趨極果言之，以真如宗為最適宜，譬建都高處便於瞻望趨向。

以三性抉擇一切佛法，是太虛大師的一大發現。在佛教史上，印度有大小乘分河飲水，中國有宗派紛爭，唇槍舌劍，水火不容，表現在各家典籍中，都是以己所宗為究竟，其他為不究竟。獨太虛大師對八宗持平等態度，普遍弘揚，又以三性抉擇，說明各宗理論的立足點不同，並非矛盾，這種真知灼見，真乃千古一人。

五、會通《楞嚴》、《起信》

在近代學術界，由於唯識宗的盛行，掀起一陣排斥《楞嚴》、《起信》的濁浪。尤其對《大乘起信論》的作者、譯者問題，日本人從考證的立場，最早提出懷疑，以為非馬鳴造、非真諦譯，而是中國人撰述的。國人梁啟超也同情這種觀點，撰《大乘起信論考證》，為中國人能撰寫此書而引以為豪。接著又有支那內學院師生站在唯識立場貶低《起信》，甚至斥為異端邪說。如歐陽竟無的《唯識抉擇談》、王恩洋的《大乘起信論料簡》等，引起了一場《起信論》真偽之爭。

內院師生之所以非議《起信》，是因為《起信論》的真如緣起與唯識的阿賴耶緣起，從表面上看，義有乖違。如《唯識抉擇談》中的「抉擇五法談正智」說：

真如是所緣，正智是能緣。能是其用，所是其體，詮法宗用，故主正智。用從薰習而起，薰習能生，無漏亦然。真如體義，不可說種，能薰、所薰，都無其事。漏種法爾，無漏法爾，有種有因，斯乃無過。

《起信論》不談種子，卻立常住真如能隨緣生起萬法，又主張真如與無明相薰，這從唯識理論來看，都是不能成立的。因此，歐陽氏認為《起信論》是從小乘至大乘的過渡作品，立義粗淺，遠遜後世，是不究竟的。更有甚者，王恩洋在《大乘起信論料簡》中斥之為「梁陳小兒，無知遍計，膚淺模棱，剗盡慧命」，並以之同《金七十論》相等。

《大乘起信論》是賢首宗根本論典，注疏豐富，影響至深，千百年來為國人推崇。大師在普陀山閉關期間，溫習台、賢、禪、淨諸典籍，尤留意《楞嚴》、《起信》，於此得漢傳佛學綱要。又曾坐禪，聞前寺開大靜的一聲鐘下，忽然心斷，再覺則見光明無際，從泯無內外能所中，漸現能所內外，遠近久暫，略微根身坐舍的原狀……心空際斷，心再覺漸現，符《起信》、《楞嚴》所說。由於大師對《起信論》有著這樣深刻的認識，在弘法熱情和悲心的驅使下，撰寫了《佛法總抉擇談》、《大乘起信論唯識釋》，站在正統的佛教立場，為《起信論》辯護。

大師在文中肯定《起信論》是馬鳴造，真諦譯。對於義理方面的非議，用唯識理論給予調和、會通，分兩點進行解說：

1．對《起信論》立論依據的審定：世傳馬鳴是八地菩薩。聖位菩薩造論，皆依自證現量智境。如來心登地菩薩的心境，與異生心境及如來心境都不一樣。異生心境是純有漏，無分別智從未現行；如來心境是純無漏，無分別智恆時現行。菩薩心境，有時漏同異生，執障相應染法現行；有時無漏同如來，智證真如而無明現行暫斷。《成唯識論》所說的等無間緣，第七轉識有漏、無漏容互相生，第六轉識有漏、無漏亦容互作無間緣，皆依登地菩薩的心境說。此菩薩心有漏無間導生無漏，即可上同如來代表四聖；無漏無間導生有漏，復可下同異生代表六凡，這是地上菩薩心境的特點。《起信論》據此立說，主張真如無明有薰習義，有緣起義，這與唯識家約因緣義，說有漏唯生有漏、無漏唯生無漏是不一樣的。

2．對於真如含義的解釋：一切法共通的本體名真如，真如體上不離不滅相——真如自體相，或曰如來藏，即無漏種子，也稱本覺。從大乘相大所起現行，即真如用，為能生世、出世間的大乘用。真如體上可離可斷相——無明，為一切染法不覺相，即有漏種，是違大乘體的逆相，所起現行為三細六粗等。凡夫無始以來本覺無漏種未起現行，有漏種恆起現行，故名阿賴耶識，所謂生滅不生滅和合體。

又《起信論》所說，「以依真如法，故有於無明」、「是心從本以來自性清淨，而有無明」。自性清淨即心的真如體，兼指真如體不離的淨相用，此淨相用從來未起現行，是無始法爾無漏種子。此心又具無明，為無明染而有染心，即無始有漏種子恆起現行，成諸雜染法。雖有染心而常恆不變，是說雖然有漏現行，而真如體及無始無漏種不會變失。

由此看來，《起信論》所說的真如與唯識家所說的真如不同。唯識家的真如偏於理性，而《起信論》的真如包括理性與正智。又，《起信論》雖然未說種子，其實已具足種子義。這樣，《起信論》與唯識並不矛盾。《起信論》代表著中國傳統的佛教思想，大師特為會通，盡力扶持，澄清了許多人對《起信論》的誤會。

與《起信論》一樣，《楞嚴經》的真偽也為人所爭議，尤其是唯識法相學者，一向疑為偽經。大師為維護《楞嚴經》在漢傳佛教的地位，撰寫了《首楞嚴經攝論釋》、《楞嚴經研究》，以為《楞嚴經》是中國佛學的大通量，未嘗有一宗取為主經，未嘗有一宗貶為權教，應量發明，平等普入。遂結合自身的悟境，溝通了《楞嚴經》與唯識不同之處，為《楞嚴經》的弘揚起到不可估量的作用。

六、教觀合一

中國近代佛教有兩種傾向：一是不重視教理學習，抓住一句佛號或一句話頭苦修終身；一是雖終生學教，但只作為學問研究，甚至用考證方法妄議經論真偽，壞他信心。大師以為這兩種都偏執一端，特別是日本傳來的考證方法，治佛學是不適合的。《評大乘起信論考證》中說：「日本西洋人治佛學，喪本逐末，背內合外，愈趨愈遠，愈說愈枝，愈走愈歧，愈贊愈晦，原因是一切佛法都從世尊朗然大覺心海中流出，後來應時機而起波瀾變化，終不能逾越此覺源心海的範圍，此與西洋學術進化史截然不同。」因此，我們不能用西洋人治學方法來治佛學，應該依教起觀，解行相應，否則，終不能得到佛法真諦。

唯識宗雖然理論豐富，但在觀法方面，只有見於《法苑義林．唯識章》的五重唯識觀，而此書在學界很少有人注意。大師有感於此，依據唯識理論及實踐過程，熔教觀於一爐，撰《唯識觀大綱》，立五重唯識觀：

1．**五位百法的唯識觀**：百法總攝所觀一切法，五位是百法的種類。觀五位百法：一、八種心王，是識的自體；二、五十一心所，與識相應，隨識而有；三、十一種色法，識所變現，見分所緣，心自證知；四、二十四種不相應行法，在心、心所、色法上分位假立，無獨立自體；五、六種無為，是識實性，也不離識。由此觀見法界一切諸法皆唯識所變；次離一切染唯識相，證唯識性；次由證唯識性，而能如實了諸行，「猶如幻事等，雖有而非真」。由是證得圓滿清淨轉依，性相不二，身心如一，是為究竟唯識。

2．**依真有幻、全幻即真的唯識觀**：包羅萬有、唯是一心，此心性體名曰真如。融貫凡聖，任持一切法種子、根身、器界，又名阿賴那識。有情的流轉由阿賴耶識為種子依，一念不覺，變現末那識，執阿賴耶識為我；變現根身、器界，為自所緣；變現意識，以意根為不共增上依，執根身器界為我、我所；變現五根，藏識攝為自體，安危與共，建立有情世間；變現器世間相，為賴耶見分所緣。又前六識在緣境時，以阿賴耶識所變的根身、器界為本質，自變相分，為自所緣。此為依真起幻、從幻返真的途徑。由此可知，一念心起，無不依一真法界而起，無始無終，念念不息，即全法界盡在無明。所謂一念心動，萬法生起。萬法的產生是唯識所現，故曰萬法唯識。而唯識實性是真如，能知此義，即可修依真起幻、全幻即真的唯識觀。

3．**悟妄求真、真覺妄空的唯識觀**：這有四個步驟：一、悟現前妄執所緣境界，是遍計所執性。

二、根據做夢的經驗，認識到心有境空。三、無心位意識雖然不起現行，而末那、阿賴耶相似相續，未嘗停息。四、無始來末那執本識見分為自內我，而有俱生法執，是為根本無明。此根本無明一明，則阿賴耶識轉成離垢清淨的庵摩羅識。庵摩羅識能任持一切法而不為一切法所蔽，境智相應，得大自在，是為唯識觀的究竟。

4．**空雲一處、夢醒一心的唯識觀**：以依空有雲、全雲即空、空雲不礙的道理，喻依真有幻、全幻即真的唯識觀。以悟夢求醒、醒覺夢空的道理，喻悟妄求真、真覺妄空的唯識觀。由此空雲一空，夢覺一覺，是為一真無障礙法界的唯識觀。

5．**五重層次的唯識觀**：一、遣虛存實：是遣虛妄的遍計所執，存實有的依他、圓成，為空有相對唯識觀。二、捨濫留純：一切諸法皆不離識，識分心境，境別內外。捨濫，乃捨去心內相分境，約百法中色法，不相應行法；所留，為八識五十一心所。留能緣心，舍所緣境，是為能所相對唯識觀。三、攝末歸本，心、心所各有三分，自證分是體，相、見二分是用。攝相、見用，歸自證體，是為體用相對唯識觀。四、隱劣顯勝；心王是勝，心所是劣，攝劣歸性，為王所相對唯識觀。五、遣相證性，遣唯識事相，證唯識理性，事理相對，事盡理顯，智都無得，入真唯識觀。

在一般人眼中，唯識學只是缺乏具體觀行的理論。而在大師看來，所有理論都是觀行。五種唯識觀告訴我們，學習唯識理論應如何依教修觀，教觀相應，不行偏廢。這對扭轉將唯識學作為純學術研究的現象有著深遠意義。

七、編《慈宗三要》，提倡彌勒淨土

「慈宗」又稱「彌勒宗」，梵語彌勒，漢譯慈氏，依據慈氏為宗，故名慈宗。慈宗不同慈恩宗，慈恩宗是依玄奘、窺基所住的寺院得名，其宗旨在於弘揚法相唯識教觀。慈宗以宗奉慈氏菩薩、上生內院為宗旨，正如念阿彌陀佛求生極樂世界，專以阿彌陀佛為宗奉持名、觀想。此亦如是，專念慈氏如來。

法相唯識教觀都依慈氏為根本，所以，法相唯識宗的依據典籍——六經十一論，慈氏菩薩據所說的《金剛經論》、《現觀莊嚴論》，及三藏中宣說慈氏行果者，都是慈宗的法藏。《慈宗三要》，則是大師在眾多典籍中選出的三種最重要者。其中，《上生兜率經》修證上生果，屬經；《瑜伽師地論．真實義品》說明教理，屬論；《瑜伽菩薩戒本》軌行持，屬律。此三種具備了經律論三藏。

大師為何要編《慈宗三要》，特弘彌勒淨土呢？《慈宗三要序》說：

> 夫世親嘗集境行果三為《三十頌》，迴施有情。護法諸師解之，大義微言燦然矣，是曰《成唯識論》。第明境細繁難了，而制行期果，又非急切能致，慧粗者畏焉。或耽玩其名句味，樂以忘疲，不覺老至，造修趨證者卒鮮。今易以解此《真實義》，持此菩薩戒，只此內院生，既簡且要，洵為人人之所易能！然《真實義》詮境之要，菩薩戒範行之要，聞者殆無間然，至觀《上生》為獲果之要，必猶難首肯。茲申論之……十方諸佛剎，雖有緣者皆得生，而凡在蒙蔽，罔知擇趨。惟補處菩薩，法爾須成熟當界有情，故於釋尊遺教中，曾持五戒，受三皈，稱一名者，即為已與慈尊有緣，可求生內院

以親近之矣！況乎慈尊應居睹史，與吾人同界同土，而三品九等之生因，行之匪艱，寧不較往生他土倍易乎？一經上生，皆即聞法不退大菩提，與往生他土猶滞相凡小者，殊勝迥然矣。

《成唯識論》是慈恩宗的核心著作，文字晦澀，內容繁瑣，義理深奧，智慧淺薄者難以深入；從修行證果方面，要經過漫長的三大阿僧祇劫，更是令人望而生畏。所以，大師特別編選《慈宗三要》，令中下根人歸宗有在，不至徘徊門外。

依唯識教修行，成就無上佛果，須廣集福德智慧資糧，行菩薩行，始能成辦。然人壽不過百年，命在呼吸，而集資糧以求解脫生死，事為至急，如果今生修無所成，來生隨業受報，或迷倒淪墮，成就豈非無望？佛說淨土法門，在令一生得到不退，由眾生迴向願力，佛菩薩大悲攝受力，使命終時往生淨土中，聞法修行。這對於初發大心凡夫，是最好的去處。

淨土是廣泛的共通概念，經中稱十方淨土，可見範圍之大。其種類略可分三：一、究竟淨土，即法性佛土及自受用佛土。二、他受用淨土，是佛為十地菩薩示現淨土。三、方便攝受眾生淨土，即一般所說的彌陀極樂淨土、彌勒兜率淨土等。對我們來說，在無量淨土中，兜率淨土之殊勝有三：一、十方淨土有緣皆得往生，但何方淨土與此界眾生最為有緣，則未易知，彌勒菩薩當來在此土成佛，教化此界眾生，特現兜率淨土與此界眾生結緣，應該發願往生。二、兜率淨土同在娑婆，同在此界，最易得度，且專攝此土欲界眾生，比之他方淨土泛攝十方眾生，有更為密切、殊勝的因緣。三、彌勒淨土，是由人上生，其上生是由人修習福德成辦，即可使人類德業增勝，社會進化，成為清淨安樂的世間，又可感得彌勒下生成佛，早日實現人間淨土。所以，我們應該發願往生彌勒淨土。

往生彌勒淨土，不論在古代印度或唐以前的中國，都曾十分流行。唐朝以後，由於彌陀淨土的盛弘，彌勒淨土逐漸被人們淡忘，使學教之人失去歸宿。太虛大師編選《慈宗三要》，並制定修行儀軌，意義可謂重大。

八、結束語

由此可見，太虛大師的唯識思想博大精深，體系嚴謹。從成立唯識義、依教起行、導歸兜率淨土，境、行、果總括無遺。從駁斥西方唯心主義學派，到彈斥國內歐陽師生，捍衛唯識大法，鞠躬盡瘁。那麼，大師的唯識思想給我們什麼啟示呢？

1．從境、行、果全面理解唯識思想。大師晚年選編的《慈宗三要》，是唯識學人的修行指南，依此，可避免唯識學走上純學術研究的道路。

2．學習方法要現代化。大師以現代方法整理古代典籍，使其以契合時代的面貌出現於世，令唯識學得到普及，這一方法值得我們借鑑。

3．發揚唯識宗破邪顯正的優良傳統，對一切歪曲、篡改唯識思想的謬論，予以迎頭痛擊。對大師留下的唯識著作，我們要努力學深學透，從中汲取營養，進而將大師的唯識思想發揚於世。

一九九〇年十一月刊載於《內明》第二二四期

二〇〇七年十一月修訂版

認識與存在——《唯識三十論》解讀

作　　　者　濟群法師
責 任 編 輯　徐藍萍、張沛然

版　　　權　吳亭儀、江欣瑜
行 銷 業 務　周佑潔、賴正祐
總　編　輯　徐藍萍
總　經　理　彭之琬
事業群總經理　黃淑貞
發　行　人　何飛鵬
法 律 顧 問　元禾法律事務所王子文律師
出　　　版　商周出版　台北市 104 民生東路二段 141 號 9 樓
電話：(02) 25007008　傳真：(02)25007759
E-mail：ct-bwp@cite.com.tw　Blog：http://bwp25007008 · pixnet.net/blog
發　　　行　英屬蓋曼群島商家庭傳媒股份有限公司城邦分公司
台北市中山區民生東路二段 141 號 2 樓
書虫客服服務專線：02-25007718　02-25007719
24 小時傳真服務：02-25001990　02-25001991
服務時間：週一至週五 9:30-12:00　13:30-17:00
劃撥帳號：19863813　戶名：書虫股份有限公司
讀者服務信箱 E-mail：service@readingclub.com.tw
香 港 發 行 所　城邦（香港）出版集團有限公司
香港九龍九龍城土瓜灣道 86 號順聯工業大廈 6 樓 A 室
電話：(852)25086231　傳真：(852)25789337　E-mail: hkcite@biznetvigator.com
馬 新 發 行 所　城邦（馬新）出版集團 Cite (M) Sdn Bhd
41, Jalan Radin Anum, Bandar Baru Sri Petaling, 57000 Kuala Lumpur, Malaysia.
Tel: (603) 90563833　Fax: (603) 90576622　Email: cite@cite.com.my

封 面 設 計　張燕儀
印　　　刷　卡樂彩色製版印刷有限公司
總　經　銷　聯合發行股份有限公司　新北市 231 新店區寶橋路 235 巷 6 弄 6 號 2 樓
電話：(02) 2917-8022　傳真：(02) 2911-0053

■2024 年 1 月 2 日初版　　Printed in Taiwan

定價 400 元

城邦讀書花園
www.cite.com.tw

線上版回函卡

ISBN 978-626-318-871-6

國家圖書館出版品預行編目 (CIP) 資料

認識與存在：<< 唯識三十論 >> 解讀 / 濟群法師著 . -- 初版 . -- 臺北市：商周出版：英屬蓋曼群島商家庭傳媒股份有限公司城邦分公司發行 , 2024.1
面；　公分
ISBN 978-626-318-871-6(平裝)

1.CST: 瑜伽部 2.CST: 佛教說法

222.13　　112015496